KB109954

붓다와 프로이트

붓다와

psychotherapy

without the self

프로이트

마크 엡스타인 지음 | 윤희조 · 윤현주 옮김

운주사

Psychotherapy without the Self: A Buddhist Perspective

© 2007 by Mark Epstein, M.D.
Originally published by Yale University Press

KOREAN language edition © 2017 by Unjusa
KOREAN translation rights arranged through EntersKorea Co., Ltd., Seoul,
Korea.

＊이 책의 한국어판 저작권은 (주)엔터스코리아를 통한 저작권사와의 독점 계
약으로 도서출판 운주사가 소유합니다. 저작권법에 의해 한국 내에서 보호를
받는 저작물이므로 무단 전재 및 무단 복제를 금합니다.

"스즈키 박사는 1951년에 콜럼비아대학으로 강의를 하러 왔고,
나는 2년 동안 강의를 들었다.
고요하게 깨어 있는 마음에서 자아는
감각이나 꿈을 통해서 들어오는 사물들의 흐름을
방해하지 않는다는 것을 나는 이해하였다.
살면서 우리가 할 일은 삶이 흘러가도록 하는 것이고
예술은 이를 도울 수 있다."

— 존 케이지

서문 • 불교심리치료를 위하여

오랫동안 나는 심리 변화라는 문제에 관심을 가져왔다. 서양의 정신의학과 심리치료를 공부하기 이전부터 불교에 심취했던 나는 서구의 치료적 접근법을 조사해보지 않을 수 없었다. 대학과 의과대학에서 배운 것을 동양이라는 렌즈로 비춰보았다. 서양의 접근법은 붓다의 가르침과 어떻게 일치하는가? 나는 궁금하였다. 과연 서양심리학은 자아의 실재에 의문을 갖는 불교심리학과 양립할 수 있을까?

　서양의 정신분석적 전통에 대해 배우면 배울수록, 관습적으로 표현되는 자아를 궁극적인 실재로 보아야 하는지에 대해서 그들 역시 의문을 가지고 있음을 알게 되었다. 또한 지난 수천 년 간 위대한 불교심리학자들이 제시한, 내가 만난 불교 스승들이 보여준 정신발달 과정을 이해할 수 있도록 이러한 서양 전통이 나에게 어떤 도움을 주었는지에 대해서도 숙고하기 시작하였다. 불교에 대해 알아갈수록 불교의 중심 교의라 할 수 있는 무아無我의 가치를 인정하게 되었는데, 그것은 내가 애초에 생각한 그런 의미가 아니었다. 붓다는 관습적으로 표현되는 자아自我의 상대적인 실재성을 두고 논하지 않았다. 그는 우리가 이러한 상대적인 자아에 절대적인 지위를 부여하는 경향이 있다고 주장하였다. 우리는 그것을 실제보다 더 사실이라고 생각한다. 그리고 우리는 자신이 확실히 분리된 존재라는 생각을 강화하면서, 상대적인 자아를 지지하고 보호하는 데에 엄청난 양의 에너지를 쓴다. 심리치료와 불교명상 둘 다, 방어에 대한 우리의 부담을 덜어주면서 이러한 경향성을 무효화시키는 잠재력을 가지고 있다. 이 책에서 나는 그 둘이 힘을 합쳐서 우리의 이해를 예리하게 할 수 있다고 주장한다.

동양과 서양을 오가는 것은 나에게 대단한 혜택을 주었다. 나는 동시에 양쪽에 몰두했으나 어느 쪽에도 속박되지 않았다. 그 대신 양쪽 전통에서 모두 권장하는 대로, 자아에 대한 우리의 이해를 몰아가는 기본적인 전제 중 일부에 대해 의문을 제기할 수 있었다. 우리는 스스로를 변형시킬 수 있을까? 정신적인 변화는 어떻게 일어나는가? 치료는 반드시 필요한가? 명상은 성격이나 인격을 변화시키는가? 심리치료란 진정 무엇을 의미하는가? 이러한 질문더미 속에 있는 이 책은 심리치료에 대해 불교적 관점으로 일련의 책을 써오는 동안 나 자신의 사유가 발전하는 과정을 보여준다. 진화의 여정에서 보자면 아직 초입에 있는, 명상과 심리치료의 관계성을 찾으려고 씨름했던 문제들이 이 책에 반영되어 있다.

제일 앞에 실린 ("붓다"라는 제목으로 묶은) 몇 장은 캘리포니아에서 발간되는 「자아초월심리학 저널(*Journal of Transpersonal*

Psychology)」에 기고하기 위해 1980년대에 쓴 것들로서 정신역동의 입장에서 불교심리학을 보았다. 그런 식으로 나는 불교가 새로운 문화 속으로 스며드는 번역 과정에 기여하였다. 예를 들어 중국에서 불교는 자연심리학인 도교와 합쳐져 선禪이라는 새로운 형태의 불교를 낳았다. 이와 유사하게 서양에서는 정신을 정신분석의 전통에 근거해서 이해한다. 따라서 자아에 대해서도 정신분석적인 전제와 용어가 스며들어 있다. 서양 문화에서 불교를 이해하기 위해서는 우리 시대의 심리학적인 언어로 재번역해야 한다. 이러한 초기 논문들은 불교의 근본 개념인 무아, 공, 수행단계, 사성제 등을 정신역동의 언어로 논의하고 정의내리면서, 비교문화적인 대화 가능성을 열어가는 과정에 기여하였다. 그것들은 내가 불교로부터 배운 것을 명료하게 하려는 시도였다. 내가 이해한 것을 번역하려는 바로 그 시도를 통해 내 이해가 더욱 예리해지고 명료해지게 되었다는 사실에 감사한다.

("프로이트"라는 제목으로 묶은) 그 다음 몇 장은 마음에 대한 불교적 이해가 서양의 지배적인 사유체계와 어떻게 통합될 수 있는지를 보여주는 첫 번째 시도이다. 그중 일부 논문은 사실상 정신분석의 독자들을 위해 쓴 것이며, 일부는 붓다의 영적 심리학에 이끌리긴 하지만 조심스러워하는 임상가들에게 불교심리학을 소개하기 위한 것이다. 또 다른 논문들은 이미 불교에 친숙하지만, 서양의 정신의학과 심리치료에 대해 더욱 조심스러워하면서, 프로작 같은 약물 사용이나 욕망·분노 같은 정서가 불교수

행에 어떤 영향을 주는지 고심하는 사람들을 위해 쓴 것이다. 이 장들은 정신분석, 정신의학 전통과 불교 전통 간의 많은 유사성을 보여준다. 또한 자아를 단일하고, 지속되는 존재로 보는 것에 대하여 의문을 가지는 정신분석 이론에서 나타나는 경향을 지지하고 강화하기 위해 불교심리학을 사용한다. 그것들은 불교와 서양심리학의 궁극적인 통합을 위한 토대를 놓는다. 즉 마음챙김에 근거한 정신역동적 심리치료의 가능성으로서, 절대적이고 항구적인 자아에 의지하지 않으면서도 관습적으로 나타나는 자아의 고통을 부인하지 않는 심리치료이다.

("위니캇"이라는 제목으로 묶은) 세 번째 장은 21세기의 종교와 정신분석의 역할에 대해서 논의한 국제학술회의를 위해 쓴 것이다. 나의 책 『욕망에 열려 있기(Open to Desire)』의 결과물이다. 나는 그 책을 절친한 친구이자 정신분석가이며 작곡가이기도 한 엠마누엘 겐트(Emmanuel Ghent)에게 헌정하였다. 다른 논문들은 불교와 현대 예술 간의 접점에 관심이 있는 예술가와 큐레이터들의 모임에서 발표한 것들이다. 여기서 나는 불교와 서양문화의 만남이 불러일으킨 패러다임 전환에 대해서 묘사하였다. 예술창조에서 심리치료나 친밀한 관계에 이르기까지 불교의 영향은 새로운 이해와 오해 모두를 위한 가능성을 만들어냈다. 이 장들은 내 저술 가운데 가장 최근의 것들이다. 그것들은 영국의 아동 정신분석학자인 위니캇(D. W. Winnicott)의 저술에 영향을 받았다. 그의 사색은 불교에 대한 관심을 높이고, 현대의 심리치

료자들과 그들의 환자들이 정신건강의 대안적 모델들을 수용할 수 있는 길을 열었다.

서양에서, 적어도 심리학을 잘 이해하는 서양에서 심리적으로 건강한 본보기가 되는 사람은 자신의 문제 속으로 기꺼이 깊숙하게 들어가려는 사람이다. 이것은 명상에 접근하는 방식에도 영향을 미친다. 즉 서양인들은 명상을 명상용 방석에 앉아 자신의 성격의 어두운 측면, 예를 들어 두려움·불안·우울, 그리고 갈등을 탐구해야 하는 것이라고 생각한다. 정신건강에 대한 이러한 관점 속에는 일종의 비밀이 숨어 있다. 그것은 자아에 대한 확실한 느낌을 정립해야 한다는 것과 관련이 있다. 즉 자아는 완벽하게 알 수 있거나 드러낼 수 있는 것이며, 프로이트가 바란 대로 자아를 완전히 알기 위해서는 자아의 뿌리에 닿을 때까지 층들을 고고학적으로 파내려 갈 수 있는 것이어야 한다. 이러한 사고 방식에서 보자면 정신분석은 마음을 탐색하는 데 있어서 의식적 마음이 인도하는 것이고, 자유연상, 전이, 꿈 분석 같은 분석적 도구가 도움을 줄 수 있는 그러한 것이다.

하지만 불교에 있어서는, 그리고 보다 최근의 정신분석 학파 중에서도 분석보다 개방에 더욱 관심을 쏟는 모델이 나타났다. 이러한 차이의 밑바탕에는 무의식에 대한 대안적인 관점이 있다. 고전적인 프로이트 학파의 관점에서 보자면 무의식은 금지된 욕망과 본능의 저장소이며, 그것에 대해 알아가는 것은 자아를 확장시키고 완성시킨다. 불교적 관점에서 무의식은 의식이 깨달음으로 나아가는 잠재력을 표상한다. 또한 우리가 흔히 틀림없는 실재라고 생각하는 자아는 절대적이거나 실제로 존재하는 것이 아니라, 다만 상대적인 것이라는 것을 언젠가 알게 된다. 프로이트와 그의 동료이자 학생인 페렌찌(Sandor Ferenczi) 간에 주고받은 편지를 필립스(Adam Phillips)가 분석하여 썼듯이, 페렌찌는 이러한 다른 모델에 대해 간명하게 예측하고 있다. 필립스는 페렌찌의 관점에 대해 이렇게 썼다. "환자는 자유연상으로 치료되는 것이 아니다. 환자는 '자유롭게 연상할 수 있을 때' 치료된다." 페렌찌의 관점은 불교적 방향으로 좀 더 옮겨갔다. 그는 치유는 갈등의 노출이나 해결보다 의식의 전환에 더 의존한다고 느꼈다. 페렌찌에게 자유연상은 목적이면서 수단이 되었다.

마니바드라(Manibhadra)라는 티베트 여인에 대한 유명한 이야기는 훨씬 더 비슷한 요점을 담고 있다.(Shaw, 1994, p.22) 한 집안의 가장이면서, 딴뜨라로 알려진 고급 명상수행에 전념하던 마니바드라는 어느 날 마을의 우물에서 물을 길어 오던 중에 깨달음을 얻었다. 들고 오던 물 항아리를 떨어뜨리게 되었는데, 깨진 항아리에서 쏟아지는 물을 보면서 그녀는 홀연히 속박에서 벗어났다. 명상에서 얻으려던 강력한 깨달음을 깨진 항아리를 통해서 얻은 것이다. 쏟아지는 물처럼 그녀의 의식은 흘러넘쳤고, 마침내 모든 현실과 합쳐졌다. 붕괴되지 않으면서도 몸과 마음이 허물어지는 이러한 이완이나 해체는, 자아가 절대적으로 실재한다는 믿음으로부터 풀려나려는 자아의 숨겨진 요구 가운데 하나라고 불교는 인정한다.

변화에 대한 이러한 두 가지 모델, 즉 발굴(digging)과 개방(breaking open)은 현재 서양문화에서는 서로 경쟁하고 있다. 자기 확실성을 추구하려는 욕망과 내려놓으려는 요구가 상충한다. 이 장들은 자기 확실성을 추구하는 서구의 경향성을 불교가 바로잡는 예를 보여주며, 심지어는 내재적인 자아를 제한하지 않고도 여전히 심리치료를 해볼 수 있는 통합과정을 보여준다. 붓다는 자신이 아는 것에 대해서 이야기하기를 한사코 꺼려하였다. 유명한 가르침들 가운데 한 곳에서 이러한 이야기를 하였다. 붓다는 자신이 보고 이해한 모든 것을 숲에 있는 모든 잎사귀와 비교하면서 자신이 말로 한 가르침은 "한 줌의 잎사귀"에 불과하다고 강조하였다. 하지만 그 "한 줌의 잎사귀"는 해탈을 위해서 필요한 전부이자 붓다가 말하려고 한 모든 것이었다. 훌륭한 심리치료자와 마찬가지로 붓다는 언제 조용히 있어야 하는지를 알고 있었다.

붓다의 통찰을 알기 위해서 당신이 자신에 대해 얼마나 많이 알고 있는지를 불교에서는 문제 삼지 않는다. 당신이 '아는 것'과 어떠한 '방식'으로 관계를 맺는지가 차이를 만들어 낸다고 가르친다. 내가 참가했던 수행에서 명상을 이끌던 미국인 불교 지도자 골드스타인(Joseph Goldstein)이 반복해서 강조한 요점이 바로 그것이었다. "당신이나 당신 내부에서 무슨 일이 벌어지고 있는지가 요점이 아닙니다. 요점은 당신이 그것과 '어떻게' 관계 맺고 있는가 입니다." 불교의 가르침에서는 자아에 대한 분명한 느낌을 강화시키기 위해 무엇이 벌어지고 있건 그것을 이용하는 것을 흔히 볼 수 있다. 즉 모든 것을 굉장히 개인적인 것으로 여기게 하는 것이다. 붓다가 구별했듯이, 탐색을 하려면 자아에 대한 느낌이 일어날 때마다 바로 그 느낌을 유지하는 것이 대안이다. 우리가 그토록 당연하게 여기는, 우리를 이끌어 가는 이러한 느낌은 과연 실재하는가?

붓다가 보여준 "한 줌의 잎사귀" 가운데 하나는 사성제(Four Noble Truths, 四聖諦)라고 알려진 것으로서, 붓다가 가장 자주 말한 것이다. 처음 불교에 대해 배울 때 나는 몇몇 친구와 함께 스승을 모시고 태국의 유명한 선지식인 아잔 차(Ajahn Chah) 스님의 숲속 명상처로 갔다. 그곳에 도착해 둘러앉은 우리는 붓다의 가르침에 대해 설명해 달라고 스님에게 부탁하였다. 스님은 한쪽에 있던 유리잔을 가리켰다. "이 유리잔이 보이시죠?" 스님은 우리에게 물었다. "나는 이 유리잔을 사랑합니다. 기가 막히게 물을 담고 있잖아요. 햇빛이 들면 이 유리잔은 아름답게 빛을 반사하지요. 톡 건드리기라도 하면 어여쁜 소리를 내죠. 그러나 내게 이 유리잔은 이미 깨진 것입니다. 바람이 이걸 넘어뜨리거나, 그게 놓여 있는 선반을 팔꿈치로 툭 치면 이건 땅에 떨어져 깨져 버리겠죠. 그럼 나는 '당연한 일이지'라고 하겠죠. 하지만 이 유리잔이 이미 깨져 있다는 걸 내가 알고 있다면 이 유리잔과 함께 있는 모든 순간이 소중한 거죠."

이 이야기에는 불교에 관한 많은 것이 담겨 있으며, 그것은 서양의 심리치료에 제안해야 하는 것이기도 하다. 사성제의 첫 번째 성스러운 진리(苦聖諦)는 우렁차고도 명료하다. 평범한 인생, 심지어 즐겁고 보람 있는 인생조차 모든 것이 너무나도 부서지기 쉽고 일시적이라는 이유로, 편재하는 불만족에 물들어 있다. 두 번째 성스러운 진리(集聖諦) 역시 분명한데, 그것은 완벽하거나 영원한, 또는 절대적이고 불변하는 실재가 있다는 생각에 붙잡혀 있는 것이 괴로움의 원인이라는 것이다. 세 번째 성스러운 진리(滅聖諦)는 아잔 차 스님이 우리에게 시범적으로 보여준 마음의 평화에서 나오는 것으로서, 일의 결과를 통제하지 않는 것에서 오는 종류의 행복이다. 네 번째 성스러운 진리(道聖諦)는 팔정도八正道 또는 중도中道라고 알려진 것으로 아잔 차 스님의 반응에도 함축되어 있다. 우리에게 닥치거나, 우리 안에서 일어나는 일과 관계 맺는 방식을 변화시키면, 일시적이고 손상되기 쉬운 것들과 다른 관계를 맺을 수 있다. 이러한 관점의 변화는 연습할 수 있고 배울 수 있다. 즉 관점의 변화를 통해 우리는 허무주의에 빠지거나 물질주의에 맹목적으로 빠지지 않을 수 있다. 오히려 유리잔을 가지고 있는 동안 우리는 그 소중함을 즐기게 된다. 불교의 본질은 이러한 긍정적인 태도에 있으며, 내 생각에 이것은 서양인들에게 상당히 매력적으로 보일 수 있다.

하지만 아잔 차 스님의 이야기를 다르게 해석할 수도 있다. 그것은 우리가 자아를 경험하는 방식과 관련된 것으로서, 심리상

남가가 관심을 가질 만하다. 자아를 가지고 있다는 우리의 느낌은 흔히, 자아는 완벽하게 실재하는 것을 의미한다고 가정한다. 즉 부서지지 않고, 지속되며, 영속하고, 절대적이라는 것이다. 로버트 서먼(Robert Thurman) 교수가 즐겨 말하듯이 "정말로 진짜(Really real)"라는 것이다. 하지만 불교에서는 다르게 이해한다. 비록 자아가 실재하는 것으로 드러나긴 해도 '단지 드러남만이 실재'라는 것이다. 자아는 그 자체의 능력으로 지속되는 실체가 아니다. 그것은 또한 그러한 모습으로 드러나게 하는 환경과 분리되어 있거나 동떨어져 있지 않다. 이러한 결정적인 차이를 이해하게 되면 자아의 드러남을 실제보다 더 대단한 것으로 만들려고 노력하지 않고도 자아를 즐길 수 있게 된다. 이미 깨져 있음을 알면서도 우리는 유리잔을 가치 있는 것으로, 심지어 소중한 것으로 대할 수 있다.

프로이트는 붓다의 심리학을 살짝 엿본 정도였지만, 사고의 간결함이나 일관성에 동조했을 것이다. 그도 붓다처럼 마음은 몽매할 수도, 계몽될 수도 있는 잠재성을 가지고 있음을 분명히 이해하였다. 그는 붓다나 아잔 차 스님보다는 덜 포괄적이지만 비슷한 방식으로 자신의 생각을 표현하였다. 예를 들어 그는 자신이 정신분석으로 할 수 있었던 최선의 일은 신경증으로 고통받는 상태를 흔한 불행감의 상태로 끌어내린 것이라는 유명한 말을 하였다. 줄곧 경계태세에 있는 겁 많은 자아를 따돌리기 위해 그는 다양한 전략을 발전시켰다. 최면, 자유연상, 꿈 분석, 그리고 전이 분석을 포함한 그 모두를 사용하여, 그는 자아의 오래된 근원을 발굴하길 원하였다. 이성적인 마음을 피하는 기법들에 의존한 것을 보면, 그는 명상과 유사한 어떤 것을 내내 찾고 있었던 것처럼 보인다. 그럼에도 불구하고 인생의 막바지에 이르러서 프로이트는 정신분석의 한계 때문에 좌절하고, 그것이 얼마나 끝없는 작업인지를 말하기 시작하였다. 이러한 딜레마로부터 벗어나기 위해 그는 "죽음 충동"으로 관심을 돌렸는데, 그것은 불교에서 말하는 열반에서 이름을 따 온 것이었다. 에로스에 대하여 초기에 경도된 것과 균형을 맞추면서 죽음 충동 안에 파괴와 해체 욕망이 있다고 보았으며, 이를 붓다가 정의한 열반과 유사한 것으로 보았다. 붓다의 사상은 프로이트를 매혹시켰으나 그는 자신이 가져다 쓴 단어의 진정한 의미를 이해하지 못하였다.

열반은 자아가 신기루라는 것을 알았을 때 붓다가 발견한 자유이다. 이미 깨져 있음을 알면서도 그것의 소중함을 인식한 유리잔 이야기를 통해 아잔 차 스님이 말해주려고 했던 자유이다. 프로이트의 순진한 추측과는 달리 붓다의 열반은 죽음이나 해체를 향한 충동이 아니다. 그것은 부서지지 않으면서 죽음이나 해체를 수용하는 능력이다. 비틀거나, 왜곡시키거나, 괴롭히지 않으면서 반응하는 마음이다. 끝없는 죽음과 윤회의 연속이, 길고 긴 정신분석보다 훨씬 끝없이 계속되는 것처럼 보이는 남인도 문화에서, 열반은 "윤회로부터의 자유"를 함축한 말이었다. 하지만 붓다가 가르친 자유는 무상하고, 언제나 바뀌며, 불완전해 보이는 세계에 직면할 때 마음의 평정을 유지할 수 있는 능력이라고 하는 것이 보다 정확한 설명일 것이다.(Epstein, 2001, pp.121-126) 그렇게 보는 것은 심리학적 작업이지만, 붓다의 가르침을 진지하게 받아들이는 사람들에게 열반은 발견할 수 있고, 열려 있는 근원적인 실재임을 암시한다. 이러한 이해의 태도로 자아가 절대적인 실체라는 생각에 더 이상 매달리지 않을 때, 열반은 자유를 표상하는 것이 된다. 열반의 자유는 자기중심성이 더 이상 현실화되지 않을 때 나타나는 자유이다.

프로이트는 붓다의 가르침을 실제로 탐색했던 것으로 보인다. 꿈, 농담, 최면, 자유연상, 전이 등 이들 모두는, 자아는 분리된 것이고 별개이며, 단일한 것이라는 감각을 약화시킨다. 그것들은 우리를 습관적인 의식 상태로부터 덜 구조화되고, 덜 확실하며, 덜 고정된 어떤 곳으로 이동시킨다. 하지만 프로이트는 불교의 무의식에 대해 확실히 이해하지 못하였다. 그는 열반을 해체와 죽음이라고 오해하였다. 붓다의 입장에 좀 더 가까워지게 된 것은 후대의 정신분석에 와서이다.

특히 영국의 정신분석가인 위니캇의 심리치료는 수용할 수 없는 본능과 충동에 대한 관심으로부터 이해할 수 없는 정서 경험의 측면으로 옮겨갔다. "만일 우리가 감정 없이 산다면 우리는 정말 가련한 존재일 것이다."라는 언급은 유명하다. 위니캇은 통합(integration, 명백하게 응집된 자아 상태)의 반대는 붕괴

(disintegration)가 아니라, 무통합(unintegration)이라고 생각하였다. 여기에서 그는 프로이트를 떠나 붓다에게로 향하였다. 그는 "충분히 좋은 자아의 범위(good-enough ego coverage)"라고 부르는 것을 제공하는 엄마가 옆방에 있음을 알고 있는 아이가 놀이에 완전히 몰입하는 것을 무통합에 비유하였다. 또한 "성교 후" 연인들의 의식에도 비유했는데, 이때 충동은 이완되고 마음과 가슴은 열린다. 또한 작업실에서 자유로운 상태에 있는 예술가의 마음에도 비유한다. 그는 무통합을 창조성의 원천으로 이해했으며, 그것을 얻는 데에 실패한 결과들에 대해 많은 양의 글을 썼다. 위니캇은 간섭이 심하거나 또는 방임하는 부모를 둔 아이는 생존을 위해 어쩔 수 없이 "거짓 자아" 또는 "보호자 자아"를 개발한다고 보았다. 이러한 거짓 자아는 (역설적이게도 "정말로 실재하는" 것처럼 보일 수 있는) 무통합을 희생시킨 대가로 만들어지고, 그 결과 아이는 자발성·주관성·진실성의 역량을 잃어버리게 된다. 어린 시절의 경험에 의해 불교에서 말하는 무의식이 어떻게 덮일 수 있는지와 유사한 것을 위니캇은 자기 나름대로 묘사하고 있는 것처럼 보인다.

  이 책에서 나는 정신역동의 빛으로 불교를 살펴보고, 불교의 빛으로 정신분석을 살펴봄으로써 그 둘 사이의 대화가 더욱 진전되기를 희망한다. 프로이트와 위니캇 둘 다 지난 백년의 세월 동안 선구적인 정신분석가였다. 붓다는 그중에서 가장 위대한 정신분석가였을지도 모른다. 현재에도 그의 가르침이 남아 있고, 서양의 정신역동 전통과 쉽게 연결될 수 있다는 것은 행복한 일이다. 개인적인 특이한 이력 덕택에 나는 공식적인 심리치료 훈련을 받기 전에 붓다의 말씀을 향유할 수 있었다. 나의 작업은 서로 다른 두 세계가 어떻게 서로 잘 맞을 수 있는지에 관해 내가 이해한 과정을 보여준다. 독자들은 이 책에서 한 사람의 심리 치료사가 거짓 자아를 항복시키는 아주 즐거운 가능성을 어떻게 도와주었는지를 통해서 두 전통의 융합을 볼 수 있을 것이다.

참고문헌

Mark Epstein(2001, 2009), *Going on Being*, Boston: Wisdom.
Adam Philips(1996), *Terrors and Experts*, Cambridge: Harvard University Press, p.102.
Miranda Shaw(1994), *Passionate Enlightenment*, Princeton: Princeton University Press.

감사의 글

로버트 서면, 샤론 샐즈버그와 함께 가르치면서 이 책은 많이 좋아졌다. 그들과 함께 하는 것 자체가 나에게는 훌륭한 교육이었다. 조셉 골드스타인, 잭 콘필드, 스티븐 베첼러, 다니엘 골먼, 제프리 홉킨스, 엠마누엘 겐트, 마이클 빈센트 밀러, 마이클 에이건의 확고한 지지에 대해서도 감사를 표한다. 예일대학출판부의 케이스와 존, 책이 지금과 같은 모습으로 나올 수 있게 애써준 앤 에델스타인에게도 감사를 전한다. 삶과 생각과 느낌을 공유하면서, 내 삶과 작업을 풍성하게 해 주신 부모님께도 또한 감사드린다. 책에 나오는 개별적인 사례들은 사생활을 보호하기 위해서 이름과 세부적인 것을 바꾸고 윤색하였다.

역자 서문

불교심리학과 불교상담 공부를 시작하면서 가장 먼저 해결해야 할 문제가 두 가지 있었다. 의식과 무의식의 문제, 자아와 무아의 문제에 대한 불교와 서구심리학의 견해를 탐구하는 것이었다. 이 문제에 대한 나름의 해답이 없이는 불교심리학과 불교상담 공부에 진전이 없을 것 같았다. 이 문제는 나에게 있어서 이 분야를 공부하는 출발점이 되었다. 고민의 결과로 불교에서는 아비담마, 심리학에서는 프로이트를 중심으로 논문을 집필하게 되었다. 이때부터 길이 보이기 시작했다.

프로이트는 서구철학에서 보자면, 플라톤과 같은 존재라고 할 수 있을 것이다. 화이트헤드에 의하면 서구의 2,500년 철학이 플라톤의 각주이듯이, 서양철학사의 수많은 철학자들은 플라톤과의 대결을 통해서 자신의 철학을 구체화해 간다. 서구심리학에서도 프로이트를 지지하든 비판하든, 프로이트와의 대결을 통해서 심리학, 특히 상담심리학에서 자신의 이론을 구성해 나가는 것을 볼 수 있다.

프로이트와 불교의 연관성에 관한 서구의 연구 성과를 찾아보는 것은 당연히 다음 과정이 되었다. 그 와중에 눈에 띈 것이 본서이다. 엡스타인은 자신의 책 한 권이 다른 제목으로 두 번이나 번역될 만큼 한국에서는 알려져 있는 저자이다. 그러나 그의 이러한 사상이 30년에 걸쳐서 이루어졌다는 것에 대해서는 알려진 바가 별로 없다. 아니 이보다 더 오랜 기간을 거슬러 올라간다. 엡스타인이 하버드 대학 학부를 다닐 때부터라고 할 수 있다. 엡스타인의 불교와 정신분석의 관계에 대한 이해는 오랜 기간에 걸쳐서 형성된 것이다. 불교와 정신분석의 관계에 대한 엡스타인의 논문은 앞으로 불교와 정신분석뿐만 아니라 심리학 전반에 걸친 하나의 융합모델을 제시할 수 있을 것이다. 본서의 번역이 불교와 심리학의 융합모델을 위한 하나의 초석이 되기를 기대해 본다.

공역자인 윤현주 선생을 만나게 된 것은 큰 행운이었다. 처음 만났을 때 윤 선생이 하버드 대학에서 심리학 관련 과목들을 청강한 이야기, 내가 누군지 알고 싶다는 마음에 보스톤에서 정신분석을 받은 이야기, 매사추세츠주 캠브리지의 숭산스님이 세운 젠센터에서 참선을 하면서 불교에 입문하게 된 이야기들을 나누었다. 그런 이야기를 나누면서 나는 문득 본서를 함께 번역해 보면 어떨까 하는 생각이 들었고, 곧장 제안을 하였다. 그리고 본서를 번역하는 것이 어떤 가치가 있는지를 검토하는 것부터 시작해서 초벌이 끝나기까지 2년 정도의 시간이 걸렸다. 엡스타인이 미국 동부의 정신과 의사인지라 사용하는 영어가 그리 녹록하지 않았나. 특히 원의를 최대한 살리면서 한글로 매끄럽게 번역하는 데 윤 선생의 노고가 컸다.

　본서는 3부로 구성되어 있다. 1부 「붓다」에서는 유아와 무아의 문제가 핵심적으로 논의되고 있다. 무아가 되기 이전에 유아가 되어야 한다는 명제에 대해서 엡스타인은 자신의 임상경험을 바탕으로 이를 절반의 진리로 보아야 한다고 말한다. 무아와 유아는 단순히 선후의 문제가 아니다. 명상과 심리치료의 관계도 서로가 서로에게 도움이 되는 관계이지, 선후의 관계는 아니라고 한다. 2부 「프로이트」에서 특히 주장하는 것은 '고르게 떠 있는 주의'이다. 프로이트를 비롯한 정신분석에서 주장하는 명상에 대한 정의는 불교의 집중명상에 해당하는 것이라고 볼 수 있다. 프로이트가 주장한 '고르게 떠 있는 주의'는 불교의 통찰명상 또는 마음챙김과 어울린다고 이야기한다. '고르게 떠 있는 주의'는 정신분석의 통찰명상이라고 할 수 있을 것이다. 3부 「위니캇」에서 엡스타인은 위니캇을 눈밝은 사람으로 평가한다. 그리고 공의 개념은 현대예술가들의 활동을 설명하는 이론적 체계가 될 수 있음을 보여준다. 선불교가 현대예술에 끼친 영향에 대해서도 설명하고 있다.
　본서는 불교와 정신분석이 명상과 심리치료의 형태로 어떻게 다루어질 수 있는지를 보여주는 동시에 현대예술에서 불교가 어떻게 그 지평을 넓혀갈 수 있는지를 보여주고 있다. 불교와 정신분석의 관계라는 하나의 주제에 대해서 30년 이상 천착해 온 한 학자의 연구 결과물이라는 점에서 본서의 가치는 충분하리라고 생각된다. 본서를 번역하는 것은 불교와 심리치료 내지는 상담 심리학의 관계에 대한 근원적인 조망을 할 수 있는 새로운 기회를 줄 것으로 생각한다. 불교를 현대적인 가치로 새롭게 해석하고자 하는 학자와 상담가들에게 도움이 되었으면 한다. 마지막으로 이 글을 꼼꼼히 읽어준 엄세정 씨에게 감사를 전한다. 그리고 흔쾌히 출판을 승낙해준 운주사 김시열 사장님에게도 감사의 말을 전한다.

역자 윤희조

제1부

붓다

이어지는 네 개의 장은 내가 정신치료 레지던트 과정을 수료한 뒤, 불교적인 사유와 수행에 대해 이전에 골몰했던 내용에서 영감을 얻어 쓴 글이다. 이 글은 아비담마라고 하는 전통적인 불교심리학에 이론적 토대를 두고 있으며, 애초에 하버드 대학에서 심리학으로 졸업논문을 쓰기 위해 착수한 것이었다. 경험적으로는 1974년과 1982년 사이에 미국인 수행지도자인 잭 콘필드(Jack Kornfield)와 조셉 골드스타인(Joseph Goldstein)의 도움으로 이루어졌던 2주간의 묵언 위빠사나 집중수행이 토대가 된다. 이 장들은 정신역동적 사고방식과 불교심리학적 사고방식을 결합시키려는 나의 첫 번째 시도이다. 불교연구를 통해서 알게 된 사실을 심리학적인 언어로 스스로에게 설명해 보려는 시도였다. 1980년대 중반 당시에는 캘리포니아에 적을 둔 자아초월심리학이 조류를 이루면서, 영적 발달은 심리적 발달을 기반으로 할 때 가장 잘 이루어진다는 합의가 만들어지고 있었다. 즉 심리치료는, 성말 필요하다면, 영적인 작업을 위한 전주곡으로 쓰일 때 가장 효과적으로 이해될 수 있다는 것이다. 심리학자인 잭 앵글러(Jack Engler)는 이러한 관점을 다음과 같은 말로 아주 설득력 있게 요약하였다. "무아가 되려면 먼저 유아가 되어야 한다."(Engler, 2003, p.35)

앵글러는 자신과 여타의 사람들이 주목한 불편한 조류에 대해 이러한 말로 응대한 것이다. 즉 동양의 영적 전통으로부터 영향을 받은 서양 수행자들이 별 다른 준비도 없이 강렬한 명상으로 뛰어들어, 정서적인 어려움을 경험하는 일이 종종 있다는 것이었다. 치료나 치료라는 관념에 환멸을 느낀 많은 진지한 수행자들이 심리적 문제를 치유하려는 희망에서 명상 쪽으로 방향을 돌렸다. 하지만 감정적인 문제들이 드러났을 때, 자신이나 명상 지도 스승들이 그것을 다룰 준비가 되어 있지 않다는 것을 발견하였다. 앵글러는 명상에 빠진 많은 사람들에게 경계선적이고 자기애적인 병리가 만연해 있음을 명확히 언급하였다. 또한 응집된 자아관념을 유지하는 데 어려움을 겪는 사람들에게는 심리치료가 더 나은 길이라고 제안하였다. 분석적으로 훈련 받은 치료자가 그러한 종류의 병리에 더 정통할 뿐만 아니라, 치료적인 기법들도 훈련 받았기 때문에 전이의 문제를 어떻게 다루어야 할지 알고 있고, 그런 상태의 사람들에게 도움이 될 탐색을 위한 장기간의 일대일 관계를 맺을 마음이 있기 때문이다. 반면에 불교 스승들은 동서양 어느 쪽의 배경을 가진 사람이든 심리치료에는 거의 대부분 훈련이 안 되어 있었고, 서양의 수행자들에게 일어날 수 있는 극단적인 종류의 괴로움에 대해서 아무런 준비가 없었다. 또한 워크숍이나 집중수행에 참가한 학생들과 오랜 세월에 걸쳐 개인적인 관계를 유지하는 데에는 흥미가 없었다. 앵글러는 이러한 매우 실제적인 문제에 대한 해결책을 강구하면서 명상이 일종의 메타치료로서 발달적 자아 과제를 이미 수행한 사람들에게는 적합하지만, 심리적 과제를 해결하지 못한 사람들에게는 적합하지 않다고 제안하였다.

이 이론은 매우 실제적인 문제를 드러내는 데에는 큰 도움을 주었으나, 나에게는 전적으로 옳은 것처럼 보이지는 않았다. 이후의 한 논문에서 앵글러 자신도 그것에 대해 의문을 제기하였다. 심리치료를 본격적으로 받기 전에 나는 명상의 도움으로 내가 가진 다양한 자기애적 문제들을 명료하게 이해하게 되었으며, '유아'가 됨을 경험하였다. 그리고 심리치료는 강하고 안정된 자아관념을 촉진한다고 많은 자아심리학자들이 상상한 것과 달리, 나로 하여금 '무아'가 되도록 만들어주면서 그것을 어떻게 내려놓을 수 있는지를 가르쳐 주었다. 불교계에 있는 나의 친구들과 지인들 가운데 일부는 무아에 대한 깊은 이해를 가지고 있지만 여전히 경계선적, 신경증적, 그리고 자기애적 병리의 성격구조를 가지고 있다는 많은 증거들이 있었다. 정신의학계에 있는 많은 동료들도 탁월한 심리치료자들이지만 개인적 삶에서는 마찬가지였다. 영적 공동체들은 전이 병리의 온상이었고, 많은 영적 스승들이 높은 수준에서 깨달았음에도 불구하고 자기 환자와의 성관계를 피하지 못한 심리치료자들과 마찬가지로 자기 제자들과의 부적절한 행동을 피하는 데에는 취약해 보였다. 불교에서 말하는 공이나 무아를 깨친 사람들이 심리적으로 온전하거나 발달적으로 각성되었을 것이라고 자연스럽게 추정하는 것은 적절하지 않은 것 같다.

최근에 발간한 책의 한 장에서 앵글러는 존경받는 미국인 선사인 필립 카플로(Philip Kapleau)가 그의 제자와 주고받은 편지로 글을 시작하면서 자신이 제기한 애초의 주장을 재고하고 있다.

학생: 깨닫게 되면 불완전함이나 성격적 결함들이 소멸되지 않나요?

스승: 아니오! 오히려 더 생겨나죠. 깨닫기 전엔 사람들은 자신의 결점을 쉽게 무시하거나 합리화시킬 수 있어요. 하지만 깨닫고 나서는 더 이상 그럴 수가 없어요. 결점이 분명해져서 고통스럽죠. 하지만 그때 그것들을 없애겠다는 대결정심을 발달시키지요. '마음'의 눈을 떠도 정서가 단번에 정화되지는 않아요. 정서를 정화시키기 위해서는 깨달은 후에도 계속적인 훈련이 필요해요. 그러면 우리의 행동과 이해가 일치하게 되지요. 이러한 핵심을 이해해야 합니다.(Engler, 2006, pp.29-30)

앵글러가 분명하게 말하듯이 중요한 것은 대부분의 사람들이 이를 믿으려 하지 않는다는 것이다.

결과적으로 서양의 많은 수행자들은 자기의 정서적인 삶이 고집스럽게 지속되고, 계속 영향을 끼친다는 사실에 일종의 죄책감을 갖는다. 앵글러가 말했듯이, "나는 지속되는 자아를 가지고 있지도 않고, 지속되는 자아도 아니라는 불교의 가르침은 내가 누구인지, 내 욕망과 열망은 무엇인지, 나의 욕구는 무엇인지, 나의 역량과 책임은 무엇인지, 다른 사람들과 어떻게 관계 맺고 있는지, 그리고 인생에서 내가 할 수 있거나 해야 하는 것이 무엇인지를 알기 위해 애쓸 필요가 없다는 의미로 받아들이면 안 된다. 존재론적인 공이 심리적인 비어 있음을 의미하는 것은 아니다."(Engler, 2003, pp.34-35)

내 경험으로는 심리치료와 명상, 심리적 발달과 영적 각성은 서로 뒤섞여 있는 것 같다. 하나가 다른 하나를 촉진할 수도 또는 지체시킬 수도 있으며, 미묘하게 영향을 미치거나 오염시킬 수도 있다. 깨달은 존재도 여전히 경쟁적이거나 자아도취적일 수 있고 전이와 투사에 취약할 수 있다. 문제를 겪고 있거나 신경증적인 사람도 심오한 통찰을 할 수 있다. 나는 심리적, 정서적 그리고 영적 생활의 상호작용에 대해 더욱 미묘한 관점을 찾기 위해서 이러한 글을 썼다. 나의 최종 입장은 사람임을 경험한다는 게 뭔지, 자아에 대해 고심한다는 게 뭔지를 이해하는 데 있어서 앵글러의 "유아(somebody)"와 "무아(nobody)"는 둘 다 잘못 설정된 부족한 개념이라는 것이었다. 내가 보기에 불교명상은 유아기 경험에 뿌리박혀 있는, 발달적으로는 언어 이전의 자기애적 문제들에 더욱더 미묘하게 직면하는 조건을 만든다. 그리고 불교적 관점으로 행할 때, 심리치료는 명상과 마찬가지로 자아의 본성에 대한 자유로운 통찰을 낳는 것으로 보인다. 하지만 그두 방법은 한때 마가렛 말러(Margaret Mahler)가 썼듯이, 자기애적 잔여물은 "인생 전반에 걸쳐 퍼져나간다"는 진실에 직면해야한다.(1972, p.333) 사무엘 베케트(Samuel Beckett)는 "오래된 자아는 잘 죽지 않는다. 따분한 존재이긴 하지만 안도감의 대행자이기도 하므로."라고 불후의 문장으로 말하고 있다.(Foster, 1989, p.93)

참고문헌

Jack Engler(2003), "Being somebody and being nobody: A reexamination of the understanding of self in psychoanalysis and Buddhism", in Jeremy Safran (editor), *Psychoanalysis and Buddhism: An Unfolding Dialogue*, Boston: Wisdom, pp.35-100.

Jack Engler(2006), "Promises and perils of the spiritual path", in Mark Unno (editor), *Buddhism and Psychotherapy Across Cultures*, Boston: Wisdom, pp.27-40.

Paul Foster(1989), *Beckett and Zen*, London: Wisdom.

Margaret Mahler(1972), "On the first three subphases of the separation individuation process", *International Journal of Psycho-Analysis*, 53, pp.333-38.

제1장

명상에 의한 자기애의 변형(1986)

자아초월심리학 연구자들은 자아발달에 관한 서양의 개념 전체를 아우르는 사고틀 속에서 명상의 위치를 설명하려고 시도한다. 그런데 그들은 종종 명상을 "완전히 발달한 자아관념"을 가지고 있는 사람들에게 가장 적합한 "치료적" 개입으로 본다. 이러한 접근법은 자아초월적 발달단계를 초기, 그리고 오이디푸스 이전 단계와 구별하는 데에는 유용하다. 하지만 그것은, 예를 들면 불교명상수행이 명상자의 유아기 경험에서 유래하는 심리적 문제를 어떻게 치료적으로 이해할 수 있는가와 같은 문제를 회피하는 것으로 보인다. 대상관계이론과 자기애에 관한 정신역동의 출현은, 리비도와 공격성의 무의식이 진화하고 지속되는 측면들을 강조하는(Russell, 1986) 프로이트의 원래의 추동이론보다, 그러한 영향에 대한 더욱 연관성 있는 논의를 제공해 왔

나. 명상에 매력을 느끼는 사람들 중 일부는 명백한 자기애적 병리를 가지고 있다는 사실이 주목받았다.(Epstein & Lieff, 1981; Engler, 1983; Engler, 1984) 하지만 명상이 변형적인 자기애적 병리에 어떤 역할을 하는지에 대해서는 탐구하지 않았다. 자기애와 관련된 두 개의 특정한 역동구조인 자아 이상(ego ideal)과 이상적 자아(ideal ego)에 초점을 맞추어, 명상수행이 이러한 정신구조에 어떤 영향을 주는지를 정리함으로써 명상과 자기애 간의 복잡한 관계를 밝혀내는 것이 가능해진다.

1. 유아(Somebody) 또는 무아(Nobody)

일반적으로 자아초월 이론가들은 명상수행을 이미 발달된 자아관념을 가지고 시작하는 것으로, 또한 서양의 성격이론이 중단된 데서부터 진행하는 것으로 설명하는 편이다. 이러한 접근법으로 이들은 동양의 심리학이 성격의 유아기적 요소들에 대해서는 상대적으로 관심을 덜 보였다고 주장한다. 그리고 동양의 심리학이 보장하는 변형은 주로 이미 응집된 자아의 범위를 벗어나는 것으로 이루어져 있다고 주장한다. 먼저 윌버(1980)가 "전초오류"라고 묘사한 것을 앵글러(1983; 1984)는 정신분석과 불교의 비교를 통해 명백하게 하였다. 그리고 윌버(1984a; 1984b)가 최근의 글에서 명료하게 정의했듯이, 이러한 관점은 앵글러가 "무아(nobody)가 되려면 우선 유아(somebody)가 되어야 한다."(Engler, 1983, p.36)는 말로 가장 간결하게 표현하였다. 일반적으로 신비적 상태가 오이디푸스 이전 시기에 느꼈던 만족감의 수준으로까지 퇴행한다는 것은 정신분석학적으로 영향을 받은 것으로, 현재까지 균형 잡힌 우세한 관점이다. 그러나 나는 그러한 견해가 유아기적, 자기애적 갈등 해결에 불교의 명상수행이 어떤 식으로 도움을 줄 수 있는가 하는 문제에 대해서는 여전히 애매하다고 생각한다. 둘 중 하나 또는 이것 아니면 저것이라는 관점으로 볼 때, 전초오류의 관점은 영적 경험의 발달적 근거나 유아기적 토대를 탐색하는 것뿐만 아니라 내재하는 자기애가 명상수행 내내 어떻게 관여하고 계속적으로 자신의 존재를 드러내는지를 탐구하는 것이 쉽지 않다는 것을 보여준다. 불교명상수행을 "전통적인 정신의학 분야"(Engler, 1983)로 분류할 때는 그러한 수행을 통해 어쩌면 초기의 심리적 갈등과 직면할 수도 있고, 그러한 갈등이 "분석"이 아닌 명상경험을 통해 변화되며 해소될 수 있다는 가능성을 열어두어야 한다.

앵글러는 명상에 끌리는 수많은 사람들이 명백한 자기애적 병리를 가지고 있음을 내비친다. 그는 또한 이들에게는 자기 스승들에게 전이를 형성할 경향성이 있음도 묘사한다. 이들은 자기애적 성격을 치료한 코헛(1971)이 자주 묘사한 사람들과 유사하다. 코헛은 자기애적인 성격을 갖고 있는 사람들이 영적인 분야에 자연스레 끌리는 경향이 서양문화에서는 이례적 사례라고 느끼는 것 같다. 하지만 나는 이러한 경향성이 서양문화에 고유한 것이라기보나 엉적 분야 안에 자기애와 관련된 문제들을 해결하려는 근원적인 추진력이 있음을 보여주는 게 아닌가 생각한다.

이것은 임상적으로 경계선장애 수준의 성격을 가진 것으로 정의되는 사람이 혹독한 명상수행을 견딜 수 있다고 주장하는 것이 아니다.(Kernberg, 1975) 유효한 증거들을 살펴보면 그들은 사실상 그만한 능력이 없음을 암시한다.(Epstein & Lieff, 1981) 이러한 점에서 나는 "선행되어야 하는 개인의 성격 수준"에 관한 앵글러의 결론에 동의한다. 하지만 앵글러의 결론은 발달된 명상경험 안에서는 유아기의 문제들을 다루지 않으며, 명상경험을 펼치기 위해서 자아는 "잘 통합되고" "온전한" 것이어야 하며, 발달에 있어서 "정상"이어야 한다는 것을 은연중에 함축하는 것일 수도 있다. 그러한 관점은 명상경험을 치료적으로 이용할 수 있는 잠재성을 배제하거나, 영성에 이끌리는 것이 유아기적 기원을 가진다는 것을 간과하거나, 명상 여정 전반에 걸쳐 지속될 수도 있는 자기애적 잔여물을 도외시할지도 모른다.

성공적으로 초기의 발달 스펙트럼을 통과한 후에도 유아기적 문제가 명상수행자의 정신에 집요하게 영향을 줄 수 있다는 주장은 성격발달에 관한 주요 이론가들의 주장과 다르지 않다. 그들 모두는 유아적 잔여물은 "일생을 두고 퍼져나간다."(Mahler, 1972, p.333)고 주장한다. 자기애 관련 문제를 다루는 사람들은, 개인은 유아기의 기억, 즉 엄마와의 축복받은 공생적 연결을 기억하므로 불가피하게 그것을 자신의 실제 경험과 비교하게 되며, 마음에 하나의 이상(ideal)을 창조한다는 핵심에 동의하는 경향이 있다.(Mahler, 1972, p.338; Jacobsen, 1964, p.39; Kohut, 1966, p.246; Reich, 1960, p.311; Guntrip, 1969, p.291; Chasseguet-Smirgel, 1975, p.6) 이러한 이상의 중심에는 자기애가 있다. 왜냐하면 이 이상은 유아기에 필요로 하는 것이 즉각적으로 충족되고 자아와 양육자가 구분되지 않은 시기에 뿌리를 두기 때문이다. 이러한 자기애적 잔여물은 인생의 목표, 갈망 그리고 친밀한 대인관계 전반에 영향을 미치면서 인생 전반에 걸쳐 퍼지는 것과 마찬가지로, 유아기의 경험에서 유래하는 심리구조가 여러 다양한 시기에 충족되거나 직면되거나 버려져야 하는 수행의 여정에서도 내내 영향을 미칠 것으로 보인다.

그러나 이상(ideal)에 대한 개념은 자기애의 심리학에 한정되어 있지 않다. 불교심리학의 뚜렷한 특징 중의 하나는 특히 부파불교 전통에서 이상적 인간형을 '아라한'으로 명확하게 상정한다는 것이다. 아라한은 명상수행의 결실을 나타낸다. 또한 현실을 왜곡 없이 지각하는 상태인 '열반', 즉 이상적인 상태를 나타내기도 한다. 이러한 이상적인 인간형의 사람은 그의 내면에 탐욕, 미움, 속임수, 질투, 의심 등 불건전한 정신적 요소들이 발현될 가능성조차 존재하지 않는 사람이라고 본다. 그것은 서양심리학에서는 불가피하다고 여기는 정신적인 여러 상태들이 정화된 성격을 나타낸다. 즉 각성상태를 반복적으로 경험한 덕에 정화된 것이다. 이러한 목표에 실제로 도달하기 위해서는 전통적인 불교문헌 속에 잘 나타나 있듯이 구도의 과정이 있어야 한다. 자기애를 정신역동적 관점에서 볼 때 이러한 이상에 도달하려면, 개인들이 내면화를 통해 체화한 이상에 대한 정신구조의 변형이 반드시 일어나야 한다. 즉 유아기의 경험에서 나온 자아의 이상에 대해서 명상이 영향을 미쳐야만 불교적 이상이 실현되는 것이다. '열반'에 대한 희망은 원초적인 갈망에게 말을 걸고, 일부 사람들이 명상을 시작할 수 있게 동기를 부여하는 데에만 있는 것이 아니다. 실제 수행은 불가피하게 지속되는 자기애적인 잔여물을 파악할 수 있게 하고, 방향을 수정할 수 있는 수단을 제공한다. 연관된 정신 구조를 더 충분히 묘사하기만 하면 이것이 일어나는 방식도 설명할 수 있다.

2. 자아 이상 또는 이상적 자아

유아(infant)의 원초적 자기애의 에너지(Grunberger, 1971)를 물려받은 이상이 표상하는 두 가지는 자아 이상(ego ideal)과 이상적 자아(ideal ego)라고 일컬어져 왔다.(Hanly, 1984) 그 두 가지 모두 개념적인 사고를 위해 충분히 성숙한 인지구조보다 앞서서 생긴 것으로, 유아가 엄마와 미분화되고 공생적인 융합을 경험한 것에서 비롯한다. 하지만 일단 만들어지고 나면 그 각각은 발달하는 개인의 정신 내부에서 독립적이고 독특한 기능을 맡는다. '이상적 자아'는 "자아가 저절로 가지는 하나의 이상"(Hanly,

1984, p.254)으로 실제 자아에 대한 이상화된 이미지이다. 이는 또한 비밀스럽고 끈질기게 보호되며 자아의 견고함, 영원성 그리고 완전함에 대한 믿음 속에 깊이 박혀 있다. '자아 이상'은 자아가 갈망하고, 그것이 되기를 열망하고, 그 속에 통합되고 융합되거나 결합할 수 있기를 욕망하는 그러한 것이다. 그것은 마치 "엄마와 신체감각적 환경"(Wilber, 1984a, p.89)과의 근원적인 융합이 두 개의 낡고 해체된 잔여물로 나누어져, 하나는 그 자신의 완전함에 대한 자아의 기억에 구현되고, 다른 하나는 한때 가지고 있었던 완전함에 대한 기억 속에 구현되어 있는 것 같다. 이렇게 나눠진 두 잔여물은 때때로 서로 상충하기도 하고 이후로는 분리된 기능을 맡는다. 그것은 근본적으로 "자기애의 이중적 방향성"(Andreas-Salome, 1962)이라고 일컬어진다.

"이상적 자아"와 "자아 이상"의 근본적인 차이는, 전자가 존재의 상태를 함축한다면 후자는 되어가는 상태를 함축하고 있다는 것이다. … 이상적 자아는 자신이 완벽한 상태로 주어져 있다고 믿는 한에서의 자아이다. 비록 이러한 상태가 현실에서는 환상일지라도 그것은 긍정적인 상태를 나타낸다. 사실 이상적 자아는 이상화에 의해 왜곡된 자아이미지이지만, 자아 그 자체보다도 더욱 현실적으로 경험될 수 있다. 자아 이상은 성취되는 완벽함을 나타내고, 현실화되지 않은 잠재태를 나타낸다. 즉 그것은 자아가 갈망해야 하는 완벽함에 대한

이상이다.(Hanly, 1984, p.253)

헨리(Hanly, 1984)에 따르면 이상적 자아는 자아가 자신에 대해 가지는 추상적 관념, 즉 자신은 완전하고, 완성되었으며, 불멸하고, 영원하다고 믿는 근거가 된다. 여기에서 공허함과 독선이 나오며 이것은 또한 "자아에 대한 환상적 존재론의 근원"(p.255)이 되고, "자아에 대한 소망적 관념"(Sandler et al., 1963, p.156)과 상응한다. 그것은 자아가 자기 자신을 관찰할 능력을 얻을 때, 자신의 현존을 느낄 때 주어진다.(Federn, 1952, p.60) 하지만 그 것은 자아의 많은 속성을 "부정하면서"(Hanly, 1984, p.266) 만들어졌다. "완벽한 온전성이라는 선행 상태"(p.269)를 영원히 잃게 되었을 때 일어나는, 페던(Federn, 1952)이 "비현실감" 또는 "유리됨"(p.61)이라고 일컬은 것을 지속적으로 부정하면서 유지되는 이상적 자아는 잠재적으로 모순된 자아의 진정한 본질적인 측면을 탐색하게 하지 않는다.(Hanly, 1984, p.260) 이상적 자아에 의해 경험되는 자아는 계속적으로 변화하는 "융합되고 혼란스러운" 자아가 아니며, 제이콥슨(Jacobsen, 1964, p.20)이 자신의 선구적인 대상관계이론 연구에서 묘사한 대상 이미지가 아니다. 이상적 자아는 오히려 자기애를 쏟아서 '진정한 자아'라고 이상화시킨 자아의 한부분과 동일시된 자아이다.(Hanly, 1984, p.255)

반면에 자아 이상은 개인의 갈망을 체화한다. 그것은 유아기적 자기애의 전능함을 끝없이 반복 경험하는 것에서 비롯한다.

거기에서는 자신과 타인과 전 우주를 구별 없이 자기 자신의 일부로 경험한다. "최초의 융합 상태의 난폭한 결말"로 인해 처음 생긴 자아 이상은 그 특성상 외부로 투사되는데, 자기가 융합하고자 시도하는 중요한 타인에게 투사할 수도 있고, 자신이 그에 부응하려고 노력하는 도덕적 특징에 투사할 수도 있다. 그러나 프로이트(Freud, 1914, p.116)가 처음으로 말했듯이 "자기보다 앞서 자기의 이상이라고 투사한 것은 어린 시절에 잃어버린 자기애를 대체한 것일 따름이다." 자기의 내재된 완벽함을 자아에게 확신시켜 주는 기능을 가진 이상적 자아와 달리, 자아 이상은 잃어버린 완벽한 상태의 내면화된 이미지가 그 뿌리에 있는, 중요한 무엇인가가 되고자 하는 갈망과 연관되어 있다. 자아 이상이라는 개념을 많은 사람들에게 다시 알리는 데 크게 공헌한 프랑스의 정신분석가 샤스귀에-스미젤(Chasseguet-Smirgel)은 자아 이상은 "(개인이) 심연에 의해 나뉜 이후로 나머지 인생 내내 그 간극을 메우려고 애쓰는 자기애적 전능함"을 표상한다고 말한다.(1975, p.7)

헨리(1984, p.256)는 다양한 종류의 성격 조직 속에 있는 자아 이상과 이상적 자아의 상대적 강도를 비교하면서, 성격 조직을 설명하는 데 있어서 이러한 개념들이 유용하다고 묘사하였다. 그의 주장의 주요 논지는 경계선적, 자기애적, 그리고 신경증적 장애에서 이상적 자아는 상대적으로 강하고, 자아 이상이 상대적으로 약하다는 점이 두드러지며, 성격이 성숙해짐에 따라서만 사아 이상이 이상적 자아를 퇴색시키기 시작한다는 것이다. 이러한 도식은 명상수행에서 자아 이상과 이상적 자아의 운명을 살펴볼 때 특별히 중요해진다.

신비한 현상을 분석하려는 정신분석 이론가들은 전통적으로 명상을 이상적인 유아기 상태를 얻고자 하는 자기애적 시도라고 보는 해석을 낳았다. 신비한 황홀경에 대한 초기의 연구(Jones, 1913, 1923; Schroeder, 1922; Alexander, 1931; Federn, 1952)로부터 프로이트의 유명한 표현인 "끝없는 자기애의 복원"으로서 "대양적 느낌"(1930)이나, 우리 시대의 연구가들이 신비한 결합에 대해 묘사하는 시도에 이르기까지(Rose, 1972; Ross, 1975; Lewin, 1950; Bonaparte, 1950; Masson, 1974, 1980) 그 핵심은 일반적으로 신비주의, 특히 명상이 자아와 자아 이상을 합하려는 시도를 나타낸다는 생각의 변형이었다. 이러한 생각은 존스(Jones, 1923)가 처음 제안하고, 그런버거(Grunberger, 1971)와 샤스귀에-스미젤(1975)이 완전히 확장시켰다. "신비주의는 … 자아와 이상이 가능한 한 가장 짧은 경로를 통해 결합하려는 욕구에 상응한다. 그것은 주요 대상과의 융합을 나타낸다. 심지어 이상이 의식적으로 신으로 표현될 때에도 깊게 살펴보면 그것은 융합을 상실하기 이전의 엄마와 상응한다."(Chasseguet-Smirgel, 1975, p.217)

불교의 관점에서 보자면 이러한 설명은 정보를 주긴 하지만, 뭔가 부족하고 오해의 소지가 있는 반쪽의 진실일 뿐이다. 그러한 이론은 한편으로는 명상이 자아 이상을 강화시킨다고 주장하면서 이상적 자아의 운명과 이상적 자아에 영향을 미치는 수행 둘 다를 도외시한다. 1924년에 조 톰 선(Joe Tom Sun)이라는 필명으로 글을 쓰면서 불교의 이러한 차원을 최초로 인식한 정신분석가 조셉 톰슨(Joseph Thompson)은 "붓다는 자아는 현실이 아니며 존재하지 않는 하나의 환상이라고 가르쳤다"(Sun, 1924, p.43)고 지적하였다. 붓다는 정신 속에 잠재된 세력인 이상적 자아를 포기해야 한다는 것도 가르쳤다.

정신분석에서는 전통적으로 명상은 유아기의 자기애 상태로 퇴행하는 것이며, 자아 이상을 만족시키려고 지속적으로 시도하게 하는 지름길이라고 본다. 명상을 통해 그러한 만족감을 얻을 가능성을 지적하는 것은 옳다. 하지만 명상에 필요한 이상적 자아와의 직면을 인식하는 데에는 실패함으로써 명상 여정에서 자아 이상과 이상적 자아의 재구성이 요구된다는 것을 인식하지는 못하였다. 이에 반해 자아초월심리학자들은 명상을 하는 사람들 속에 있는 자기애적 구조의 지속성을 충분히 인식하지 못했던 것 같다. 그래서 정신분석적 관점에서 제기된 그러한 구조의 운명을 간과한 것인지도 모른다.

3. 집중수행과 통찰수행

다른 곳에서 잘 묘사되었듯이,(Nyanamoli, 1976; Goleman, 1977; Goleman & Epstein, 1983; Nyanaponika, 1962; Brown, 1986) 불교 문헌은 대단히 체계화된 일련의 심리학적 사유를 담고 있다. 일 상적인 다양한 마음 상태를 자세히 열거할 뿐만 아니라 명상적 기법들을 적용하여 그러한 마음상태가 어떻게 재배열될 수 있는 지도 열거한다. 부파불교의 아비담마 문헌은 지속적인 명상수행 의 심리적 효과에 대해서, 현상학적인 용어로 말하자면, 일종의 자세한 지도제작법을 제공한다. 즉 명상수행의 핵심을 대략적으 로 보여준다. 골만(Goleman, 1977)은 전통적인 불교명상 기법의 양 갈래를 두고 "집중"수행과 "통찰"수행이라고 명확하게 묘사 하였다. 집중수행은 하나의 대상에 대한 집중된 주의를 발달시 키는 것을 강조한다. 그러면 필연적으로 마음의 평정, 만족감 그 리고 지복감에 수반되는 감정들이 나오는데 몰입 또는 무아지경 의 상태를 경험하면서 종결된다. 통찰수행은 변화하는 지각 대 상에 대해서 매 순간 알아차림을 강조하는 "마음챙김"이라는 일 종의 주의 전략에 의지한다. 이 수행에서 주의는 생각, 느낌, 이 미지, 감각, 의식 그 자체까지도 인간의 마음과 신체의 과정을 특 징짓는 끝없이 변화하는 것일 따름이라고 관찰할 정도로 개발된 다. 통찰수행을 이어가면서 성격은 일시적이고 불안정하며, 생 각만큼 자기와 별로 연관성이 없다는 사실에 대한 일련의 통찰이 일어나고, 그것은 결국 깨달음의 경험에서 정점에 이른다고 말한다.

일단 이러한 차이가 받아들여지자 불교명상을 위해서 이 두 가지 기법의 섬세한 상호작용이 필요하고, 명상수행은 교대로 일어나는 일련의 안정기로 구성되어 있으며, 매 안정기마다 각각의 전략에 따라서 함께 일어나는 정서가 반영된다는 점이 그다지 자주 강조되지 않게 되었다. 집중수행의 개발이 한계에 이르면 더 높은 단계의 통찰수행에 방해가 되거나 아니면 디딤돌이 되는 것으로 보일 수 있지만, 집중의 개발과 그에 관련된 정서들은 마음챙김과 통찰수행 기법의 중요한 부분을 이룬다.

집중은 마음이 갈팡질팡하지 않고 소리, 감각, 이미지, 생각 등의 단일한 대상에 고정되도록 한다. 마음챙김은 급속하게 변화하는 일련의 대상들에 주의를 기울이도록 하지만 그러한 과정을 쉽게 하려면 충분한 집중이 필요하다. 마음챙김은 집중수행의 이완된 평온함과 의식 영역의 활발하고도 기민한 조사 능력을 결합시킨다. 이것은 점차 통찰로 성숙해 간다. 사실상 통찰수행은 주의 깊게 분석해 보면 서로 대조적인 두 개의 정서로 구별되는 단계가 있는데, 불교심리학의 고전적 문헌인 『청정도론』에서 "공포와 기쁨"이라고 부르는 경험이다.(Nyanamoli, 1976, p.765)

기쁨의 경험은 본질적으로 집중수행을 통해 얻어지거나 또는 마음챙김 수행의 안정된 요소들에서 온다. 그것은 만족감, 조화로움, 평정심, 축복, 황홀감, 확장됨, 온전해짐 그리고 기쁨의 정서라는 특징이 있다. 또한 안정감, 침착, 균형을 촉진시키며 근본적으로 근심, 걱정, 초조한 마음 상태에 바로 대처하는 불안 완화제이고, 평안한 상태를 떠올리게 한다. 이러한 상태는 아마도 밝은 빛이나 무한한 사랑과 연민의 정서들, 육체적으로 황홀한 느낌, 지복감과 연관되어 있는 것 같다. 이러한 마음 상태의 정확한 모습은 명상수행에서 수행자가 그때 마침 어느 단계에 있는지, 어떤 요소들이 가장 잘 개발되었고 다듬어졌는지에 달려 있다. 하지만 이러한 모든 상태를 하나로 묶는 것은 집중이 발달하면서 나오는 기쁨이다. 전통적으로 기술되고 있는 명상 단계에서(Nyanamoli, 1976; Brown, 1986) 기쁨을 느끼는 단계는 근접삼매를 포함한 팔선정에서, 유사열반의 단계와 평정의 지혜의 단계에서 가장 잘 드러난다(본서 p.56의 도표1 참조).

반면에 공포경험은 마음챙김 수행에서 조사하는 측면과 그러한 수행으로 촉발된 통찰에서 온다. 그것은 자아와 경험 영역의 무상하고, 비본질적이며, 불만족스러운 성격을 명백하게 지각하면서 경험하는 것이 특징이다. 이러한 경험은 대단한 불안감을 준다. 즉 불편함·공포·걱정을 떠올리게 하고, 명상가에게 기본적인 신념과 정체성을 포기하라고 요구하고, 마음을 분열시키며, 불안을 유발하는 경향이 있다. 균형을 잡아주는 집중의 힘이 충분히 강하면 그것들을 버티고 견뎌낼 수 있다. 서양심리학자들은 이러한 경험이 상황처리에 능숙하지 못한 성격구조를 가진 사람들의 마음의 균형을 깰지도 모른다고 우려한다. 하지만 불

교의 관점에서 보자면 안정된 집중효과가 마음의 평정을 유지시
킨다. 그러한 집중이 자아 발달을 견고하게 할지도 모른다는 것
은 집중과 자아 이상의 만족감을 동일시하는 것으로도 설명될
수 있다.

기쁨의 단계를 지나가야 함에도 불구하고 그것이 너무도 만족
스럽다보니 그러한 단계를 넘어서서 계속적으로 통합시켜야 하
는 공포의 단계로 옮겨가는 것이 어려워 보일 수 있다. 명상 수행
자는 명상 입문 초기에 최초의 공포를 종종 느끼는데, 이는 격동
하는 자기 마음의 본성을 직면하는 때이다. 집중수행이 점차 마
음을 안정시켜감에 따라 이러한 정서가 대개는 약화되는데, 마
음챙김이 마음의 과정을 조사하기 시작하면서 표면으로 다시 떠
오른 것일 뿐이다. 알아차림의 연속적인 순간들을 구별하는 마
음챙김 능력이 개발됨에 따라 가장 먼저 강조하는 것은 새로운
마음이 순차적으로 일어나는 매 순간에 주목하라는 것이다. 이
러한 지각은 자기와 자기 마음의 산물을 동일시하는 "거짓 견해"
라고 불리는 토대를 흔들기 시작한다. 통찰이 개발될수록 마음
이 해체되는 순간을 알아차리는 쪽으로 점점 더 강조점이 옮겨
가고, 공포 단계는 더욱 확연해진다. 명상수행자는 "형성된 모
든 것"이 "마치 항아리가 박살나는 것처럼, 미세한 먼지들이 흩
어지는 것처럼, 참깨알들이 볶이면서 튀어나가는 것처럼 부서짐
을 지속적으로 경험하면서 다만 그것들의 와해를 지켜보게 된
다."(Nyanamoli, 1976, p.752)

'무너짐을 관찰하는 지혜'라고 알려진 이러한 단계가 지나면 더욱 강렬한 자각이 오는데 이것은 '공포로 나타나는 지혜'라고 알려져 있다. 자아에 대한 위협은 이 단계에서 가장 선명해진다.

모든 형성물의 붕괴·무너짐·와해로 구성된, 소멸이 목적인 무너짐을 관찰하는 지혜를 이런 방식으로 반복·발전·개발하다 보면 되는 것, 생겨나는 것, 끝나는 것, 상태, 또는 존재들의 거처 등 종류에 따라서 분류된 모든 형성물이 평화롭게 살려는 소심한 사람에게 사자, 호랑이, 표범, 곰, 하이에나, 혼령, 거인, 성난 황소, 사나운 개, 발정 난 야생 코끼리, 끔찍한 독뱀, 시체가 썩는 땅, 전투지, 불타는 석탄 구덩이 등과 같은 엄청난 공포의 형태로 나타난다.(Nyanamoli, 1976, p.753)

공포의 경험이 날것으로 가장 생생하게 경험되는 것이 이 단계이다.

자아 이상과 이상적 자아의 자기애적 심리구조의 운명을 생각해 볼 때 명상수행에서 공포와 기쁨, 두 가지로 나뉜 경험을 하는 것은 유익하다. 집중수행은 명백하게 단일한 대상에 마음을 고정시키도록 권장함으로써 자아와 자아 이상의 결합을 촉진시킨다. 그러한 고정은 자아를 대상 속으로 용해시키고 유아기적 자기애 상태를 극도로 환기시키는 지복감과 만족감의 충만 속에서 대상과 합쳐지게 한다. 문헌을 통해 보자면(Masson, 1980) 힌두명상(Goleman, 1977)은 대부분이 다양한 형태의 집중명상으로 되어 있는데, 엄마와 아이의 결합과 가장 비슷한 상태를 유발한다고 한다. 정신분석가들은 이러한 수행들을 신비주의로 보았고, 프로이트는 대양적 느낌의 상태로 묘사하였다. 알렉산더(Alexander, 1931)는 최근에 번역된 불교문헌에서 두 번째 선정에 대해 설명하는 것과 그 당시 발전하고 있었던 자기애에 관한 이론의 유사점을 언급했으며, 그러한 수행이 어떻게 자아 이상의 요구를 만족시킬 수 있는지를 암시하였다.

자아에 대한 이러한 긍정적인 태도의 단계는 다음과 같은 말로 불교문헌에 묘사되어 있다. "이러한 상태에서 승려는 자기 내부의 근원에서 충족되는 저수지와 같다. 거기에는 배출구가 없다. … 그리고 가끔씩 오는 비로 보충이 되는 것도 아니다. 이 저수지는 자기 내부의 시원한 물의 흐름으로 채워지고, 물은 계속적으로 흘러들어와 가득 차고 넘친다. 그리하여 어느 한 모퉁이도 적셔지지 않는 데가 없다. 이와 같이 승려는 내면의 (행복감을) 느끼면서 깊은 몰입으로부터 나온 기쁨과 즐거운 감정들로 모든 면에서 완전히 자신을 채우고 적신다. 그래서 어떤 조그마한 입자도 적셔지지 않은 채로 남지 않는다. 이것은 두 번째 선정 단계이다. "물의 흐름"에 "리비도"를 대체해 본다면 나는 어떠한 정신분석가도 이 문헌에서 말해진 것보다 더 적절하게 자기애의 상태를 묘사할 수 없을 것이라고 생각한다. 이러한 이유로 이 묘사는 내게 각별히 흥미롭고 중요하게 보였다. 왜냐하면 그것은 우리가 단지 이론적으로 구축하고 이름 붙인 개념인 "자기애"를 묘사하고 있기 때문이다.(Alexander, 1931, p.134)

그러나 공포경험과 통찰수행의 결실은 자아 이상과 큰 관계가 없다. 이러한 경험에는 완벽에 대한 갈망의 충족이 없다. 거대함, 의기양양함 또는 전능성에 대한 환기도 없다. 그보다는 이러한 경험들은 깊이 묻혀 있고 대단히 소중하게 여기는 이상적 자아를 파악하려고 직접 도전한다. 그것들은 "자아에 대한 환상적 존재론"에 맞서서(Hanly, 1984, p.255) 자아가 근거 없으며 무상하고 공허하다는 것을 밝히고, 자아가 소망하는 이미지에 힘을 실어주는 부정을 극복한다. 이러한 경험에 직면할 때 명상수행자는 기댈 데가 없게 된다. 그는 자신이 가장 단단히 지켜온, 자신과 동일시한 것을 "내가 아님", "내 것이 아닌 것"으로 내어주면서 포기해야 한다. 『청정도론』에서는 다음과 같이 묘사하고 있다.

그는 자신의 자아가 존재하지 않음을 본다. … 그는 자신의 자아가 남의 자아의 소유물이 아니란 것도 본다. … 그는 다른 사람의 자아가 존재하지 않음을 보고, 그리하여 '다른 사람의 자아도 어디에도 없다'는 것을 안다. 그는 다른 사람을 보면서 그 사람도 자기 자아의 소유물이 아니란 걸 보고 '내가 남의 자아를 소유한다는 것은 가능하지 않다'는 것을 안다. 그래서 다만 덩어리로 모여 있는 형성물은 … 자아나, 자아의 소유라고 할 만한 것이 없는 텅 빈 것으로 보인다.(Nyanamoli, 1976, p.763)

따라서 유아기적 기원으로 인해 자아가 자연스럽게 가지고 있었던 자신에 대한 이상화된 이미지는 이제 소멸되어야 한다. 그리고 그것은 서양의 정신역동이론에서 한 번도 벌어진 적 없는 하나의 사건이다.

명상수행은 유아기적 자기애의 두 잔여물에 심오한 영향을 미친다. 이상적 자아가 약화될 때에만 자아 이상은 강화된다. 이러한 효과로 이상적 자아가 자아 이상보다 우세한 명상 이전 상태, 즉 미성숙한 성격 조직을 특징짓는다고 생각되는 두 가지, 이상적 자아와 자아 이상의 힘의 강도가 직접적으로 반대가 된다.(Hanly, 1984)

마치 집중의 안정감과 만족감이 통찰의 불안정감을 견디게 하듯이, 명상전통에서는 지속적으로 집중과 통찰의 힘의 균형을 맞출 것을 강조한다. 심지어는 깨달음의 문턱에서도 "집중된 몰입과 안목 있는 분석적 이해"(Guenther, 1974, p.139)가 동시에 일어나는 것이 반드시 필요하다고 언급되며, 두 과정은 이 지점까지 계속해서 길러진다. 그것은 이상적 자아의 영향력을 약화시키기 위해서 자아 이상이 충분히 누그러져야 하는 것과도 같

통찰

집중: 일상적 의식 – 집중의 표시 – 근접삼매 – 8선정(변형상태 또는 몰입)

초보자의 경우	
익숙한 경우	네 가지 색계 선정
반대의 경우	네 가지 무색계 선정

견해의 청정
(찰나찰나 과정에 대한 지혜)

|

의심에서 벗어나는 청정
(발생과 소멸의 연속에 대한 지혜)

|

유사열반
열 가지 불완전한 지혜
(빛, 이해력, 희열감, 편안함, 즐거움, 믿음, 정진, 확신, 고요, 미세한 집착)

|

무너짐을 관찰하는 지혜
(각각의 마음이 찰나찰나 소멸)

|

공포로 나타나는 지혜
위험함을 관찰하는 지혜, 싫어함을 관찰하는 지혜
해탈하기를 원하는 지혜, 숙고하여 관찰하는 지혜

|

행을 공한 것으로 보기

|

행에 대한 평정의 지혜
(공포와 기쁨에 대한 포기)

|

출세간의 길(깨달음의 체험)

도표1.『청정도론』에 따른 불교명상의 길
(Nyanamoli, 1976. Brown, 1986. 집중은 옆으로, 통찰은 아래로 나아간다.)

다. 집중과 통찰이 정밀하게 서로 균형을 이루게 되고 자아가 공하다는 것을 완벽하게 인식하게 되면, 명상수행자는 이상(ideal)의 모든 잔여물 너머에 있는, 그리고 자기애의 마지막 흔적 너머에 있는 깨달음의 경험으로 나아간다. "'나' 그리고 '나의 것'이라고 할 만한 것이 없다는 것을 알게 되면, (명상수행자는) 공포와 기쁨 둘 다를 버리고"(Nyanamoli, 1976, p.765) 마침내는 자아 이상과 이상적 자아의 잔재를 뒤에 남기게 된다. 이때가 되어서야 자기애의 심리구조는 잠재적 힘을 잃게 된다.

4. 복잡한 문제들

자아 이상과 이상적 자아가 각각 집중수행과 통찰수행에 밀접하게 연관되어 있음을 인식하는 것으로부터 명상이 자기애적 병리에 어떤 효과가 있는지를 설명하는 것과 명상수행에 흔히 수반되는 심리적인 것들을 이해하는 것이 가능해진다. 집중수행으로 자아 이상이 강화되면 피난처로 삼을 수 있는 일종의 "이행 대상"을 만들게 되어 공허함이나 고독과 같은 자기애적 불안을 상당히 진정시켜줄 수 있는 일관되고, 안정된 또는 평온한 느낌을 갖게 된다. 정신역동의 관점에서 보자면, 이것이 바로 명상이 초기 수행자들에게 미치는 긍정적인 심리치료 효과에 대해 말하는 많은 보고서들의 내용이다. 하지만 만약 자아 이상이 이상적 자아의 본질에 대한 동시적 통찰 없이 강화되면, 집중수행의 경험은 역설적으로 이상적 자아의 유지를 강화시킬 수 있나는 자만 또는 자기가 특별하다는 마음을 점점 키우는 부채질이 될 수 있다. 그러한 역동에 영향을 받은 사람은 자기 그룹 밖의 사람들은 얻을 수 없는 특별한 경험을 하게 된다고 믿으면서, 명상수행의 결실을 맛보고 난 후에 오히려 독단적인 사람이 될 수도 있다. 다른 사람들, 특히 카리스마가 있는 지도자를 중심으로 형성된 종교 집단에 있는 사람들은 이상화된 지도자와 일종의 집단 통합이 생기기 쉬운데, 이 경우 지도자는 공유하는 자아 이상의 화신이 된 사람이고, 자아 이상이 지극히 중요해짐에 따라서 종종 지도자에 대한 비판적인 판단은 유보될 수 있다. "근본적으로 크건 작건 한 단체의 구성원들이 서로를 동일시하게 되면 위대함과 힘에 대한 원시적인 자기애적 만족감을 경험하게 된다."(kernberg, 1984, p.15) 그리고 종종 예기치 않은 행동을 통해 그러한 통합을 구현하려는 욕망을 부추기기도 하는데, 스승과 구성원이 성적인 관계를 갖는다든지, 비신도들을 향한 예기치 않은 폭력 행동이 나오는 것들이 그러하다.

그러나 자아 이상의 충분한 지지 없이 이상적 자아를 검토할 때는 다른 효과가 나타난다. 집중수행에서 얻는 안정 없이 통찰수행의 지나치게 격렬한 절차를 밟는 사람들은 다양한 두려움, 불안, 그리고 어떤 사람들에게는 위협이 될 수 있는 부적절함을 경험할 수 있다. 과도하게 공(emptiness, 空)에 몰두하게 된 수행자들은 삶의 활기가 부족해 보이고, 자기 자신에게 지나치게 심각해지며, 그들의 영적인 소명은 아마도 이러한 불안을 다루려는 부분적인 보상을 시도하는 것으로 나타날 수 있다. 그들은 영구적인 자아가 있다는 믿음을 내려놓으려는 강요된 미성숙한 시도와 부적절한 자아 이상 둘 다로부터 고통 받는다. 통합이나, 그러한 통합이 일으키는 엄청난 기쁨을 경험하지 못하고, 사랑에 대한 내적 능력을 자극할 수 있는 대상에게로 자신의 완벽한 이미지를 만족스럽게 투사하는데 실패하면서 그들은 과도하게 심각해지거나 마음이 메말라가고 경직된다. 이번에는 공·무아 그리고 비집착이라는 옷을 걸치고 이상적 자아를 숨기면서, 많은 경우에 기존의 자기 이미지에 이상적 자아의 새로운 이미지를 겹쳐놓는 데에만 성공할 따름이다. 하지만 그러한 이미지에 대한 자기애적 집착은 지속된다.

이러한 성격 특징들은 각각 극단적인 불균형을 나타내기는 하지만, 명상경험을 통해 다양한 방식으로 자랄 수 있는 자기애적 병리에 대해서 유익한 설명을 제시할 수 있다. 불교문헌에서는 집중수행과 통찰수행을 엄밀하게 균형 잡을 필요가 있다고 분명히 말한다. 자기애에 관해서 우리 시대의 언어로 말하고 있지는 않지만 기쁨, 균형, 무경계 상태, 자아의 비본질성에 대한 앎을 강조하는 상태 간에 균형을 맞추는 접근법에 대하여 명확하게 조언하고 있다. 이러한 두 경험이 적절히 맞춰지지 않은 상태에서 성급하게 깨닫는 것은 금지되며, 이럴 때 자아는 자신이 성취한 것에 계속적으로 집착할 가능성이 있다. 명상은 어쩌면 사람을 자기애로부터 해방시키는 하나의 도구이고, 해방은 깨달음의 경험을 하고서야 완성되는 것으로서 개념화될 수 있을지 모른다. 그 지점까지 사람은 자기애적 충동의 압박에 종속되고, 명상경험은 아마 그러한 충동을 만족시키는 데 동원되며, 그러한 경험은 동시에 자기애적 집착과 억지로라도 직면하도록 만들지도 모른다.

이미 보여준 대로, 다양한 명상기법들이 자기애와 관련된 심리구조에 미치는 효과를 기술하는 것은 가능하다. 그러한 심리구조 중에서 두 개, 즉 이상적 자아와 자아 이상은 여기에서 윤곽을 밝혔다. 상대적으로 덜 충족된 자아 이상은 완벽을 추구하려고 갈망한다고 모호하게나마 알 수 있다. 하지만 과도하게 투자된 이상적 자아에 관해서는 아예 그 존재 자체를 부인하기 때문에 그런 것이 있는지도 모를 수 있다. 우리는 명상수행을 통해 이 둘에 접근할 수 있고, 그것들을 변형시킬 수 있다. 전통적인 불교 심리학은 집중과 통찰 요소들 간의 세심한 균형과 공포와 기쁨 경험에 상당히 주안점을 둔다. 이러한 강조는 자기애에 관한 언어로 바꾸어서 보자면, 자아 이상의 경험과 이상적 자아를 대면하는 경험 간에 균형을 맞추어야 할 필요를 시사한다. 그 두 가지를 버리고 자기애 자체를 극복하는 일은 이러한 균형을 얻을 때에만 일어날 수 있다.

따라서 단순히 응집된 자아를 이루었을 때 명상수행을 시작할 수 있다고 주장하는 것은 명상이 유아기적 자기애의 잔여물에

줄 수 있는 충격을 간과하는 위험을 무릅쓰는 것이다. 명상을 다만 서양의 성격이론이 멈춘 지점에서 시작할 수 있는 유용한 것으로만 보게 되면, 명상경험을 통해 자기애 자체가 어떻게 변형될 수 있는지에 대한 충분한 가치평가를 못 할 수도 있다. 동양심리학은 우리에게 소위 말하는 "성숙"한 성격에서 성장이 멈출 필요가 없다는 것을 보여준다. 하지만 이러한 성격을 넘어서게 되면 동양적 방법은 비록 다른 언어로 묘사되어 있더라도, 동서양모두가 인식하고 있는 자기애적 집착과 대면한다. 자기애는 유아기 상태에 뿌리박혀 있고, 어른이 되어서도 지속되며, 필연적으로 명상경험과 상호작용하게 된다. 이러한 상호작용을 이해하려면 명상이 가진 변형적인 능력과 자기애의 만연한 영향 둘 다를 인식해야 한다.

참고문헌

Alexander, F.(1931), "Buddhist training as an artificial catatonia", *Psychoanalytic Review,* 18, pp.129-45.

Andreas-Salome, L.(1962), "The dual orientation of narcissism", *Psychoanalytic Quarterly*, 31, pp.1-30.

Bonaparte, M.(1940), "Time and the unconscious", *International Journal of Psycho-Analysis,* 21, pp.427-63.

Brown, D.(1986), "The states of meditation in cross-cultural perspective", In K. Wilber, J. Engler & D. Brown, *Transformations of consciousness,*

Boston: New Science Library.

Chasseguet-Smirgel, J.(1975), *The ego ideal*, New York: W. W. Norton.

Engler, J. H.(1983), "Vicissitudes of the self according to psychoanalysis and Buddhism: A spectrum model of object relations development", *Psychoanalysis and Contemporary Thought,* 6: 1, pp.29-72.

Engler, J. H.(1984), "Therapeutic aims in psychotherapy and meditation: Developmental stages in the representation of self", *Journal of Transpersonal Psychology,* 16: 1, pp.25-62.

Epstein, M. & Lieff, J.(1981), "Psychiatric complications of meditation practice", *Journal of Transpersonal Psychology,* 13: 2, pp.137-48.

Federn, P.(1952), *Ego psychology and the psychoses*, New York: Basic Books.

Freud, S.(1914), *On narcissism: An introduction. S.E.,* 14, London: Hogarth Press, 1957, pp.67-102.

Freud, S.(1930), *Civilization and its discontents. S.E.,* 21, London: Hogarth Press, 1961, pp.57-145.

Goleman, D.(1977), *The varieties of the meditative experience*, New York: Dutton.

Goleman, D. & Epstein, M.(1983), "Meditation and well-being: An Eastern model of psychological health", In R. Walsh & D. Shapiro, *Beyond health and normality*, New York: Van Nostrand Reinhold.

Grunberger, B.(1971), *Narcissism*, New York: International Universities Press.

Guenther, H. V.(1974), *Philosophy and psychology in the Abhidharma*, Berkeley: Shambhala.

Guntrip, H.(1969), *Schizoid phenomena, object relations and the self*, New York: Basic Books.

Hanly, C.(1984), "Ego ideal and ideal ego", *International Journal of Psycho-Analysis,* 65, pp.253-61.

Jacobsen, E.(1964), *The self and the object world*, New York: International Universities Press.

Johansson, R.(1970), *The psychology of nirvana*, New York: Anchor.

Jones, E.(1913), "The God complex", In *Essays in applied psychoanalysis II* , London: Hogarth Press, 1951.

Jones, E.(1923), "The nature of auto-suggestion", In *Papers on psychoanalysis*, Boston: Beacon Press, 1948.

Kernberg, O.(1975), *Borderline conditions and pathological narcissism*, New York: Aronson.

Kernberg, O.(1984), "The couch at sea: Psychoanalytic studies of group and organizational leadership", *International Journal of Group Psychotherapy*, 34 (1), pp.5-23.

Kohut, H.(1966), "Forms and transformations of narcissism", *Journal of the American Psychoanalytic Association*, 5, pp.389-407.

Kohut, J.(1971), *The analysis of the self*, New York: International Universities Press.

Lewin, B. D.(1950), *The psychoanalysis of elation*, New York: W. W. Norton.

Mahler, M.(1972), "On the first three subphases of the separation individuation process", *International Journal of Psycho-Analysis*, 53, pp.333-38.

Masson, J.(1974), "India and the unconscious: Erik Erikson on Gandhi", *International Journal of Psycho-Analysis*, 55, pp.519-29.

Masson, J.(1980), *The oceanic feeling: The origins of religious sentiment in Ancient India*, Dordrecht, Holland: D. Reidel.

Nyanamoli, B.(Transl.)(1976), *Visuddhimagga: The path of purification*, by Buddhaghosa, 2 vol. Boulder, CO: Shambhala.

Nyanaponika Thera(1962), *The heart of Buddhist meditation*, New York: S.

Weiser.

Reich, A.(1960), "Pathologic forms of self-esteem regulation", In *Psychoanalytic contributions*, New York: International Universities Press, 1973.

Rose, G.(1972), "Fusion states", In P. L. Giovacchini (Ed.), *Tactics and techniques in psychotherapy*, New York: Science House.

Ross, N.(1975), "Affect as cognition: With observations on the meanings of mystical states", *International Review of Psycho-Analysis*, 2, pp.79-93.

Russell, E.(1986), "Consciousness and the unconscious: Eastern meditative and Western psychotherapeutic approaches", *Journal of Transpersonal Psychology*, 18 (1), pp.51-72.

Sandler, J., Holder, A., & Meers, D.(1963), "The ego ideal and the ideal self", *Psychoanalytic Study of the Child*, 18, pp.139-58.

Schroeder, T.(1922), "Prenatal psychisms and mystical pantheism", *International Journal of Psycho-Analysis*, 3: 4, pp.45-66.

Sun, Joe Tom(1924), "Psychology in primitive Buddhism", *Psychoanalytic Review*, 11, pp.39-47.

Wilber, K.(1980), "The pre/trans fallacy", *ReVision*, 1980, 3, pp.51-73.

Wilber, K.(1984a), "The developmental spectrum and psychopathology: Part I. Stages and types of pathology", *Journal of Transpersonal Psychology*, 16, pp.75-118.

Wilber, K.(1984b), "The developmental spectrum and psychopathology: Part II, Treatment modalities", *Journal of Transpersonal Psychology*, 16, pp.137-66.

제2장

자아의 해체

– 불교 통찰명상에서 자아와 "무아"(1988) –

동양의 명상전통이 20세기에 서양으로 도입되면서 부수적으로
생긴 피해 중의 하나는 동양의 전통 속에 있는 학자와 수행자들
이 프로이트 학파의 전문용어를 오용해 왔다는 것이다. 명상경
험을 한 심리학자들이 "자아"와 "무아(egolessness)" 개념을 혼란
스럽게 사용했다는 사실은 너무나 자명하다.(Engler, 1986, p.18)
"자아"는 이성적 마음, 자아개념 또는 개인성에 대한 경험 등과
같은 것으로 사용되었으며, 명상 과정에서 내려놓아야 하는 모
든 것을 비공식적으로 표현하는 말이 되어 왔다. 명상을 하는 사
람들은 "무아"를 갈망하게 되었다. 그러나 이러한 목표는 보나
미묘하고 독창적인 의도를 가지고 사용된 동양적 관점보다는 서
양심리학의 관점에서 대체로 이해되었다. "무아"로 번역된 단어
는 자신의 자아를 버리려고 애쓰는 서양 수행자들이 종종 틀리

게 사용하는, 생각을 처리하는 일차적인 과정과 원초아가 지배하는 심리 내적인 힘(Meissner, 1984, p.229)이 급증하는 것을 함축하는 의미로 사용되었다. 불교의 "무아(anātman, anattā, no-self, 無我)"의 교리와 정신역동에서 "자아"의 개념은 그 두 전통 간의 대화와 합의를 방해하면서 종종 피상적으로 이해되었다.

1. 자아의 운명

사실상 불교명상에서 자아의 운명은 서양심리학의 용어로 선명하게 설명되어 온 것은 아니다. 우리 시대 이론가들은 명상체계가 "자아를 넘어서"(Walsh & Vaughan, 1980) 발달하는 발달적 도식을 제안하는 경향이 있다. 그러나 이러한 접근법은 버려지지 않는 자아, 실제로는 명상수행을 통해 오히려 발달하는 자아의 측면들을 무시해 왔다. 현재 자아에 대한 자아심리학적 대상관계이론의 관점에 친숙하다보니, 명상은 자아를 넘어서기보다는 자아 "내부의" 변화와 발전을 촉진하면서 자아의 많은 독특한 측면에서 다양한 방식으로 작동하는 것으로 보일 수 있다. 이러한 관점에서 보면 자아는 손쉽게 버릴 수 있는 단일한 실체가 아니라 복잡하고 정교한 구조, 기능, 표상의 복합체로 이해해야 한다. 그것은 자아가 필수불가결하다는 점을 인정하면서 동시에 명상수행이 어떻게 더 이상 자신의 견고함에 집착하지 않는 자아를 만들면서 자아를 독특하게 변형시킬 수 있는지를 보여준다.

불교명상 체계는 마음챙김의 개발과 특히 명상 중의 "나 경험"에 집중하는 통찰의 함양(위빠사나)을 중시한다. "나"를 조사하다 보면, 그것은 "영원하고 단일하며, 자기의 통제 하에 있는 것"(Gyatso, 1984, p.162)이거나 "본질적인 존재 또는 자기충족적인 실체"(Gyatso, 1984, p.162)로 느껴진다. 명상을 통해 "본래적 존재"(Hopkins, 1984, p.141)가 없다고 밝혀진, "다만 마음과 몸의 무더기에 의지하는 존재가 바로"(Gyatso, 1984, p.163) "그 자신의 통제 아래 있는 독립된 나"(Gyatso, 1984, p.163)이다. 그래서 자아개념을 "융합되고 혼란스러운 … 끊임없이 변화하는 자아이미지의 연속"(Jacobsen, 1964, p.20)이라고 보는 현대의 대상관계이론의 관점과 마찬가지로 "나" 경험은 세심하게 연구할수록 점점 더 비본질적이며, 끊임없이 변화하는 비개성적(impersonal) 과정으로 밝혀진다. 그 결과 한때는 견고하고 응집되어 있으며 실재하는(Guenther, 1974, p.139) 것으로 경험했던 자아개념은 점점 더 분화되고 분열되어 규정할 수 없고 결국은 투명한 것이 되었다. 이것이 "무아"의 가장 중요한 개념이며, "지속적인 독자적 본성이 있다는 생각"(Guenther, 1974, p.207)은 명상의 통찰을 통해서 무너진다.

"무아"라고 알려진 것의 핵심에 있는 것은 이러한 자각이고, 이렇게 이해하면 성격에 관한 서양의 정신분석적 개념과 쉽사리 조화되지 않는 것은 분명하다.(Goleman & Epstein, 1983) 하지만 이러한 이해를 자아 "너머로 나아가는 것"이라고 생각하는 것은

긴 세월 동안 자아를 탐험헤 밝혀낸 많은 것들을 무시하는 일이
다. 이러한 탐험을 통해 자아의 구조와 기능을 충분히 알게 되었
다. 부파불교 체계 속에 열거되어 있는 "나 경험"의 변화들은 사
실상 자아에 대한 정신분석적 사고의 틀 속에서 설명할 수 있다.

2. 자아의 체계

도표2에서 볼 수 있듯이, 자아에 대한 정신분석적 이해는 프로이
트의 독창적인 많은 이론을 구체화시켰다. 자아는 이제 표상적
일(Rothstein, 1981) 뿐만 아니라 기능적인 의미로도 이해된다. 전
자는 다수의 정신적 이미지, 건축물 또는 '표상'을 통해 자아와
세계의 모습이 만들어지는 과정을 중시하고, 후자는 심리에서
심리적 균형을 유지하고 적응과 성장을 돕는 자아의 다양한 역
할이나 기능을 중시한다. 따라서 자아의 기능은 '자기'나 '자기표
상'(Stolorow, 1975, p.180)과는 구별된다. 그리고 자아는 협력할
수도 또는 갈등할 수도 있는 구조와 하부구조로 구성된 하나의
체계로 이해할 수 있다.(Hartmann, 1950, 1958) 로스스타인은 "자
아 기능의 하부구조와 똑같이 중요한 자아의 하부구조를 표상적
세계로 개념화"시켜 프로이트 이후의 대상관계이론 학자들의 이
론과 통합시켰다.(Rothstein, 1981, p.440)

따라서 프로이트(Freud, 1923)의 개념으로 자주 언급되는, 자
아는 "긴장을 다스리고", "본능을 통제하며", "충동을 조절하고"

또는 외부 세계로부터 받은 자극을 방출하는 것을 지연시키고 통제한다는 개념은 단지 자아 기능의 하부 구조의 하나가 되었다. 이것은 자아를 "자기에게 속한 모든 과정"(Freud, 1923)의 관리자나 원초아와 초자아 또는 원초아와 환경의 요구 사이의 중재자로 보는 고전적 관점이다. 이러한 관점은 그 후 얼마 지나지 않아 방어 또는 억제 기능(A. Freud, 1937), 적응 또는 현실 통제 기능(Hartmann, 1950, 1958)을 포함한 자아의 다른 중요한 기능들이 덧붙여지면서 정교해졌는데 여기에는 이러한 논의에서 가장 중요한 자아의 통합 능력도 포함된다.

이러한 통합 기능은 다양하면서도 서로 갈등하는 유입물들과 요소들을 통합시키고 조직화하면서 내부 세계의 "균형 기관"으로 작용한다.(Nunberg, 1955) 프로이트 자신이 명백하게 밝혔듯이 이는 억압 기능(Freud, 1955)과는 반대이며, 갈등의 요소들을 의식에서 분리하여 고립시킨다. 이것의 역할은 항상 변동하고, 점점 분화되는 정신의 산물들을 거부하지 않고, 안정되고 일관된 경험을 하면서 흡수하는 것이다.(Nunberg, 1955, p.153) "자아는 중재하고 통일하고 통합한다. 왜냐하면 분화와 현실 객관화가 점점 더 복잡하게 일어나는 수준에서 애초의 통일성을 유지하는 것이 그것의 본질이기 때문이다."(Loewald, 1951, p.14)

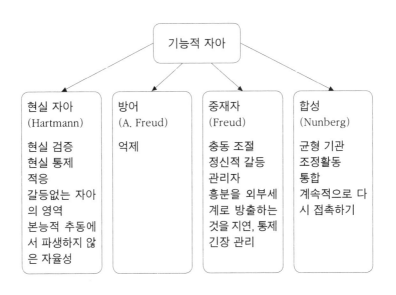

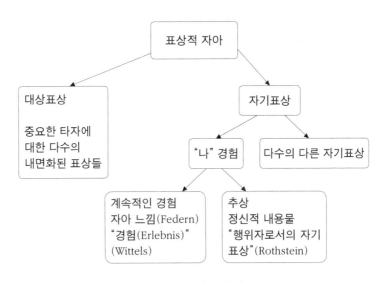

도표2. 자아의 체계

자아의 표상적 요소는 자아의 정신적인 이미지를 만드는 "개별화되기 이전 인상들의 집합체"(Rothstein, 1981, p.440)라고 강조함으로써 그것이 가진 기능적 관점을 보충한다. 표상 차원이 발달하면서 견고한 '나'에 대한 관념을 창조하는 데 기여하고, 개인의 일관된 자아경험이 구축된다. 일부 학자들은 '나'는 정서적으로(본능적으로) 경험된다고 하고, 다른 학자들은 인지적(일종의 관념)으로 경험된다고 주장하면서, 이것이 생기는 방법은 수년에 걸쳐 정신분석 분야에서 논의의 주제가 되어왔다. 이를테면 페던(Federn)은 '자아 느낌'을 "항존하는 자기 자신임에 대한 감각"(Federn, 1952, p.60)이라고 말했고, 그것은 "개념화된 관념"(Federn, 1952, p.283)이기보다는 "계속되는 경험"이라는 생각을 견지하였다. 위텔스(Wittels, 1949) 역시 자아를 "직접적인 내면 경험"(Wittels, 1949, p.54)이라고 하면서 '독일어의 경험(Erlebnis)' 개념을 들어 '나'라고 번역되는 것이 존재의 내면에서 반향을 일으키는 것임을 함축하려고 노력하였다. 로스스타인(Rothstein, 1981) 역시 정서적 경험의 역할을 부인하지 않으면서 '나'가 믿음이나 관념이 될 수 있는 방식을 강조하였다. 추상적인 관점에서 로스스타인은 '나' 경험이 자아의 내용이라고 개념화했으며, 그것은 "행위자로서의 자기표상"을 두고 한 말이다.(Rothstein, 1981, p.440)

그래서 '나'는 자아와 똑같은 것이 아니라 보다 분명히 말하자면 하나의 요소다. 그것은 행위자로서의 자기표상으로 묘사되는

데, 자신을 행위힐 수 있는 존재로 여기기 때문이다. 그것은 자신을 "안녕감과 생존을 추구하고 보장하기 위해 적극적으로 존재한다고 상상한다."(Rothstein, 1981, p.440) 견고하며 실재한다고 믿는 자아의 자기 감각을 구현하는 것은 자아 내부에 있는 하나의 관념이고 추상이다. 하지만 그것은 전체 자아와 혼동되지는 않는다. 영속하는 자기에 대한 자아 감각에서 발전했지만, 기본적으로 사람이 소중하다는 개념은 여전히 남아 있다.

　행위자로서의 자기표상의 핵심에는 자기애적으로 투자한 이상적 자아가 놓여 있는데,(Epstein, 1986) 그것은 완전하고 침해할 수 없는 "자아 스스로 가지고 있는 하나의 이상이다."(Hanly, 1984) 이상적 자아는 '본래적인' 완벽함, 즉 티베트 사람들이 "자신이 통제할 수 있는 독립적인 나"라고 묘사하는 것과 맞먹는 "존재 상태"를 포함한다. 그렇게 인식하지 않고 오히려 모든 덧없음, 무가치함, 필멸을 부정하면서 실재라고 깊이 느끼는 것은 하나의 이상이다.

3. 통찰의 효과

마음챙김과 통찰을 발달시키는 명상체계는 '독립된 나'라고 하는 '자아 느낌'에 특히 초점을 맞춘다. 집중수행이 자아의 경계를 일시적으로 유보하고 자아와 자아 이상의 합치를 통한 깊은 존재론적 안정감을 제공한다면,(Epstein, 1986) 통찰수행은 자아 체계의 내부에서 작동한다. 경험하는 나에 대한 주관적인 암시 그리고 개념적인 수준에서 그것을 형성하는 추상적인 인지 둘 다에 주의를 기울이면서, 통찰수행은 '나' 경험을 하게 하는 근본적인 것들을 밝히려고 한다. 이것은 자아의 구조를 상당히 바꾸는 분명하고 연속적인 사건들을 통해서 일어난다.

명상이 진전됨에 따라 처음에는 다양한 자기표상들이 초점의 대상이 되다가 점차 초점에서 멀어진다. 이러한 자기표상들은 "자신과 관련된 다양한 두려움의 저장소와 보관장소"의 역할을 해 온 것들과 "자기애적으로 그리고·또는 피학적으로 투자"해 온 것들이다.(Rothstein, 1981, p.441) 마음챙김이 비판단의 빛을 통해 이러한 표상들을 노출시키면, 의심의 여지가 없다고 흔히 추측했던 또는 분열을 거부했던 자아이미지에 대한 탈동일시와 통합이 동시에 일어난다. 명상이 깊어질수록 모든 자아관념은 표상적인 것에 불과하다는 본질은 분명해지지만, 경험과 동일시하려는 보다 미묘하고 만연한 경향성은 지속된다. 이러한 동일시 경향은 마음챙김에 대한 저항["이것은 나의 것이고, 이것은 나이며, 이것은 나 자신이다"(Nyanamoli, 1976, p.743)]으로 가장 자주 드러나며, 이것은 정신분석에서 무의식을 숨기려는 저항과 메한가지라고 할 수 있다. 이러한 방식으로 '나 경험'은 결국 행위자, 하나의 이미지, 추상 또는 모조품으로서 자기표상이 암시하는 말들과 유사한 의미를 갖는 용어로 해체된다. 자아로 하여금 자신의 본질을 부정하게 할 정도로 자아의 자아관찰 활동에

엉향을 주는 이상직 자아의 능력은 마침내 소멸된다. 그렇다고 자아가 제거된 것은 아니다. 다시 말하면 항상 그래왔던 것이 밝혀졌을 뿐이다. "무아는 과거에 존재했던 것이 이제는 존재하지 않게 되는 그런 것이 아니다. 오히려 이러한 종류의 '자아'야말로 한 번도 존재한 적이 없다. 전혀 존재하지 않았던 것을 존재하지 않은 것이라고 아는 것이 필요하다."(Gyatso, 1984, p.40)

대상관계의 관점에서 볼 때, 안정감을 유지하면서도 순수한 표상적인 과정을 경험할 수 있다고 확신하는 불교의 견해는 특이하게 보인다. 따라서 행위자인 자기표상을 드러내는 것은 통찰명상을 통해 주요한 자아 체계를 수정한 것이지만 그것이 유일한 것은 아닌 것 같다. 표상적 관점에서 보자면 이것은 명백히 중요한 변형이다. 그러나 기능적 관점에서 보면 필요한 안정감을 얻기 위해서는 그 이상의 보상적 변형이 필요하며, 그러한 안정감은 자아의 통합 능력에서만 나올 수 있다.

고르게 떠 있는 주의(Epstein, 1984)와 마찬가지로 마음챙김이 발달하면 "자아의 치유적 분열"(Engler, 1983, p.48; Sterba, 1934)이 일어나며, 여기서 자아는 주체이면서 객체이고, 관찰자이면서 관찰의 대상이 된다. 심리적 사건의 역동적인 흐름을 관찰하는 이러한 능력은 상당히 통합적인 기능이며 끊임없는 변화 앞에서 마음의 평정을 유지시킨다. 자아의 통합 기능이 "객관적 현실에서 떨어져 객관적 현실을 내부가 아닌 자기 앞에다 두는 것처럼"(Loewald, 1951, p.18) 전통적인 불교심리학 문헌을 보면 마음챙김은 "대상을 진정시키고", "그것을 요지부동하게 유지하면서" 객관적인 영역을 지키고 직면시킨다.(Nyanamoli, 1976, p.524) 또한 명상이 진행됨에 따라 무상함이 점점 분명해지는 매 순간 마음과 연결감을 유지한다. 수행자는 "마음챙김을 확고하게 기반이 잡혀 있는 기둥이나, 늘 변화를 경험하는 마음과 감각의 문을 지키는 수문장으로 여겨야 한다."(Nyanamoli, 1976, p.524) 마음챙김은 매 순간을 온전히 경험하도록 해준다. 마음에 무엇이 투사되건 그것을 붙잡거나 거부하지 않고 대상에다 알아차림을 묶어두기 때문에 그것은 통합 기능을 가지고 있다.

마음챙김이 가진 이러한 통합 기능은 프로이트의 스승들 중한 명인 자네(Pierre Janet, 1903)가 건강한 마음 기능의 정점이라고 언급한 것을 떠올리게 하는데, 그것은 "현재 순간의 마음을 형성"하는 주의의 "종합적 조작"이다. 이것을 두고 그는 "현재화하기(pre-sentification)"라고 이름 붙였는데, 이는 '현실을 최대한으로 이해하는 역량'을 의미한다.(Ellenberger, 1970, p.376) 자네(Janet)는 이러한 역량은 개발될 수 있으며 그것이 심리적 안녕감에 기여한다는 것을 이해하였다. "과거와 미래를 오가는 것은 마음의 자연스런 경향성이다. 현재에 계속 주의를 집중하려면, 그에 더해서 현재의 행위에 집중하려면 상당한 노력이 필요하다. '우리에게 진정한 현재는 다소 복합적인 행위인데, 이러한 복합성에도 불구하고 그리고 그것이 실제 지속됨에도 불구하고, 우리는 그것을 단일한 의식 상태로 이해한다. … 현재화하기는 마음의 상태와 그것에 따르는 한 무리의 현상을 현재로 만드는 것이다.'"(Ellenberger, 1970, p.376)

통찰명상의 상급 단계에서는 엄청난 소멸과 분열을 경험하게 되는데, '현재 만들기(making-present)' 수행을 통해 수행자는 이러한 정신적 압박을 견딜 수 있게 된다. 해체 경험을 통합할 수 있게 해주는 것은 자아로서, 주로 그것의 통합적 기능을 통해서이다. 진정한 자아 없음의 상태(egolessness)에서는 해체만 있고, 그러한 상태는 정신증을 나타내는 것일 수 있다. 자아 체계는 확실히 이러한 명상수행의 목표이다. 하지만 그 결과는 낡은 구조를 넘어서 진행되는 것이라기보다 체계내적인(Hartmann, 1958; Rothstein, 1981) 재균형으로 이해하는 것이 보다 적절하다.

매 순간 실재의 본질을 더욱더 직접적으로 경험하면서 알아차림의 대상과 계속적인 접촉을 재정립해야 하는 것이 마음챙김으로서의 자아의 통합 기능이다. "그것으로부터 점점 더 멀어지는 것처럼 보이고, 점점 더 상관없는 부분들로 나뉘는 것처럼 보이는 것을 통합하고 합성하여 … 이러한 통합을 유지하거나 또는 계속적으로 재정립하는 것은"(Loewald, 1951, p.14) 여전히 자아의 기능으로 남아 있다. 이것은 명상을 통해 없어지지 않으며 자기표상이 행위자로서의 권위를 잃어감에 따라 점점 더 필요해진다. 이러한 끈질긴 노출을 통해서 통찰수행은 표상적인 세계 경험을 급진적으로 변화시킨다. 한때 견고하게 보였던 것이 이제는 양자 수준(quantum level)에서 더욱 분화되고, 패턴화되고, 훨씬 더 복잡하고, 분열되고, 더욱 단절되고, 덜 응집되고, 덜 실재적이며, 덜 본래적인 존재로 감지된다. 자아의 표상적인 측면이 힘을 잃게 되면서 그에 대한 보상으로 기능적 요소의 진화가 일어나는데, 이에 따라 분화의 상위 질서가 통합될 수 있다. 로왈드(Loewald, 1978)는 "의식적 성찰은 정신 과정의 상위 조직"(Joseph, 1987)을 얻기 위한 자아의 '발달'에 필요하다고 주장한다. 불교문헌에서도 이와 같은 내용을 볼 수 있다. 의식적 성찰의 수단이자, "기억하기와 망각하지 않기"(Nyanamoli, 1976, p.524)의 수단이기도 한 마음챙김은 분화되는 마음의 본질을 통찰하도록 하고, 매 순간 상당히 복잡한 정신의 온전함을 보존하면서 자아의 통합적 측면이 발달하게 한다.

그래서 마음챙김은 자아를 잊어버리는 수단이 아니다. 마음챙김은 그 자신의 현현을 관찰하기 위해 자아를 이용하는 방법이다. 매 순간 마음의 본질에 주의를 기울이는 능력을 발달시키면 이상화시키는 왜곡 없이 자아의 표상적 본질을 경험하게 된다. 그렇게 함으로써 대부분의 서양의 성격이론이 상상한 것과는 달리 자아 체계 내부의 변화가 촉진된다. 불교적 접근법은 자신이 견고하다고 믿는 자아에 대한 확신을 권장하기보다, 비본질성과 무상이 잠재적으로 불안정하다는 경험을 계속적으로 통합할 수 있는 유동적인 자아를 기대한다. 이러한 관점을 가지면 불교심리학이 보장하는 것을 온전히 누릴 수 있다. 고정불변의 인간이란 없다는 자각을 유지한 채 각성된 자아는 머물게 된다. 달라이

라마는 말한다. "이렇게 외견상 견고하고, 구체적이며, 독립적이고, 자기가 통제할 수 있다고 내세우는 나는 실제로는 전혀 존재하지 않는다."(Gyatso, 1984, p.70)

참고문헌

Ellenberger, H.(1970), *The discovery of the unconscious*, New York: Basic Books.

Engler, J.(1983), "Vicissitudes of the self according to psychoanalysis and Buddhism: A spectrum model of object relations development", *Psychoanalysis and Contemporary Thought*, 6: 1, pp.29-72.

Engler, J.(1986), "Therapeutic aims in psychotherapy and meditation", In K. Wilber, J. Engler, & D. P. Brown, *Transformations of consciousness*, Boston: New Science Library.

Epstein, M.(1984), "On the neglect of evenly suspended attention", *Journal of Transpersonal Psychology*, 16, 2, pp.193-205.

Epstein, M.(1986), "Meditative transformations of narcissism", *Journal of Transpersonal Psychology*, 18, 2, pp.143-158.

Federn, P.(1952), *Ego psychology and the psychoses*, New York: Basic Books.

Freud, A.(1937), *The ego and the mechanisms of defense*, New York: International Universities Press .

Freud, S.(1923), *The ego and the id*, New York: Norton.

Freud, S.(1926), "The question of lay analysis", S.E. XX, London: Hogarth Press, 1955, pp.179-258.

Goleman, D. & Epstein, M.(1983), "Meditation and well-being: An Eastern model of psychological health", In R. Walsh and D. H. Shapiro, *Beyond health and normality*, New York: Van Nostrand Reinhold.

Guenther, H. V.(1974), *Philosophy and psychology in the abhidharma*, Berkeley: Shambhala.

Gyatso, T.(1984), *Kindness, clarity, and insight*, Ithaca: Snow Lion.

Hanly, C.(1984), "Ego ideal and ideal ego", *International Journal of Psycho-Analysis*, 65, pp.253-61.

Hartmann, H.(1950), "Comments on the psychoanalytic theory of the ego", *Psychoanalytic Study of the Child*, 5, pp.74-96.

Hartmann, H.(1958), *Ego psychology and the problem of adaptation*, New York: International Universities Press .

Hopkins, J.(1984), *The tantric distinction*, London: Wisdom Publications.

Jacobsen, E.(1964), *The self and the object world*, New York: International Universities Press .

Joseph. E. J.(1987), "The consciousness of being conscious", *Journal of the American Psychoanalytic Association*, 35: 1, pp.5-22.

Loewald, H. W.(1951), "Ego and reality", *International Journal of Psycho-Analysis*, 32, pp.10-18.

Loewald, H. W.(1978), "Instinct theory, object relations, and psychic structure formation", *Journal of the American Psychoanalytic Association*, 26, pp.453-506.

Meissner, W. W.(1984), *Psychoanalysis and religious experience*, New Haven: Yale University Press.

Nunberg, H.(1955), *Principles of psychoanalysis*, New York: International

Universities Press.

Nyanamoli, B.(Transl.)(1976), *Visuddhimagga: The path of purification*, by
Buddhaghosa, 2 vol. Boulder: Shambhala.

Rothstein, A.(1981), "The ego: An evolving construct", *International Journal
of Psycho-Analysis*, 62, pp.435-45.

Sterba, R. F.(1934), "The fate of the ego in analytic therapy", *International
Journal of Psycho-Analysis*, 15, pp.117-126.

Stolorow, R, D.(1975), "Toward a functional definition of narcissism",
International Journal of Psycho-Analysis, 56, pp.179-185.

Walsh, R. H. & Vaughan, F.(1980), *Beyond ego*, Los Angeles: Tarcher.

Wittels, F.(1949), "A neglected boundary of psychoanalysis", *Psychoanalytic
Quarterly*, 18, pp.44-59.

제3장

공의 모습들

− 정신역동적, 명상적 그리고 임상적 관점에서(1989) −

마음에 대한 불교와 정신역동적 심리학의 두 영역을 종합해 보려는 나의 노력에서, 내적 경험으로서 공(emptiness, 空)은 두 영역 모두에서 공통적으로 가장 마음이 끌리면서도 가장 믿을 수 없는 것으로 나타났다. 정신역동 이론에서도 공이 무엇을 말하는 것인지 혼란스럽고, 불교이론에서도 공이 무엇을 말하는 것인지 혼란스럽다. 정신역동적 심리치료자들도 불교에서 말하는 공이 무엇인지 혼란스럽고, 불교에서는 심리치료자들이 말하는 공이 무엇인지 혼란스럽다. 공이라는 말이 다양한 마음의 상태에 대하여 모두 사용되고 있기 때문에 그 말이 무엇을 뜻하는지 파악하기란 거의 불가능하다. 그렇지만 다양한 공의 모습을 주의 깊게 검토해 보면 자아의 본질을 현대적으로 이해하는 데에 불교사상이 특별히 공헌한 것이 명확하다는 것을 알 수 있다.

1. 이해하기엔 너무나 경이로운

공은 경험적으로 자아 경험에서 일어나는 가능한 거의 모든 선택지를 설명하는 데 적용되어 왔다. 그래서 그것은 성격장애에서 "절망적인 미결상태"(Singer, 1979)라고 불리는 정신병 환자의 혼란스러운 마비상태를 의미할 수도 있다. 그 상태란 관찰하는 자아는 과민 상태가 되고,(Levy, 1984) 정체성 혼란을 겪는 동시에 자아의 한 측면은 거부되는 탈인격 상태이다. 이 상태에서 자아는 스며나와 주위의 아무것과, 실존적 무의미와 불교 최상의 실재 같은 것과도 융합한다. 이러한 상태를 가리키는 데 동일하게 공이란 말을 사용하지만 그 경험 내용은 판이하다.

불교명상에서 나온 공은 설명하기 어렵지만, 앞에서 설명한 병리적 공으로 고통 받는 사람들에게는 종종 희망으로 보인다. 넓은 의미에서 때로는 마음 또는 자아의 속성으로 간주된 공의 경험은 "잡을 수 없는", "설탕을 맛보는 벙어리와 같은"(Kalu Rinpoche, 1986, p.111) 것이라고 말해진다. 다른 표현, 즉 "명백하고 열린, 그리고 방해받지 않는"(Kalu Rinpoche, 1986, p.33) 같은 말이 그 뜻을 전달하기 위해 사용되어 왔다. 9세기 중국의 황벽黃檗 선사는 "자체로 있는 모든 것의 본질은 세상에 꽉 찬 비어 있음, 그 외는 없다"고 말했다.(Blofeld, 1958, p.50) "이 모든 현상은 본질적으로 비어 있지만 모두 똑같은 이 마음이 다만 무無인 것은 아니다. 내가 말하고자 하는 것은, 그것은 분명 존재하지만 너무나 경이로워서 이해할 수 없다는 뜻이다. 그것은 존재가 아니고, 무존재이지만 존재하고 있다."(Blofeld, 1958, p.108)

티베트의 마하무드라 경전은 여러 가지 공의 경험에 대해 다음과 같이 설명한다.

어떤 사람들은 모든 것이 공하다고 느끼거나 세상의 본질이 공하다고 느낄 수 있다. 다른 어떤 사람들은 모든 것에서 그 자체라는 것이 없다고 경험하거나, 마음과 몸이 존재하지 않는다고 경험한다. 하지만 또 다른 사람들은 공의 진리를 정말로 이해한다.(Chang, 1963, p.41)

이 말을 우리는 어떻게 이해할 수 있을까? 우선 외관상 좀 더 확고한 근거로 돌아가 보자.

2. 심리학적 공

구조적 관점에서 보자면, 정신역동적 사고에서 너무나 핵심적인 "무의식적 심리조직으로 상정된"(Lichtenberg, 1975, p.45) 공은 다음과 같은 것으로 설명되어 왔다. 첫째 결여, 둘째 방어, 셋째 자아와 대상의 통합과정의 결함, 넷째 자아를 이상화하려는 열망이 만들어낸 내적 갈등의 결과이다.(Singer, 1977a; Levy, 1984) 각각 하나씩 살펴보자.

결여 모델은 공을 '감정적 지지'가 주어지지 않아서 생긴 내적 잔여물로 본다.(Singer, 1977a, p.461) "상실, 거부, 취득불가능 또는 양가성"(p.461)에서 나온 것이든 아니든 간에, 위니캇의 표현에 따르자면 이것의 핵심은 "그것이 트라우마에서 나온 것이 아니라 자신에게 이득이 되는 쪽으로 무엇인가가 벌어졌어야 했는데 아무것도 안 벌어진 것으로 생각"(Winnicott, 1974, p.106)하는 것이다. "아이가 존재하지 않는 것처럼 취급"(Giovacchini, 1972, p.377)하는 자기애적 부모 또는 "아이를 방치하지만 아이를 원하는"(Guntrip, 1971) 부모는 아이에게 결핍된 애착이 자기 표상으로 발달하는 동안 아이가 '대상 표상'과 '외부세계'에 과도하게 매달리는 환경을 만든다. 그렇게 해서 드러나는 자기표상은 자기에게 대상이 없기 때문에 "분열된 부정적 가치"(Singer, 1977a, p.462)의 영향을 받는다. 그 결과 "경험의 진공"(Guntrip, 1971, p.291) 속에서 자신이 삼켜지거나, 소멸되거나, 갇히거나, 흡수 또는 상실될 수도 있다는 공포와 일치하는 '텅 빈 자아'가 만들어진다.

방어 모델은 공을 "(소위 말하는) 나쁜 엄마가 실제로 존재한다고 은밀하게 비판적으로 행위하는 자가 인정해야 하는 것에 대한 방어인" 치명적인 분노 또는 자기증오(Giovacchini, 1972)를 좀 더 견딜 만하게 하는 대체물로 본다. 이러한 공은 처음에는 그러한 것을 직접 체험하는 것보다는 어떤 의미로는 나아 보이지만, 공으로부터 생기는 두려움은 실제로는 견디기 어려운 것이다. 그래서 이 두려움은 "통제되지 않고 손아귀에 들어오지 않는 풀려난, 텅 빈 나쁜 대상 속에서 굶주리고 있는 자아와 같이, 감질나게 하면서 말할 수 없는 고통을 주는 잠재적인 악"으로 표현된다.(Singer, 1977b, p.478)

결함 모델은 공의 경험 너머의 기저에서 작동하는 메커니즘을, 자아 감각의 발달과정에서 발생한 장애, 즉 다양하고 서로 충돌하는 자아와 대상 표상들의 '요소들'을 조화롭게 통합할 수 없는 무능력으로 본다.(Singer, 1977b, p.472) 여기에서 응집된 자아의 결핍이나 같은 대상에 대해 좋기도 하고 싫기도 한 것을 참아내야 하는 말러(Mahler)의 유아발달기 재접근 단계를 처리하는 데에 실패하면 공을 느끼게 된다. 여기서 공은 "내면화된 대상관계의 응집에 의해 보장된 정상적인 배경 감정의 상실"로 이해된다.(Levy, 1984, p.393) 또는 자아의 한 부분이 그와 반대되는 자아와 동일시한 결과 "다른 온전한 부분에 의해 죽었거나, 존재하지 않는다고 거부되거나 제거되고, 그렇게 관찰되는"(Levy, 1984, p.392) 것이다.

전통적으로 이러한 종류의 공으로부터 보호하기 위해서 세가지 자아의 이미지 요소들은 섞이고 균형 잡혀야 된다고 한다.(Singer, 1977b, p.472) 그것들은 1) "본능적 요구 만족과 관련된 육체 경험에 기초한 자아 이미지"(Lichtenberg, 1975, p.461), 즉 소위 말하는 "몸자아", 2) "다른 대상과 별개의 실체로 나타나는 자아 이미지"(Lichtenberg, 1975, p.461), 즉 다 좋거나 다 나쁘다고 자기 표상과 대상 표상을 분리하고 개별화한 결과, 3) "이상화된 대상과 공유하는 전능감과 과대함의 느낌을 유지하는 이상화의 결과로서 가지게 된 자아 이미지"(Lichtenberg, 1975, p.461)이다. 이 자아 이미지는 '원초적 환상'의 결과인데, 유아 시기의 초기 자기애 상태나 "유아와 엄마의 완전한 통합"(Lichtenberg, 1975, p.461)에서 기원한다. 여기에는 두 가지 종류가 있다. 첫째는 자아의 과대하고 전능한 이미지, 소위 말하는 "이상적 자아"(Hanly, 1984)이고, 둘째는 자아와 대상의 특질을 가진 이상화된 부모 이미지(Lichtenberg, 1975, p.464), 소위 말하는 "자아 이상"(Hanly, 1984)이다.

네 번째 모델은 이상화 열망에서 생긴 갈등 모델로서, 세 번째 모델의 하위모델이다. 이상화된 자아 이미지를 특별히 강조한다. 이 경우에 공은 내면화되고, 무의식적이고, 이상화된 자아 이미지가 실제 경험과 일치하지 않을 때 비현실감이나 "소외감"을 만들면서 느껴진다.(Federn, 1952, p.61) 여기에서는 이상적 자아의 압력을 받아, 실제 경험이나 실제 자아를 부인하면서 실질적으로 초자아의 기능적 측면이 된다.(Hanly, 1984) 무의식적인 근본 믿음이 내면화된 기준에 '부합'하지 못하는 무능은 부인과 함께 공의 감각이 된다. 우리 자신에 대한 과대한 이미지는 굳건하고 깊고 단단하며, 어떤 의미에서는 불멸이라는 유아기 환상에 뿌리내리고 있기 때문에 우리의 실제 경험이 이와 일치하지 않을 때도 우리는 이상화된 그 이미지를 버릴 수 없다. 오히려 혼란되고 꼼짝달싹 못한 채 의미의 상실을 경험한다. 이때 공에 대한 감각은 갑자기 매우 실제인 것같이 보인다.

공에 대한 불교의 관점으로 돌아가 보자. 지금까지 설명한 것이 어떠한 연관이 있는지, 이런 경험이 무엇을 말하는지 확인하기 위해서 좀 더 정밀한 정의로 나아가도록 하겠다.

3. 불교의 공

불교학자 허버트 구엔더(Herbert Guenther, 1974)에 의하면, '순야타(Śūnyatā)' 또는 공空은 "개인의 본성이 지속된다는 생각을 타파하기 위한" 경험이다.(p.207) 공은 그것 자체로 목적이 아니라 단지 '구체적인 존재가 있다는 생각을 부숴버리기' 위해서 있는 것이다. 이것은 13세기 일본의 선승인 도겐(道元)도 강조한 요점이다. 도겐은 "원래 여러 가지의 공은 존재를 돌파하기 위해 필요했던 것이다. 하지만 일단 존재가 없어졌다면 그 공이 무슨 필요가 있겠는가?" 하고 말했다.(Cleary, 1986, p.19) 이 말은 앞에서 언급한 서양의 공의 경험과 매우 대조적이다. 공은 그 자체로 실제로 있는 어떤 것이 아니며 "무의 텅 비어 있음"(Hopkins, 1987, p.200)도 아니고, "모든 것을 무화시키는 것"(p.44)도 아니며 본래적 존재를 '구체적으로' 부정하는 것이다. 나가르주나(Nāgārjuna)는 "관점의 폐기를 위해 … 공을 말하였다. 하지만 공의 관점을 붙잡고 있는 자는 고칠 수 없다."고 말했다.(Cleary,

1986, p.19)

좀 더 구체적으로 말하자면 공은 "본래적으로 존재하는 나의 부정성을 긍정하는 것이 아니다."(Hopkins, 1987)고 말해진다. 티베트불교의 겔룩파의 경전에 특별히 기록되어 있고, 최근 제프리 홉킨스(Jeffrey Hopkins, 1987)의 책 『공 수행(*Emptiness Yoga*)』에 상세하게 설명된 바에 의하면, 공은 불교에서 자아의 본성을 명확하게 설명하는 데 중심적 기능을 맡고 있다. 겔룩파는 명상적 통찰의 근거를 마련하기 위해서는 지적인 능력을 반드시 사용해야 하며, 명상적 이해를 수용하려면 '타당한 인지' 요소가 있어야 한다는 입장을 가지고 있다. 이것 없이는 현혹된 관점을 잘못 받아들이거나 명상에서 아무것도 얻지 못하는 위험에 빠질 수 있다. 이 학파의 기본 가르침은 다른 대부분의 학파에서도 채택하고 있는데, 공에 관한 철저한 개념적 분석을 매우 주의 깊게 다루고 있다. 직접적인 체험과 실천을 강조하는 것으로 알려진 까규파의 깔루 린포체(Kalu Rinpoche) 또한 "자신이 하고 있는 일에 대해 아무런 개념적 이해가 없이 명상하는 사람은 열린 들판에서 길을 찾고자 하는 맹인과 같다. 그런 사람은 이리로 갈지 저리로 갈지 아무 생각 없이 단지 헤맬 뿐이다."(Kalu Rinpoche, 1986, p.113)라고 이 관점을 긍정하였다.

공을 이해하는 첫 번째 단계는 '본래적으로 존재하는 나'에 집중하여 그것이 나타나는 대로 실제로 파악하는 것이다. 자아 이미지는 하나의 믿음이며, "잘못 생각한 것"(Hopkins, 1987, p.56)이고, 타고난 착각으로서 "자신의 본질에 대한 잘못된 추정"(Kalu Rinpoche, 1986, p.37)이지만 우리에게 실제로 있는 것으로 나타난다. 우리는 우리 자신의 체험을 통해 이것을 발견해야만 한다.

그러므로 첫 단계는 구체적 존재의 실제 감각을 가지는 것이며, "실질적으로 존재하는 나의 외현을 잘 확인"(Kalu Rinpoche, 1986, p.65)하는 것이며, "부정당할 대상에 대한 명확한 느낌"(Kalu Rinpoche, 1986, p.83)을 가지는 것이다. 이것 없이는 "적이 누군지도 모른 채 군대를 출정"(Hopkins, 1987, p.47)시키는 것과 같다. 불교적 관점에서 보면 이런 개념은 매우 미묘하며 뿌리 깊은 것일 수 있다. 역동적인 무의식이라는 말이 함축하는 바는 특이한데, 이러한 구절이 포함된 문헌은 "잠재의식"(Hopkins, 1987, p.133)이 실질적으로 존재하는 자아의 실재를 수동적으로 그리고 지속적으로 받아들인다고 주장한다. 요점은 명상적 몰입 속에서 마음이 "자아에 대한 좀 더 거친 개념"(p.120)을 다루는 것이다. 이것은 "말썽꾸러기 아이를 눈에 보이지 않는 곳으로 치워버려서 개량"시킨다는 말과 비슷하다. 참으로 존재한다고 확실하게 믿는 일상적인 마음을 철저하게 확인해야 한다. 이러한 확인을 통해서만 공은 자신을 드러낸다. 왜냐하면 "본래적으로 존재하는 나"는 "분석해서 찾아지는 것이 아니라 오로지 명목상으로만 있는 것으로"(Hopkins, 1987, p.105) 드러나기 때문이다. 즉 명상적 안정 속에서 공은 "자격을 부여받은 대상의 부재"(Hopkins, 1987, p.61)로서만 나타난다. 이전에는 찾을 수 있을 것이라고 확신했던 것을 찾을 수 없다는 강렬한 감각(Hopkins, 1987, p.200)이 생기고, 명상이 '공에 대한 추론적 인지'라고 불리는 단계에 이르면 대상은 사라지고, 본래적 존재를 부정하거나 그러한 존재는 없다고 개념적으로 의식되는 하나의 '이미지'만 남는다.

그러므로 공은 사물의 "비절대성"(Cleary, 1986, p.36), 정의 불가능성을 발견하는 일이다. 그것은 그 사물들이 존재하지 않는다는 말이 아니라 그들이 '본래적' 존재라는 것을 가지지 않는다는 말이다. 공은 "상대적인 현상 …을 개념적으로 정리한 차원"(Namgyal, 1987, p.112)이나 "관습적으로 존재하는 나"(Hopkins, 1987, p.112)의 유효성에 대해 도전하는 것이 아니라 본래적으로 존재하는 '나'라는 상상된 대상의 유효성에 대해 도전한다. "나라는 것은 마치 동아줄을 뱀으로 착각하는 것과 같이 상상력에 의한 공상적 허구이지만, 존재하는 현상이다. 하지만 우리는 '단지' 존재하는 것을 있는 그대로 알지 못한다."(Hopkins, 1987, p.149) 그래서 공을 발견하는 것은 우리 자신의 일상적인 경험에 스며들어 있는 나에 대한 습관적인 오해를 벗겨낸다.

마지막으로, 공은 '비긍정적' 부정성이다. 비긍정이란 어떤 것을 긍정하는 것이 그 대상의 부정을 함축하지 않는다는 말이다. 공은 언제나 대상이 본래적으로 존재한다는 믿음과 '관련되어' 있다. 공은 그 자체로 하나의 실재인 "무無라는 진공상태"(Hopkins, 1987)가 아니다. 그것은 우리에게 익숙한 어떤 구체적 외현이 우리가 상상하는 대로 존재하지 않는다고 이해하는 것이다.(Hopkins, 1987, p.200)

자아의 의미와 관련해서 알아야 할 요점은 확고하게 확립된 자아는 좀 더 위대한 '자아 없음'을 얻기 위해 버려진다는 사실이 아니라, 달라이 라마(Dalai Lama)의 표현대로 "겉보기에 확고하고, 구체적이며, 독립적이고, 스스로의 힘으로 하나의 조직이 되는 것처럼 보이는 '나'는 전혀 존재하지 않는다."(Gyatso, 1984, p.70)는 사실이다. 공을 깨달은 누군가를 이해하는 것은 선글라스를 끼고 있는 사람의 지식과 비교되어 왔다. "왜곡된 색깔로부터 귀납된 지식은 사실이 아니다."(Gyatso, 1984, p.80)

정신역동적 관점에서 보면, 나를 본래적 존재로 보는 잠재적 경향성이 있다고 하는 불교의 관점과 무의식적 '이상적 자아'가 그 자신을 완벽하고 영원하며 불멸인 것으로, 즉 '완벽한 상태로 주어진' 것으로 생각한다고 보는 정신분석적 관점 사이에는 특기할 만한 유사성이 있다.(Hanly, 1984) 앞에서 본 대로 이상적 자아는 원초적 자기애의 과대함으로 인해서 생기는 것인데, 메타심리학적(metapsychological) 관점에서 보면 자아의 진징한 본성을 부인한 책임이 있다.(Epstein, 1986) 이 이상적 자아를 불교에서 말하는, 공을 깨닫게 되면 드러나는 '개인으로서의 자아'와 비교해보라. "(그것은) 스스로가 자신에게 본성, 영원성, 독립성을 부여하는 선천적 의식으로 구성되며 그리하여 '나' 또는 '자아'라는 개념에 집착한다."(Namgyal, 1986, p.55)

불교수행에서 공은 어떤 면에서 이상화된 자기이미지를 둘러싼 갈등에 의해서 야기된 공과는 정반대다. 내 생각으로는, 바로 이런 이유로 공을 직관적인 방법으로 말하는 것이다. 불교는 실제의 자아 경험과 공허하거나 비현실적인 마비감을 통해 실제 자아를 부인해서 획득한 이상화된 자아 경험 사이의 불가피한 차이를 인정하기보다는, 오히려 유아기의 환상에 기초한 근거 없는 이상화의 왜곡을 폭로하는 접근법을 찾는다. 그러므로 공의 의미 파악에 어려움을 겪는 명상가들은 그것을 불교의 공이라고 오해해선 안 된다. 그들은 그 안으로 들어가야 하고, 그것을 탐사하여 자신들이 믿고 있는 '그것'의 구체적 본성을 드러내야 한다. 그것은 좀 더 파악이 어렵고 완강한 이상적 자아에 대해서도 마찬가지다. 그 결과로 얻게 되는 것은 그 자체로 사물인 공에 집착하는 것도 아니고, 앞에서 설명한 여러 가지 병적인 공의 모습 모두를 특징짓는 그런 종류의 공과 동일시하는 것도 아니며, 단지 지속하는 개인적 본성에 대한 믿음의 부정 또는 부재일 뿐이다.

불교 전통을 통틀어 이러한 공을 이해하는 것조차도 불안정한 것이며, 그러한 이해 또한 그 자체로 존재하는 '어떤 것'이라고 식별하려는 필요에 의해 왜곡될 수 있다는 점이 인식되어 왔다. 4대 조사 도신道信의 말에 의하면,

보살행은 공으로 실현된다. 초심자가 공을 깨닫게 되면 그것은 공을 실현한 것이 아니라 공을 보는 것이다. 도를 닦아 진정한 공을 얻은 자는 공이나 공 아닌 것을 보는 게 아니라 아무것도 볼 게 없다.(Cleary, 1986, p.19)

4. 함정들

병리적인 공에 빠져드는 성격의 사람은 불교적 의미의 공을 밝히기 위해 고안된 불교명상을 시작하게 되면, 몇 가지 잠재적 함정에 직면하게 된다. 예를 들어 경계선 성격장애를 가진 사람들에게 가장 부족한 것은 갈등하고 있는 다수의 자아·대상 표상들을 굳건히 하고 유지시키는 통합적이고 종합적인 자아의 역량이다. 자아와 내면화된 대상관계의 관계는 분열되는 방어에 의해서 왜곡된다. 그리고 여기에서 동일 인물에 대한 모두 좋거나 모두 나쁘다는 표상들은 종합될 수 없다. 이와 마찬가지로 분열은 과대하고 이상화된 자아·대상과 '위축되거나 저하된' 자아·대상 사이에서 지속되고,(Lichtenberg, 1975) 이상적 자아는 초자아로 분리되는 것이 아니라 원초적인 모든 좋은 대상표상에 융합될 수 있다. 마음챙김 명상은 자아의 통합 능력을 강화시킨다. 이는 일어나는 어떠한 것이라도 집착하거나 그것을 비난하지 않으면서, 충돌하는 이미지들이 있는 그대로 자신을 드러내도록 허용하면서, 자아가 그것에 주목하고 관찰하도록 자아를 훈련시키는 일이다.(Epstein, 1988) 그러므로 마음챙김 명상은 경계선 성격장애를 가진 사람의 병적인 공을 감소시키는 데 실제적인 도움을 줄 수 있다. 하지만 만일 미성숙한 단계에서 이상적 자아의 공을 통찰명상으로 접근하면, 경계선 성격의 특징인 탈인격화와 정체성 상실로 방어적 도피를 하면서, 나쁘고 파괴적인 모든 이미지를 보존하면서 악화시키는 반면 융합될 수 있는 좋은 자아 이미지는 상실하게 될 실제적인 위험이 있다. 이것은 의심할 바 없이 끔찍한 일이며, 강도 높게 수행하는 서양의 수행자들에게 이러한 경우가 드물지 않다.

자기애적 성격은 또 다른 경우다. 심각한 자기애적 장애에 관한 켄버그(Kernberg, 1982)의 이론에 의하면, 3살에서 5살 사이에 모든 긍정적인 자기표상과 대상표상은 이상화된 표상으로 합쳐지며, 그가 병리적 과대자아라고 부른 구조가 된다. 모든 부정적인 측면들은 다른 사람에게로 투사되며, 공격성은 다른 사람에 대한 평가절하로 표현된다. 초자아에서 분리되고 투사되는 경향이 있는 "공격적으로 결정된 요소들"을 남기면서(Kernberg, 1982, p.134), 이상적 자아 표상들은 이런 병리적 과대자아와 합쳐진다. 자기애적 장애를 가진 사람에게 있는 공空은 타자를 지속적으로 평가절하 하는 가운데 그런 대상관계를 내면화한 세계에서 만들어진 공허의 결과로서 생긴다.(Kernberg, 1982) 이것은 지배적인 느낌이기에 타자로부터 칭찬을 받는 경우에만 잠시 멈출 뿐, 그러한 사람은 친밀한 관계에서 오직 이런 느낌만 추구하는 경향이 있다. 병리적 과대 자아 속에서의 융합 때문에 이상적 자아 속에 내재한 본래적 존재라는 감각을 파헤치는 것은 자기 애적 장애를 가진 사람에게는 극도로 어려운 일이다. 자기애적 장애를 가진 사람은 그런 이미지를 자신의 이상적 자아와 합치면서 자신들이 특별히 이해하고 있다고 오만해지고, 자신들에게 의미 있는 관계가 결핍된 것을 정당화하는 데 공에 대한 불교의 존중을 이용하면서 '무아' 또는 '자아 없음'이라는 개념을 덧씌울 가능성이 높다.

분열성 성격의 사람은 다른 사람들은 가지고 있는 "사랑, 증오, 자애로움, 갈망 또는 애도"(Kernberg, 1975, p.215)의 감정이 자기에게는 없음을 보면서 공을 자신의 "본성적 특질"(Kernberg, 1975)로 느끼는 경향이 있다. 분열성은 "좋은 대상으로부터 제 공받는 정서"(Stewart, 1985)를 갈망하는 느낌에 대한 방어라고 이해되어 왔다. 또는 "대상을 향한 파괴적 충동에서 자신의 자 아를 향한 파괴적 충동으로 전환된"(Klein, 1946, p.19) 결과로 여겨져 왔다. 어느 쪽이든 이런 성격의 사람은 불안하기보다는 통합이 안 되는 것을 느끼며, 정서를 경험하지 못하고 타자와 접촉하지 못하며 대개의 경우 "진정시켜 주는"(Kernberg, 1975) 경험과 접촉하고, "불확정적이고 나약한 것에 대한 형체 없는 경험"(Guntrip, 1971, p.97)을 한다. 이들이 명상에서 성과를 거두기 위해서는 점진적 과정이 수반되어야 한다. 먼저 그들에게 만연해 있는 불안전감을 이길 수 있도록 존재론적인 안전감을 제공하면서 점진적으로 없애 나가겠지만, 진정시키는 역할을 하는 공空을 우선 허용하면서 집중수행을 통해 자아이상과 접촉하도록 해야 한다. 여기에서 마음챙김 수행은 그동안 주목받지 못했던 정서를 추적하여 드러내는 일을 시작할 수 있다. 분열성 환자가 '아무 느낌 없음'을 틀림없는 진리라고 보는 관점을 인정하고 강화시키는 것은 명상을 잘못 사용하는 명백한 사례이다. "눈도 없고 귀도 없고 입도 없고 등등"의 선불교 경구를 분열성 성격의 사람들이 잘못 이해하게 되면 즉각 방어기제로 사용될 수 있다.

우울증 성격을 가진 사람에게 공은 외로움을 한 단계 넘어선 것으로 기능한다. 거기에는 사랑의 대상을 그리워하고 갈망하는 것뿐만 아니라 내면화된 공허와 사랑이 불가능하다는 정서가 있다. 자신의 나쁜 점으로 인해 다른 사람을 잃었다는 생각으로 자신에 대해 깊은 무가치감을 느낄 수 있다.(Kernberg, 1975) 그래서 우울증에 빠진 사람은 자신이 사랑 받거나 인정받을 자격이 없다고 느끼게 된다. 이러한 사람에 대한 명상의 심리치료적 가치는 사랑, 기쁨, 만족, 하나됨의 느낌이 나오는 집중수행을 통해 가치 있는 내면적 대상과 접촉하는 데 있다. 이는 친밀한 관계 형성을 대체하는 것이 아니며, 자신은 도무지 그럴 능력이 없다고 생각한 것을 느낄 수는 있다는 사실을 그 자신에게 보여주는 일이다.

자신의 이상화된 자아이미지를 둘러싸고 갈등을 겪는 사람과 관련해서 자주 거론되는 주요한 심리학적 문제는 실제 자아와 이상화된 자아 사이의 불일치가 너무 커서 생기는 모종의 수치심이나 무가치감이다.(Singer, 1977a, p.463) 무가치감은 좋은 내면적 자아 또는 대상에 접근하는 것을 막을 수 있는데, 사랑으로부터 '차단된' 느낌이나 불완전한 느낌을 만들어낸다. 명상이나 심리치료로 치유를 촉진시킬 수 있는 이러한 무가치감을 다루지 않으면, 이전부터 가지고 있었던 공허감은 결코 완전히 없앨 수 없다. 이런 성격을 가진 사람들에게 정말 위험한 것은 무가치감이 상쇄되더라도 본래적 자아에 대한 근원적 오해가 탐색되지 않는 상태에 머문다면 집중 수행 너머로 전진하지 못한다는 것이다.

이는 명상을 하고 있는 우리에게도 근본적으로 위험하다. 우리는 명상수행이 제공하는 조용한 안정 속에 머물면서 잘못 생각한 자아에 대해서는 도외시하기 쉽다. 이런 상태는 우리의 보통 성격과는 동떨어진 일체감을 주고, 형언할 수 없는 숭고한 느낌을 느낄 수도 있지만, 훈련이 안 된 수행자는 이것을 공이라고 오해할 수 있다. 하지만 불교명상의 궁극적 목적은 잘못 생각한 자아로부터 물러나는 것이 아니라 그 오해를 '파악'하는 것이며, 그래서 그 영향력을 약화시키는 데 있다. 다르마키르티(Dharmakīrti)는 "이 (오해)의 대상을 믿는 것을 그만두지 못하면" "(오해하는 것을) 그만두는 것은 불가능하다."고 말했다.(Hopkins, 1987, p.137) 믿음을 중지하는 데에는 깊고도 완강한 저항이 있으며, 본래적으로 존재하는 나만큼이나 사실적이라고 인식되는 공에 대한 두려움이 엄습한다. 황벽 선사는 말하였다. "사람들은 자신들의 마음을 잊어버릴까, 텅 빔에 빠질까, 빠질 때 잡을 것이 없을까 두려워한다. 그들은 텅 빈 것이 정말 빈 것이 아니라 참된 법(다르마)의 영역이라는 것을 모른다."(Blofeld, 1958, p.41)

참고문헌

Blofeld, J.(1958), *The Zen teaching of Huang Po*, New York: Grove Press.

Chang, G. C. C.(1963), *Teachings of Tibetan yoga*, Secaucus: Citadel Press.

Cleary, T.(1986), *Shobogenzo: Zen essays by Dogen*, Honolulu: U. of Hawaii Press.

Epstein, M.(1986), "Meditative transformations of narcissism", *Journal of Transpersonal Psychology*, 18(2), pp.143-58.

Epstein, M.(1988), "The deconstruction of the self: Ego and egolessness in Buddhist insight meditation", *Journal of Transpersonal Psychology*, 20(1), pp.61-69.

Federn, P.(1952), *Ego psychology and the psychoses*, New York: Basic Books.

Giovacchini, P. L.(1972), "The blank self", In P. Giovacchini, *Tactics and techniques in psychoanalytic therapy*, New York: Science House.

Guenther, H. V.(1974), *Philosophy and psychology in the Abhidharma*,

Berkeley: Shambhala.

Guntrip, H.(1971), *Schizoid phenomena, object relations, and the self*, New York: Basic Books.

Gyatso, T.(1984), *Kindness, clarity and insight*, Ithaca: Snow Lion.

Hanly, C.(1984), "Ego ideal and ideal ego", *International Journal of Psycho-Analysis*, 65, pp.253-61.

Hopkins, J.(1987), *Emptiness yoga*, Ithaca: Snow Lion.

Kalu Rinpoche(1986), *The Dharma*, Albany: S.U.N.Y. Press.

Kernberg, O.(1975), *Borderline conditions and pathological narcissism*, New York: Aronson.

Kernberg, O.(1982), "Narcissism", In S. Gilman (Ed.), *Introducing psychoanalytic theory*, New York: Brunner/Mazel.

Klein, M.(1946), "Notes on some schizoid mechanisms", In *Envy and gratitude and other works*, 1946-1963, New York: Delacorte Press.

Levy, S. T.(1984), "Psychoanalytic perspectives on emptiness", *Journal of American Psychoanalytic Association*, 32, pp.387-404.

Lichtenberg, J.(1975), "The development of the sense of self", *Journal of American Psychoanalytic Association*, 23, pp.453-84.

Namgyal, T. T.(1986), *Mahamudra: The quintessence of mind and meditation*, L. P. Lhalungpa(Trans.), Boston: Shambhala.

Singer, M.(1977a), "The experience of emptiness in narcissistic and borderline states: I. Deficiency and ego defect versus dynamic-defensive models", *International Review of Psycho-Analysis*, 4, pp.459-69.

Singer, M.(1977b), "The experience of emptiness in narcissistic and borderline states: II. The struggle for a sense of self and the potential for suicide", *International Review of Psycho-Analysis*, 4, pp.471-79.

Singer, M.(1979), "Some metapsychological and clinical distinctions between borderline and neurotic conditions with special consideration to the self experience", *International Journal of Psycho-Analysis*, 60, pp.489 -99.

Stewart, H.(1985), "Changes of inner space", *International Journal of Psycho-Analysis*, 66, pp.255-64.

Winnicott, D. W.(1974), "Fear of breakdown", *International Review of Psycho-Analysis*, 1, pp.103-7.

제4장

명상의 정신역동

– 영적 여정에서의 함정(1990) –

1. 중도

중도라고 널리 알려진 것 때문에 나는 불교사상과 수행에 처음
으로 매력을 느끼게 되었다. 이것은 붓다가 수년간의 수행 끝
에 도달한 것으로 금욕주의와 쾌락주의라는 두 극단의 가운데
길을 의미한다. 나는 철학적으로 기원후 2세기경에 나가르주나
(Nāgārjuna)로부터 시작한 불교의 주요 학파인 중관학파의 가르
침에 점점 더 매료되었다. 이는 인간의 사고과정에서 피하기 어
려운 두 가지 경향성인 절대주의와 허무주의 어느 쪽에도 치우
치지 않는 과정을 보여준다. 이러한 두 가지 대극 가운데 전자는
지속적이고 절대적이며 불변하고 영원한 원리(신, 자아, 초월적
궁극자)에 대한 믿음이라면, 후자는 허무주의적인 거부나 냉소

주의이다. 이것은 절대적인 하나(one) 또는 영(zero), 자아 또는 무아, 존재 또는 무(nothingness)로 사물화 시키고 싶어 하는 인간의 철학적 사고경향성의 산물이다. 이러한 유한한 사고습관에서 벗어나는 한 가지 길로서 붓다는 자아도 없으며 무아도 없다(Murti, 1955, p.7)고 가르쳤다. 즉 붓다의 철학은 절대적인 것과 물질적인 것 둘 다 실체화하지 말기를 권장한다.(Thurman, 1984, p.7) 처음에는 인도 그리고 나중에는 티베트의 위대한 중관학자들에 의해서 지속적으로 발전한 중관철학은 모든 단계에 있는 명상수행자들이 절대주의나 허무주의 중 한쪽 편에 서는 잘못을 범할 수 있는 심리적 경향성에 근본적으로 제동을 걸었다.

명상의 심리적 위험성에 대한 논의에서 나는 심리적으로 복잡한 서양 문화에 있는 많은 사람들이 중도(Central Way, 中道)라는 금강석 같은 통찰로 인해 오늘날 불교를 일종의 메타치료로 선택하게 되었다는 것을 발견하였다. 최근 서양에서는 심리치료 영역에서 해결되지 않은 문제를 가진 많은 사람들에게 불교사상과 수행이 점점 하나의 해결책처럼 보인다. 이러한 태도에는 그 자체로 흥미롭고 유익한 면이 있겠지만, 명상이 과연 치유적인지 아니면 비치유적인지에 대해서 종종 논의가 집중되곤 한다. 명상을 치유적이거나 비치유적인 것 가운데 하나로 보려는 이러한 경향성은 명상의 가치를 제대로 평가하지 못하게 한다. 중도의 가르침은 이러한 딜레마를 해소하는 데 도움이 된다.

명상을 치유적으로 보는 사람들은 먼저 명상이 이완에 유용하다는 점을 발견하였다. 또한 명상은 심리치료에 유용한 부가 기법이 될 수 있으며, 자기 절제를 도와주고, 자아의 퇴행을 촉진시키고, 정서 상태를 더 많이 허용한다는 것을 알게 되었다. 그러나 명상을 이렇게 적용하는 것은 불교적 사고가 가져다주는 메시지를 다른 문화적 맥락에 적용하려는 노력으로, 명상이 심리적으로 잠재적 위험이 될 수 있다는 것을 무심코 드러낸다. 왜냐하면 명상은 심리치료와 똑같지 않음에도 불구하고, 때때로 명백히 치유적인 것으로 보이기 때문이다. 그와 동시에 명상과 연관된 경험을 심리적인 방어기제로 이용하는 것도 심각한 정도에 이를 수 있다. 어떠한 깨달음도 자기애적으로 그 깨달음을 취해 자기 용도에 맞게 쓸 수 있다. 치유적으로 보이는 바로 그 영역이 심리치료의 모델을 추구하고 만드는 사람들의 영적 발전을 잠재적으로 방해할 수 있다.

반면 심리치료와 영적 발달이라는 두 세계를 분리시키려고 애쓰는 사람들이 있다. 그들은 치료를 필요로 하는 사람들에게 명상이 끼칠지도 모를 잠재적 위험성을 지적한다. 무의식이 범람하면 어떤 사람들은 자극을 받을 수 있고, 정체감 유지에 어려움을 겪는 사람에게 명상은 부적합할 수 있다. 그들은 자아의 발달이 결과적으로는 자아초월적 발달로 나아가는 발달적 도식을 세안한다. 그 도식에 따르면 어느 정도까지는 심리치료를 선택하고, 이후에는 명상으로 대체하는 것으로, 치료가 멈춘 지점에서 명상이 시작되는 것이다. 이러한 접근법은, 자아는 그것이 버려지기 위해서는 먼저 존재해야 한다는 주장인 "무아가 되려면 유아가 되어야 한다."(Engler, 1986)는 표현으로 가장 잘 요약된다. 이 견해에 대해서는 나중에 다시 얘기할 것이다. 왜냐하면 만약 그것이 자아나 무아의 개념 둘 다를 고정시켜 버리면 그것 역시 심리적인 함정이 될 수 있기 때문이다. 물론 영적 작업이 심리적인 작업도 마쳤고, 자신의 자아도 일관되게 정립했고, 오이디푸스적이면서 자기애적인 또는 유아기적 주제들도 해결했고, 자신의 정체성을 찾았거나 적합한 자아관념을 성취한 사람들만을 위한 것이라고 주장한다면, 우리들 대부분은 영적 작업에서 모두 제외될 것이다. 그러한 입장은 또한 정신의 '모든' 측면, 특히 우리 시대의 정신분석학에서 그토록 관심을 많이 갖는 자기애적 구조의 측면을 다루는 명상수행의 강력한 힘을 간과하게 된다.

따라서 과거의 위대한 중관학자들에게는 매우 미안하지만 (Murti, 1955; Thurman, 1984), 나는 명상이 치료적이지도 비치료적이지도 않다고 주장한다. 또한 명상은 심리치료의 동양적 변형도 아니며, 우리가 아는 대로 정신의 영역과 근원에서 분리된 어떤 것도 아니라고 나는 주장한다. 이 장에서 나는 전통적인 명상수행의 모델을 살펴보고, 각 단계에서 가장 영향을 받는 정신적 측면들을 정신역동적으로 탐험하고자 한다. 그렇게 해서 어떤 점이 취약하고 오해의 여지가 있는지, 그리고 그러한 오해가 어떤 심리적 결과를 낳는지를 보여주고자 한다.

2. 자기애의 이중적 성향

절대주의와 허무주의 문제는 영적 수행의 길로 나서는 대부분
사람들의 심리에 영향을 미친다. 자기애적인 완벽한 상태에 대
한 갈망, 불완전한 느낌, 공허감 또는 무가치하다는 느낌으로 겪
는 괴로움은 모두 명상을 시작하는 사람들의 마음에 지속적으로
뚜렷한 영향을 미칠 수 있다. 그러한 느낌들은 유아기 발달 과정
에서 가장 근원적인 몇몇 문제와 연관될 수 있고, 심지어 초기단
계를 성공적으로 통과한 이후에도 뚜렷하게 남아 있을 수 있다.
마가렛 말러(Margaret Mahler, 1972)는 이상화된 타인과의 융합
또는 공허함을 거부하는 이러한 몸부림은 "일생 동안 내내" 따라
다니는 것으로 묘사한다.(Margaret Mahler, p.333) 건트립(Guntrip,
1971)은 "모든 개성"은 "두 개의 상반된 두려움, 즉 경험의 진공
상태에서 자아를 상실하고 혼자 고립될 수 있다는 두려움과 자
신을 보호해 줄 사람과 유대가 강해져 구속되거나 흡수될지도
모른다는 두려움 사이에서"(Guntrip, 1971, p.291) 맴돈다고 주장
한다. 한편에서는 자기를 과대하게 느끼거나 또는 전능하다고
느끼고 다른 한편에서는 공허함이나 불충분함을 느끼는 이러한
두 대극을, 프로이트의 친구 중 한 사람인 살로메(Lou Andreas-
Salome, 1962)는 "자기애의 이중적 성향"이라고 부른다. 이것은
"존재의 유령 같은 복제감"(p.7)과 연관된 "개별화 욕망" 대 "전
체성과의 동일시"(pp.4-5)를 포함하는 "연결감과 융합으로 나아

사는 상반된 움직임"이다. (공허감 속에서 길을 잃었거나 타인에 의해 구속되었다는) 두려움으로 개념화되었건, 또는 (자아를 유지하려는 노력을 포기하거나 이상화한 타인과 융합하고자 하는) 욕망으로 개념화했건, (내재하는 공허나 존재의 무의미성 또는 자아충족성과 내재하는 완전함)에 대한 믿음으로 개념화했건, 이러한 공과 실체화의 두 극은 명상경험의 심리적인 장을 구성한다. 이것은 심리적 형식에서 보자면, 허무주의와 절대주의 가운데 하나를 받아들이려는 인간적 경향성에서 나온다.

명상수행은 두려움과 즐거움, 대결과 축복, 집중 그리고 마음챙김, 통찰의 경험을 통해서 이러한 정신적인 성향을 파악하고 다루며, 점차 양극단을 배제하는 이해의 과정으로 나아간다. 공과 무아를 경험하는 것에서 정점에 이르는 명상수행은 전부 아니면 전무라는 식의 고집스럽고 강력한 두 관념의 장애 없이 갈수 있는 길은 아니다.

3. 내적 공간

정신분석을 시작할 때와 마찬가지로, 예비수행에서 명상수행자는 자기 자신의 경험을 알아차림의 대상으로 삼아야 한다. 불교에서 주의는 '순수한 주의'를 말하는 반면, 정신분석에서는 '고르게 떠 있는 주의' 또는 자유연상을 말한다. 둘 다 프로이트가 판단 유예라고 부른 것이 필요하며, "관찰할 모든 것에 고르게 주의를 기울이는 것"(Freud, 1909, p.23)이 필요하다. 불교에서 순수한 주의는 "연속적인 지각의 순간순간에 우리에게 그리고 우리 내부에서 실제로 일어나고 있는 것에 대한 분명하고 집중된 알아차림"(Nyanaponika, 1962)이라고 정의된다. 정신분석에서는 이러한 자아응시를 자아(Sterba, 1934)의 치료적인 분열(Engler, 1986)로 정의하는데, 여기에서 자아는 자신을 대상으로 삼는다. 프로이트가 자신의 책 『새로운 정신분석 강의(*New Introductory Lectures*)』에서 언급한 대로,

우리는 우리 자신의 자아를 연구 대상으로 하고자 소망한다. 하지만 그게 될까? 자아는 주체, 그것도 뛰어난 주체이다. 그러니 그게 어떻게 대상이 될 수 있겠는가? 하지만 의심할 여지없이 그렇게 될 수 있다. 자아는 자기 자신을 대상으로 취할 수 있다. 즉 자기 자신을 어떠한 다른 대상처럼 취급할 수도 있고, 관찰할 수도 있으며, 비판할 수도 있고, 그 외의 다른 여러 가지 등등도 … 그러고 나서는 나뉠 수도 있는데 … 나뉜 부분들은 나중에 다시 연결할 수도 있다.(Sterba, 1934, p.80)

자아를 이렇게 설명하는 것은 이미 논란을 불러일으켰다. 이 단어는 심리치료계와 영성계 둘 다에서 너무 자주 사용되면서 그 의미가 상당히 애매해졌다.(Epstein, 1988) 프로이트는 한 용법을 다른 용법과 구별하는 데에 별 신경을 쓰지 않고, '자아'라

는 단어를 두 가지 별개의 방식으로 사용하였다. 한편으로 그는 자아를 경험상의 '나', 사람들이 '나'라고 말할 때 의미하는 자기의 부분으로, 현상학적인 것이라고 하였다.(Smith, 1988) 또 다른 한편으로는 여러 기능이 합쳐져 있다고 상정된 메타심리학적 구조물인 "이론적인 실체"(Smith, 1988)라고 묘사하였다. 하르트만(Hartmann, 1950)은 이론적인 구조는 "자아"라고 부르고, '자아표상'으로 경험되는 것은 "나"라고 부르면서, 이론적인 실체를 서로 분리시켰다. 다른 이론가들은 "나"라는 경험을 해부하면서 개성에 내재된 의도, 선택, 행위라는 감각을 함축하기 위해 자아표상이나 자아이미지뿐만 아니라 자아느낌(비개념적인 자아경험)과 "행동이라는 현상"(Smith, 1988)이라는 표현으로 묘사하였다. 정신역동적 사유에서는 이러한 분리가 일반적으로 수용되었다. 하지만 영적이거나 자아초월적 논의에서는 실제 명상의 목표물로 무엇을 삼아야 하는지, 즉 이론적인 자아인지, 나라는 감각인지, 둘 다 아니거나 또는 둘 다인지에 관해 다소 혼란이 있다.

　예비 명상수행에서 일차적인 과제는 본질적으로 "내면 경험의 흐름에 적응"하는 것이다.(Engler, 1986) 위에서 언급했듯이, 이러한 적응은 자아의 분열을 요구하는 것으로 이해할 수 있는데, 일종의 내적 공간(Stewart, 1985; Grostein, 1978)이 만들어지도록 해주고, 포용해 주는 환경(Winnicott, 1967; Benjamin, 1988, pp.126-31)과 명상을 통해 나타난 정신의 모든 산물을 '포함하고' 있는 '일시적 공간'이 생기게 한다. 명상 관련 문헌에서는 그러한 열린 공간을 은유로 자주 사용한다. 즉 명상이 안전한 느낌을 주기에, 상급 단계로 나아가려는 주도력이나 행동력을 추구하게 된다.

예비 명상수행에서는 많은 관습적인 자아의 기능을 유보할 필요가 있다. 내부와 외부 간에, 적합함과 비적합함 간에, 수용과 불수용 간에 어떠한 차별도 하지 말라고 한다. 또한 어떠한 검열도 하지 말라고 한다. 마음이나 몸에서 일어나는 모든 것에 대해서 비판이나 바람 없이 다만 주의를 기울이라고 한다. 다양한 자아이미지, 자아느낌, 기억 그리고 자아관념이 모두 표면으로 나타나고, 종합하는 자아의 기능이나 관찰하는 자아만이 권한을 부여받는다. 여기에는 자아가 분열될 위험성이 있고, 방어해 왔던 심리적 재료들이 드러나면서 "자아가 파열"(Benjamin, 1988, p.61) 되거나, 자아 구조가 느슨해지는 것, 마음에서 일어나는 것들과 '함께 앉아' 있을 수 있는 관찰적인 자아가 무능력해질 위험성이 있다. 정신분석적 방법이 분열, 불안, 심지어는 정신병을 조장할 수 있다고 알려진 것과 마찬가지로, 예비적인 명상수행 역시 어떤 사람들에게는 과도한 것일 수 있다. 명상 초심자들에게 나타나는 정신증이나 경계선 위기에 관한 대부분의 이야기는 이러한 과정의 결과로 나온 것이다. 시작할 때부터 충분히 강한, 종합하는 자아 능력이 부족한 사람들이 가장 큰 어려움을 가진 것 같다. 그들에게 명상을 반드시 금지하는 것은 아니다. 하지만 명상할 때 보통 가르치다시피, 명상이 그들을 위해서 충분히 구조화되어 있지는 않다. 실제로 그들은 자신의 필요에 따라 변경된 방법으로, 관찰자아를 발달시키는 초보 명상수행을 더 잘 할 수 있다.

내면 환경을 좀 더 미묘한 수준에서 개방하라는 정신적 압력을 견딜 수 있는 사람들을 위한 명상단계에서 위험한 것은 심리치료 목적으로 수행을 사용하는 경향성이다.(Walsh, 1981; Brown & Engler, 1986) 명상수행자는 단일한 대상에 마음을 모아 집중명상의 길로 나아가기를 거부하거나, 내용에 주의를 기울이다가 과정에 주의를 기울이는 것으로 옮겨가는 마음챙김 명상의 길로 나아가는 것을 거부하면서, 갈등을 해소하는 대신 심리적 재료가 가진 매력에 휘말릴 수 있다. 경험 많은 수행자들을 대상으로 한 로샤 연구에 따르면, 그들에게는 내면적 갈등이 감소하는 것으로 보이지 않았으며, "경험하고 있는 그러한 갈등에 대한 비방어성"(Brown & Engler, 1986, p.189)만을 뚜렷하게 보였다. 이러한 조합은 치료를 통한 갈등 해소를 거부하거나, 명상 과정에서 시키는 대로 갈등의 내용을 내려놓길 거부하는 사람을 상당히 무력화시킨다. 그에 대한 대안으로, 명상이 심리치료의 필요성을 드러내 보여준다는 것을 발견하고 자신들의 방어성을 감소시켜서 그 작업을 촉진시키는 사람들이 있다.

예비수행 단계의 경험은 대체로 심리적인데, 공허감을 불완전함과 혼동할 수 있으며, 초기의 갈망과 융합된 공허감의 이미지와 혼동할 수 있다. 여기서 공허감을 가장 잘 이해하려면 위니캇이 이해한 대로 "트라우마로 인해 생긴 것이 아니라, 있었더라면 좋았을 그 무엇인가가 없었기 때문에" 생긴 것이라고 보는 것이다.(Winnicott, 1974, p.106) 공허감은 어린 시절에 받지 못한 "정서적 자양분"(Singer, 1977, p.461)이 내면화된 잔재라고 보는 것이 가장 생생한 느낌을 준다. 이 단계의 명상은 "열린 공간"과 "안전함"(Benjamin, 1988, pp.41-42)을 느끼게 하는 "일시적인 영역"을 제공해(Epstein, 1989), 그러한 초기의 공허감을 누그러지게 한다.

초기 명상 단계에서 볼 수 있는 이러한 심리적 특성과 마찬가지로, 여기서는 무아를 자아의 기능이 마비된 것이라고 자주 오해한다. 이론적이고 메타심리학적이며 구조적인 자아를 버리는 것이 무아라고 오해하면서, 자아의 의미를 둘러싼 혼란이 일어날 수 있다. 이 경우에 무아는 억압이 없는 것과 혼동되거나, 심리적 방어로부터 풀려나는 것과 혼동되고, 이러한 관점은 종종 숨겨둔 성적·공격적 갈망을 방출하라고 독려한다. 이것은 무아의 '원초적인 비명'으로 생각할 수 있으며, 명상에 대해 개념적으로 충분히 준비되지 못했기에 영구화될 수 있고, 독선적인 쾌락주의로 변질될 수 있는 위험이 있다. 이 단계에 대한 적합한 개념적 사고의 틀이 분명 필요하다.

4. 대양적 느낌과 집중명상

집중수행은 몰입을 개발하고 단일한 명상 대상에 집중함으로써 얻어지는 마음의 안정감과 무활동성을 수반한다. 주의는 여덟 가지 '선정(jhāna)' 또는 몰입의 영역으로 알려진 일련의 트랜스 상태에서 얻어지는 하나됨 또는 통합을 이룰 때까지 반복적으로 제한되고, 좁혀지고, 모아진다. 황홀한 이완, 평온함, 만족감과 행복감을 점진적으로 경험하고, 무한한 공간(空無邊處), 무한한 의식(識無邊處), 무(無所有處) 그리고 "지각도 아니고 비지각도 아닌" 무형의 상태(非想非非想處)를 경험하는 것에서 정점에 이른다.(Goleman, 1988) 불교명상에서 어느 정도의 집중 또는 '삼매(samādhi)' 훈련은 필수적인 것 같다. 하지만 집중'만'을 발달시키는 것은 이 상태가 주는 유혹적이고 기만적인 특성 때문에 피해야 하는 유혹으로 인식된다.

　명상적 경험이라고 할 때, 서양의 정신분석가에게는 단일 대상에 대한 집중명상이 가장 익숙하다. 정신분석가들은 집중명상을 정신분석 용어를 사용하여 자아와 자아이상(재결합을 갈망하고, 잃어버린 유아적 상태의 완벽함을 구현하려고 계속 애쓰는 정신의 측면)의 통합과정이라고 묘사하면서, 집중명상에 배타적으로 관심을 두는 경향이 있다. 이것은 최대로 실현된 절대, 최고의 거대성향이다. 명상수행자가 그 안에서 점점 용해되는, 말로 표현할 수 없이 황홀한 다른 것인, "주위를 둘러싸고 있는 것"(Wilber,

1984, p.89)을 위해 자아가 자리를 내준다. 일부의 정신분석가들은 이러한 대양적 느낌(Freud, 1930)을 통해 빛나는 자기애적 전능감만을 보아왔다. 그러나 불교수행자들은 항상 거기에서 명백한 한계를 본다.

집중명상에서 공을 진정한 무로 오해하거나, 무아를 자아소멸로 오해하여 결합하고 싶은 황홀하고 절대적인 어떤 것을 상정하는 것은 위험하다. 이는 영적 수행을 시작한 사람들이나, 명상을 통해 어느 정도 안정감을 얻은 사람들에게 널리 알려진 생각이다. 명상에 대한 정신역동적인 시각과 명상보다 앞서서 사람들이 경험했던 환각 체험의 인기 때문에 이렇게 명상을 이완과 동일시하는 관점이 강화되었다. 이러한 자아의 경계를 상실한 경험이나 우주적인 텅 빔과 융합하는 경험으로 인해서 자연적으로 집중수행에 매력을 느끼게 된다. 하지만 위대한 불교 스승들은 단지 그러한 접근법에만 의지하지 말라고 반복적으로 일깨운다. 쫑카빠(Tsong Khapa)가 말하기를,

하나의 대상에 지속적으로 집중하면서, 머무는 생각이 없는 마음속의 고요에 단순히 머무는 것에 만족해서는 안 된다. 그 상태가 어리석음으로부터 벗어나 명징하고, 특히 유익하고 즐거운 희열을 느낀다고 할지라도 머물러서는 안 된다. 우리는 의심할 수 없는 공성空性의 지혜를 생기게 하는 뛰어난 통찰을 개발해야 한다.(Thurman, 1984, p.130)

신징의 영역은 아무리 숭고하더라도 일시적이고, "상상으로 구성된 것"(Thurman, 1984, p.133)이며, 나머지 윤회들과 차이가 없다. 일곱 번째 선정에서 얻게 되는 무無의 경험은 공空의 경험과 확연히 구별되는데, 공은 다만 뛰어난 통찰을 통해 인식할 수 있다. 무를 공으로 잘못 생각하고, 즐거운 상태에 갇혀 그것이 가진 상대성을 깨닫지 못하고 그에 머무는 것은 위험하다.

집중과 자아 이상의 긴밀한 연관성은 영적 그룹 내부의 집단 행동을 살펴볼 때 선명해진다. 정신분석가들이 예측한 일이 가끔씩 벌어지기 때문이다. 즉 그룹 내의 구성원들은 자신들의 자아 이상을 똑같은 대상으로 대체하고,(Chasseguet-Smirgel, 1975, p.79) 카리스마를 가진 리더에게 몰두하면서 서로를 동일시한다. 이것은 이론이 아니라 실제로 벌어지는 일이다. 영적 그룹 안에 있는 개인들은 동일한 대상에다 '실제로' 자신들의 마음을 집중하는데, 숭배의 대상인 구루나 스승 또는 화신은 인간의 모습으로 상징화된 존재이다. 추종자 개개인이 스승에게 자신의 잃어버린 완벽함을 투사하게 되는 것은 불가피하다. 집중된 수행으로 뭉쳐진 그러한 그룹들은 "위대함과 힘에 대한 초기의 자기애적 만족감"(Kernberg, 1984, p.15)에 점점 도취되는 집단적 퇴행에 빠지기 쉽다. 제자들과 스승 양쪽에 심리적인 압박이 대단히 커질 수 있으며, 통합에 대한 저항할 수 없는 욕망을 문자 그대로 완성하는 수단으로 성적 갈망이 활성화되는 것은 사실상 불가피하다. 높이 평가되는 스승들 가운데서도 이러한 문제가 있어 왔다는 점은 널리 알려져 있다.

5. 항복과 마음챙김 명상

마음챙김 명상은 변하는 지각 대상에 순간순간 주의를 기울이는 것을 포함한다. 집중명상에서처럼 단일한 대상에 마음을 고정시키는 대신, 경험하고 있는 현재 순간에 일어나는 어떤 것에든 정교하고 완전한 주의를 기울여야 한다고 강조한다. 몸과 마음의 과정을 특징짓는, 끝없이 변화하면서 일어났다가 사라지는 생각·느낌·감각·이미지·지각 그리고 의식을 경험한다. 마음이 현재 순간에 머물려면 상당한 집중을 요구하지만, 마음챙김 명상은 선정을 완성하는 무아지경이나 몰입 상태로 이끌지는 않는다. 여기서의 과제는 견고하고 온전한 자아가 있다는 관습적인 생각을 무너뜨리고, 이전에는 당연하다고 여겨온 것을 해부하면서 "견고함의 환상을 떨치는"(Engler, 1986) 것이다.

　마음챙김 명상을 가르치는 도구는 전통적인 불교심리학인 아비담마인데, 여기에는 우리의 심리적 현실을 만들어 가는 모든 심리적 요소들이 정교하게 범주화되어 있다. 이 체계의 중심에 오온의 개념이 놓여 있는데, 그것을 제대로 이해하지 못하면 자아는 지속된다는 환상을 창조한다. 색(matter, 色), 수(sensation, 受), 상(perception, 想), 행(mental formation, 行), 식(consciousness, 識), 이 다섯 무더기(five aggregates, 五蘊)는 우리기 우리 자신에 대해서 가시고 있는 관념, 즉 고정되어 있고, 견고하며, 알 수 있고, 실재하는 어떤 것이라는 관념의 토대를 이룬다. 불교심리학에서는 이러한 확신은 환상일 뿐이라고 말한다. 즉 무아는 사물의 "비절대성"에 대한 자각이다.(Cleary, 1986)

전통적으로 마음챙김 훈련은 이른바 '사념처(four foundations of mindfulness, 四念處)'라고 부르는 것을 통해 이루어진다. 몸(또는 물질의 조합, 身), 느낌(受), 마음의 상태(心)와 마음의 형성(法)에 대해 주의를 기울이는 것이다. 이른바 '고통을 주는' 또는 '불건전한' 정신적 요소들인 탐욕, 분노, 시기, 자만심 등의 정신적 요소들에 특별히 주의를 기울이라고 강조한다. 이는 그러한 생각과 정서들이 우리의 정체성의 토대를 형성하는 방식을 드러내기 위해서이다.

마음챙김이 발달하면서 명상경험은 힘들이지 않고서도 점차적으로 경험의 흐름을 따라가게 된다. 사물은 굉장히 빠르게 변화하지만 정신역동적 용어로 보자면, 자아의 종합하는 기능을 상정하면(Epstein, 1988) 순간순간 벌어지는 모든 과정에 마음을 모을 수 있게 된다. 이러한 능력이 확고하게 정립되면 평상시의 주체와 객체의 분리가 무너지면서 합쳐진다. 즉 역동적인 흐름 속에 '보는 자'가 용해된다. 이러한 경험은 "의식을 잃지 않은 자아의식"(Benjamin, 1988, p.29)의 상실로 가장 잘 묘사된다. 통합으로 인해 자아의 경계가 완전히 사라지는 집중수행과는 대조적으로, 여기서는 자아의 경계가 좀 더 투과적이기 때문이다. 상징적인 용어로는, 발달된 마음챙김은 고조된 의식과 자아의식의 상실이 조합되면서 "개별과 결합의 경험이 조화"(Benjamin, 1988, p.29)를 이루는 성적 결합상태에 가장 잘 비유할 수 있다.

마음챙김 명상이 참으로 최고도에 도달할 때에는 고조된 의식, 지고한 행복감, 힘들지 않은 기운, 눈부신 빛이나 선명한 형태의 상상, 황홀하고 경건한 느낌 그리고 심오한 평온함과 마음의 평화가 모두 함께 일어나는 흥분된 상태를 경험한다.(Goleman & Epstein, 1983) 이 상태를 어떤 궁극적인 것으로 오해하고, 무아를 자아의식의 상실이라고 잘못 이해하는 경향이 이 단계에서 뚜렷해진다. 사실 이러한 위험성 때문에 전통적으로는 명상의 이 단계를 엄밀하게 "유사열반"이라고 불렀다. 이것은 만족감을 주는 경험이긴 하지만, 공에 대한 올바른 분석과는 별 관계가 없다. 즉 그것들은 인간적인 영역에서 발견되는 일종의 '과대성향'이 좀 더 미묘한 변형된 형태로 나타난 것일 뿐이다.

마음챙김 명상은 잠재되어 있는 함정을 피하기 위해 세심한 지도가 필요한 어려운 길이다. 수행 초기에 순간순간의 알아차림을 얻기 위해서 너무 강박적으로 긴장하는 경향이 자주 벌어진다. 티베트인들은 '속룽(sokrlung, '마음을 유지하는 생명을 가진 바람'에 의한 질환)'이라는 특정한 정신장애를 알고 있다. 이것은 명상의 결과로 일어날 수 있다.(Epstein & Rapgay, 1989) 오히려 명상을 하면서 역설적으로 불안과 초조가 증가하는데, 근육 긴장과 통증을 동반하는 신체적 증상도 따른다. 마음챙김 수행의 강박석 특성은 그보다 더한 결과를 낳기도 한다. 뚜렷한 대상을 요소요소로 나누고, 그것들에 이름을 붙이고, 그것들과 자신을 동일시하지 말라는 강조는 강박적 성격을 가진 사람들의 흥미를 끌 만한 부분으로, 그들은 아비담마의 "끝없이 계속되는 항목과 분류"에도 매력을 느끼기 쉬울 것이다.(Murti, 1955, p.67) 그러한 분류체계는 딱딱하고 지성적이며, 미세한 특징들을 강화시키면서, 역사적으로 불교 가르침을 경직시켜왔고, 인도불교에서는 마침내 중도의 가르침에 자리를 내어주게 되었다. 강박적 성격의 위험은 아비담마에 있는 개별적 요소들을 과대평가하는 것으로, 무더기일 따름인 정신적 요소들의 실재가 해체된 자아를 대체한 것이다. 이 단계에서 자아에 대한 정의와 설명이 필요해지고, 오온과 자아의 올바른 관계가 자주 혼동된다. 그러나 쫑카빠가 깨달음의 순간에 알게 되었다고 말하듯이, "자아는 오온과 같은 것도, 다른 것도 아니라는 것은 굉장히 중요한 깨달음이다." 그가 발견한 "순수한 관점"은 "자신이 기대했던 것과 정확하게 반대"였다.(Thurman, 1984, p.85)

마음챙김 명상에서 공은 흔히 고요하거나 비어 있는 마음, 생각이나 정신적 오염에서 자유로운 영역, 산만한 마음이 길들여질 때 찾아오는 평화로운 상태라고 오해한다. 어떤 면에서 생각은 건전하지 않은 것이라고 판단하고, 지적 능력은 자아와 같은 것이라 여겨 포기된다. 공을 생각이 줄어들 때 마음에 나타나는 거대한 열린 공간과 혼동한다. "개념 덩어리는 항상 작용하고 있다.”는 이해 없이 종종 “개념으로부터 자유로운 순수 경험”을 추구한다.(Thurman, 1984, p.7) 이러한 오해 속에서 “모든 견해를 부인하고, 언어의 중요성을 묵살하며, 어떠한 확신도 없고, 견해를 갖지 않고, 아무것도 모르며, 모든 알음알이를 잃어야 중도(central way)를 지키는 것이고, ‘현자의 침묵’ 속에 확고하게 있는 것이라고 생각한다.”(Thurman, 1984, p.68) 하지만 이것은 다시 한 번 말하지만 심리적인 공허함 속에서의 고립이지, 공에 대해 진정으로 이해한 것이 아니다. 그 기저에는 고정 관념을 가지고 있으면서 지적 능력을 거부하는 데 근거한 오해가 있을 뿐이다. 명상의 요체는 정신 기능이 가진 고유한 측면과 자신을 분리시키는 것이 아니다. 그렇다고 해서 또 다른 개념으로 대체하는 것도 아니다. 하지만 이것은 상당히 경험 많은 수행자조차 자주 걸려들게 되는 함정이다. 공 그 자체는 지적 기능의 부재로 만들어진 것이라는 관점을 유지하면서, 애초에 그들을 명상으로 이끈 자기애적 공허감의 기층을 강화시킨다. 이는 ‘이것’과 ‘저것’의 비교에서 유래한 공허감이다. 즉 자신에 대해 불충분하거나 또는 무가치한 존재라는 자아감을 뚜렷하게 가지는 데서 나타나는 부정과 포기의 태도를 촉발시킨다.

마음챙김 명상에서 무아(egolessness)는 자주 몰아(self-abnegation)와 혼동되고, 무아가 실재하는 것이라고 상상하면서 자아 또는 자기가 포기된다. 성적인 결합의 은유와 일치하는 이 단계에서는 어렵게 얻은 자아를 포기하고, 항복하는 행위의 결과를 무아라고 보는 관점이 우세하다. 이것은 집중명상에서의 관점과 다른데, 여기에서 자아는 폐지되고 무화되고 제거되는 것으로 이해된다. 마음챙김 수행을 하면서 마치 마법에 걸린 것처럼 작동하는 역동은 부정이다. 즉 명상수행자는 "그것을 포기하라." 또는 "그것을 내려놓아라."는 압력을 느낀다. 이러한 관용구는 영적 수행을 하는 사람들에게 사실상 제2의 천성이 된다. 문제는 어떻게 항복해야 하는지 또는 어떻게 내려놓는지를 배우는 데에 있는 것이 아니라, "그것을 내려놓아라." 또는 "그것을 포기하라."고 할 때의 "그것"이 구체적으로 무엇인가 하는 것이다. 이 단계에서는 자아의 측면들, 즉 지적 능력, 자아나 공격성 또는 욕망을 적으로 설정하고, 그것들과 거리를 두려는 경향성이 굉장히 강하다. 그러나 이것은 무아에 대한 올바른 관점이 아니다. 무아는 한때 완전히 실재하는 것으로 보였던 것이 절대적이지 않다는 발견이다. 이것은 통찰명상의 핵심적인 과제가 된다.

임상적으로 볼 때, 심리상담을 통해 내가 보아온 많은 수행자들은 자기 안에 있는 공격성, 성적 갈망 또는 합리성을 불건전한 것으로 보면서, 그로부터 자기를 분리시키려는 성향으로 인해 고통 받는다. 그것들을 자아 영역에 있는 장애물이라 여겨서, 그것들을 항복시켜야 무아가 된다고 느끼기 때문이다. 따라서 그러한 특징들에 주목하기보다는 자아의 필수적인 기능마저 부정하는 결과를 만들면서, 그 특징들이 나타나기 무섭게 부정해 버린다. 동시에 무아를 몰아적인 것과 동일시하고, 공을 초월적인 어떤 것으로 보는 관점은 그러한 사람들에게 "강력한 타인에게 헌신하는 가운데 해방"되고 싶다는 강한 갈망을 갖게 한다. 한편으로는 무아를 그 '속에서' 해방되는 상태라고 보는 관점을 고수하면서 자신을 아무런 활동도 할 수 없는 존재로 만들고, 자기에게 필요한 그런 행복한 상태를 주는 다른 사람의 힘에 끝없이 의존하게 만든다. 그 결과 대인 관계에서나, 커다란 영적 그룹 내에서 자신의 힘을 없애고 시키는 대로 하려는 경향을 보인다. 공격성이나 욕망이 여전히 존재하지만 그것을 방어적으로 처리하기 때문에, 자신이 부정한 자아의 필수적인 기능을 가진 강력한 타인에게 불가항력적인 매력을 느낀다. 그들은 방어적인 부드러움과 우유부단함 속에 파묻힌 채로, 자기 자신을 미미하거나 투명한 존재처럼 자주 드러내면서 동시에 자기세계를 완성시키기 위해 자신은 포기한 것을 가진 사람들에게 의존한다. 학대하는 배우자나 카리스마가 강한 리더에게 복종하는 '영적인' 사람은 이러한 역동의 전형적인 예가 된다. 이것은 마음챙김의 기본 가르침이 명백히 왜곡된 것이다. 마음챙김 수행의 가르침은 순간에 항복하는 역량에 관한 것이지, 순수한 차원에서 원하지 않는 특성에 항복하거나 모든 걸 던져버리는 것에 관한 것은 아니다.

6. 공 또는 상대성 그리고 통찰명상

각각의 지각 대상에 대한 주의 깊은 조사를 통해서 마음챙김이 왜곡 없이 추구될 때, 그것은 통찰의 길을 향해 거침없이 성숙한다. 물질, 느낌, 정신적 형성물, 정신적 상태 그리고 심지어 의식이 마음챙김 명상의 대상이 될 때, 뛰어난 통찰(prajñā, 般若)은 지각의 무더기(想蘊)를 간파한다. "명백한 대상이 지각되는 만큼 그것은 괴로움의 토대이다."라고 위말라키르티(Vimalakīrti, 유마거사)는 말했다.(Thurman, 1976, p.46) "대상을 지각할 때 우리는 그것들이 분명히 그리고 완벽하게 실제로 있다고 무의식적으로 동의하고, 그렇게 함으로써 우리 자신도 분명히 존재한다는 확신을 갖는다."고 로버트 서먼(Robert Thurman, 1976, p.124)은 말한다. 지각(perception, 想)이라는 이름의 무더기는 우리의 경험을 인지적으로 정의하고, 대상을 규명하거나 이름 붙이고, 그렇게 함으로써 그것들을 있는 그대로 경험하지 못하게 한다. 구성을 할 때, 이렇게 개념적으로 덮어씌우거나 합성하는 것은 불가피하다. 피할 수 없는 것은 아니지만, 구성된 것이 진실인 것으로 오해하는 일은 무지한 마음에서는 언제나 벌어지기 마련이다. 지각의 상대성을 이해하는 것은 "기호없음(signlessness, 無相)"을 깨닫는 핵심이다.(Thurman, 1976, p.164) 그러면 여기에서 더 이상 기호와 기호가 가리키는 것은 혼동되지 않는다.

통찰명상을 시작하면 초기에는 무너짐(dissolution)과 공포를 종종 경험하게 되는데, 이것은 우리가 경험하는 것의 비실체성과 표상적 성격을 밝히는 데 기여한다.(Epstein, 1986) 명상수행자는 실제로 각각의 형성물들이 부서져 나가는 것을 경험한다. 결과적으로 우리의 지각에 습관적으로 부여된 "'실재', '집합체', '절대', '사실', '객관성' 등과 같은 무의식적인 가정"은 큰 타격을 받는다.(Thurman, 1984, p.94) 그러면 명상수행자는 경험된 것의 표상적인 본질을 즉각적이면서 동시적으로 이해하기 위해 "비지각적인 방법으로 지각한다."고 한다.

자아에 대한 경험을 그렇게 이해하는 것이 의미하는 바는 라깡의 저작을 통해서 직접적으로 가장 잘 이해할 수 있다. 라깡은 우선 거울에 비친 나(I)의 "이미지를 추정하는"(Lacan, 1966, p.2) 발달단계에 있는 유아의 태도에 관심을 가졌다. 유아는 "나의 정신적 지속성"을 상징하는 이미지가 거울 속 이미지를 통해 가능하다. 나를 이렇게 대상화하는 것은 무의식적으로 고찰되어서 어쩔 수 없이 실제의 경험과 비교하는 이상(ideal)으로 확립된다. 따라서 '나'라는 개념은 무의식적으로 실재적인 어떤 것으로 오해하는 환상에 뿌리를 두고 있다. 라깡은 "이러한 형태는 자아의 활동을 허구적인 방향으로 위치 짓는다.(p.2) 소외된 정체성의 갑옷을 입게 하고,(p.4) 환상을 자동적으로 창조해 낸다."(p.6)고 말한다.

통찰명상을 통해 자아를 조사할 때 '하나의 이미지'로 드러나는 것은, 정신분석가들이 "행위자로서의 자아표상"이라고 부르는 자아의 이미지이다. 그것의 표상적 본질은 그러한 구성들을 계속 사용은 하되, 그것들이 가진 상대적 본질을 완전히 이해하는 방식으로 파악된다. 그것은 티베트 불교에서 "깨달음 후의 꿈 같은 지혜"로 묘사한 것을 보면 분명하다.

거기에는 소멸의 어떠한 상태에 대해서도 구체화하거나 낭만적으로 만들 만한 것이 없다. 철학자나 수행자를 위해 만들어진 인공적인 목표, 즉 '자아상실'을 얻어야 하고, 말썽쟁이인 '나'를 지워버려야 한다는 목표도 없다. 차라리 표상인 나에 내재한 비실재성에 대해 합리적으로 확신을 얻으면서, 동시에 반박할 여지없는 매일의 관습적인 '나'라는 관념을 수용하라고 권장한다.(Thurman, 1984, p.146)

통찰명상에서 주로 위험한 것은 무너짐과 텅 빔의 체험을 사물의 상대적 본질을 제거한 상위 진리를 나타내는 것으로 보는 일종의 자기기만이다. 공을 본질적인 것으로 미화하고, 무아를 자아표상의 부재로 이해하려는 강한 욕망이 여전히 남아 있다. 이에 따라 완전히 독립해서 존재하는 것으로서의 '어떤 것'의 존재를 밝히려는 필요가 계속 나타나며, 자아는 분명히 존재한다는 믿음은 무아가 분명히 존재한다는 믿음으로 이동한다. 그러면서 명상수행자는 속박에서 벗어나기 위해 다른 어떤 곳을 찾아 헤매면서, 속세를 은근히 계속 폄하한다. 이러한 해방이 깨달음이든, 깨닫지 못함이든 중요하지 않다. 잘못된 것은 마찬가지이다. 9세기 당나라의 황벽 선사에 의하면, "왜 깨달음과 깨닫지 못함을 이야기하는가? 문제는 무엇을 생각하면 그 놈을 만들어 내는 것이고, 아무것도 생각을 안 하면 또 다른 놈을 만들어낸다는 것이다. 그런 허망한 생각을 완전히 없애야 한다. 그러면 찾을 어떤 것도 남지 않게 된다."(Blofeld, 1958, p.86) 무아는 분리된 상태가 아니다. 즉 그것은 구체적인 존재가 있다는 믿음과의 관계 속에서만 발견된다.

통찰명상을 하는 사람들은 통찰과 공에 대한 실제적인 경험을 망치는 사고의 습관을 내려놓지 않기 때문에 어려움을 겪는다. 자아를 도약을 통해서 '초월'하고 넘어서야 하는 어떤 것으로 보거나, 지적 능력이나 '이성'을 거부하며 부정해야 하는 어떤 것으로 보는 것은 쉬운 일이다. 본래적으로 존재하는 것이 표상적이고, 상대적이고 자아가 거짓이라고 보는 명상이 그보다 어려운 일이다. 실체화와 공, 절대주의와 허무주의라는 두 대극은 마음의 가장 미묘한 단계에조차 계속적으로 영향을 끼친다.

중도의 가르침을 따르는 중도주의자도 공은 모든 것이 종결되는 것이라고 계속해서 조금씩 오해한다. 공(emptiness)이 무(nothingness)와 다른 어떤 것임을 지적으로는 분명히 알면서도 반복적으로 그것을 무와 혼동한다. 이것은 우리의 생각과 지각 안에 사람과 사물 안에 내재한 실재를 실체화시키러는 본능적인 버릇이 깊이 뿌리박혀 있기 때문이다. 우리는 내재한 실재가 '거기', 즉 우리나 사물 속에 있다고 '느낀다'. 그리고는 분석적으로 조사하여 그것이 없다는 것을 발견할 때마다, 마치 우리 앞에 있던 어떤 물체가 사라진 것처럼 그 없어짐이 진짜로 없어진 것이라고 실체적으로 생각한다.(Thurman, 1984, p.158)

공의 진정한 의미를 파악하는 것과 우리 정신(psyche)의 맹공에 맞서 공의 진정한 의미를 유지하는 것은 별개이다. 숭산崇山 선사가 한 제자와 긴 서신왕래에서 "이제 자네는 여여함을 이해하였네. 여여함을 이해하는 것은 매우 쉽다네. 하지만 여여함을 유지하기란 굉장히 어렵다네."(Sahn, 1982, p.173)라고 썼던 것처럼, 통찰명상의 정점은 우리가 경험하는 '이러한' 실재가 가진 표상적이고 상대적인 속성을 직접적으로 계속 그리고 온전하게 경험하는 것이다. 이 실재는 거부하거나, 그 자리를 다른 어떤 것으로 대체할 수 있는 것이 아니다. 자아와 무아에 대한 논의에서 이보다 더 분명한 것은 없다. 무아에 대한 깨달음은 자아의 기능을 거부하지 않으면서, 그것이 또한 초월적인 실재의 대용물도 아니라는 것을 깨닫는 것만으로는 충분하지 않다. 그 대신 자아의 기능 그 자체를 통해서 내재하는 존재에 대한 믿음을 꿰뚫어 보지만, 그것의 상대성을 간과하지 않는 변형적인 통찰을 통해서 이러한 깨달음이 와야 한다.

예비 수행: 내적 공간
역동: 관찰하는 자아를 제외한 자아 기능의 마비
위험: 자아분열(self-fragmentation)
공을 불완전함으로 오해
무아를 정신역동적 자아의 상실(loss)로 오해

집중: 대양적 느낌
역동: 자아와 자아 이상의 통합
위험: 자아소멸(self-annihilation)
공을 진정한 무(real nothingness)라고 오해
무아를 자아 경계의 상실, 자아의 없앰이라고 오해

마음챙김: 항복
역동: 알아차림의 상실이 없는 자의식의 상실
위험: 몰아(self-abnegation)
공을 생각이 끊어진 고요한 마음이라고 오해
무아를 자아의 포기나 자아의 거부로 오해

통찰: 공 또는 상대성
역동: 경험의 표상적 본질을 이해
위험: 자기기만(self-deception)
공을 진정한 사라짐으로 오해
무아를 자아표상의 부재로 오해

표1. 명상의 역동들

통찰명상은 자아를 파괴하거나, 황홀한 세계와 통합하는 것을 추구하지 않는다. 그보다는 오히려 자아를 있는 그대로 비추고자 한다. 자아의 다양한 기능이 유용하다는 걸 인정하면서, 자아

에 대해 우리가 그동안 쌓아온 모든 오해로부터 자아를 해방시키기 위해 자아의 기능을 사용한다. 공에 대해 진정으로 이해하게 된 사람은, 정신분석가가 상상해서 가정할 수 있었던 것을 경험적으로 알게 된다. 탁월한 한 이론가의 말을 인용해 말하자면,

> 자아에 대해 말할 때, "그(the)"라는 표현은 있을 수 없다. 왜냐하면 자아는 단일하고 더 이상 단순화할 수 없는 행위가 아니며, 행위와 연관 있는 고정된, 같은 종류의 실체가 아니기 때문이다. 오히려 자아는 어떠한 종류의 행동이거나, 어떠한 양태 속에 있는 행동을 나타낸다. … "그 자아"라는 말은 본래적으로 실체화되거나 의인화된 개념이다. (그러나) … 자아에 대한 엄격한 모든 이론적인 정의를 보면, 자아는 어떠한 점에서는 서로 닮은 여러 기능을 포괄하여 표현하려고 우리가 사용하는 추상적인 용어라는 것을 분명히 알 수 있다.(Schafer, 1973, p.261)

불교의 통찰은 이론적 자아의 이론적인 면을 강화시키는 것 외에는 따로 이론적인 자아를 다루지 않는다.

하지만 현상적인 나(I)와 자아표상, 자아느낌에 대해서 신중히 검토하다 보면 '행위자'가 모호하다는 것이 밝혀진다. 이러한 통찰은 최근의 정신분석적인 관점에도 부합한다. "자아는 알 수 없는 자리로 보인다."(Smith, 1988, p.403)는 말은 불교 철학의 상대

성과 역동적으로 같은 의미다. 이러한 관점에서 보자면 영적 수행을 하는 모든 사람을 위한 답변은 "자아는 그냥 자아로 놔두라(Let ego be ego)."이다. 즉 실체화나 거부의 희생자로 만들지 말고, 공이나 자기애적·환상적 과대성향의 희생자로도 만들지 말라는 것이다.

600년 전 티베트의 스승인 쫑카빠는 훨씬 더 서정적이고 설득력 있는 표현으로 같은 말을 하였다. 1398년, 깨달음을 얻은 날 아침에 그는 붓다에게 바치는 긴 '귀경게'를 썼다. 아래의 게송은 짧게 줄인 것이다.

부처님의 자리는
상대성을 공성으로 지각할 때
실재의 공성은 행동의 실행력을 잃지 않는 것

그 반대로 지각할 때
공성 안에서 행동은 불가능하고,
행동 안에서 공성은 사라집니다.
그래시 사람들은 불안의 심연에 빠지게 됩니다.

이처럼 절대적인 무는 없고,
본질적으로 존재하는 것도 없습니다.
상대성을 경험하는 것이야말로

당신의 가르침 가운데 최상입니다.

… 현자들의 모임에서 당당하고 분명하게
당신은 사자후를 설하였습니다.
"실체로부터 자유로워질지어다."
누가 감히 이것에 도전할 것인가?

(Thurman, 1984, pp.178-79)

참고문헌

Andreas-Salome, L.(1962), "The dual orientation of narcissism", *Psychoanalytic Quarterly*, 31, pp.1-30.

Benjamin, J.(1988), *The bonds of love*, New York: Pantheon.

Blofeld, J.(1958), *The Zen teaching of Huang Po*, New York: Grove Press.

Brown, D. & Engler, J.(1986), "The states of mindfulness meditation: A validation study", In K. Wilber, J. Engler & D. Brown, *Transformations of consciousness*, Boston: New Science Library.

Chasseguet-Smirgel, J.(1975), *The ego ideal*, New York: W. W. Norton.

Cleary, T.(1986), *Shobogenzo: Zen essays by Dogen*, Honolulu: University of Hawaii Press.

Engler, J.(1986), "Therapeutic aims in psychotherapy and meditation", In K. Wilber, J. Engler & D. Brown, *Transformations of consciousness*,

Boston: New Science Library.

Epstein, M.(1986), "Meditative transformations of narcissism", *Journal of Transpersonal Psychology*, 18(2), pp.143-58.

Epstein, M.(1988), "The deconstruction of the self: Ego and "egolessness" in Buddhist insight meditation", *Journal of Transpersonal Psychology*, 20(1), pp.61-69.

Epstein, M.(1989), "Forms of emptiness: Psychodynamic, meditative and clinical perspectives", *Journal of Transpersonal Psychology*, 21(1), pp.61-71.

Epstein, M. & Lobsang Rapgay(1989), "Mind, disease and health in Tibetan medicine", In A. Sheikh & K. Sheikh, *Eastern and Western approaches to healing*, New York: J. Wiley & Sons.

Freud, S.(1909, 1955), "Analysis of a phobia in a five-year-old boy", *Standard Edition*, 10, London: Hogarth Press.

Freud, S.(1930, 1961), *Civilization and its discontents*, Second Ed., London: Hogarth Press.

Goleman, D.(1988), *The meditative mind*, Los Angeles: J. Tarcher.

Goleman, D. & Epstein, M.(1983), "Meditation and well-being: An Eastern model of psychological health", In R. Walsh & D. Shapiro, *Beyond health and normality*, New York: Van Nostrand Reinhold.

Grotstein, J.(1978), "Inner space: Its dimensions and its coordinates", *International Journal of Psycho-Analysis*, 59, pp.55-61.

Guntrip, H.(1971), *Schizoid phenomena, object relations and the self*, New York: Basic Books.

Gyatso, T.(1984), *Kindness, clarity and insight*, Ithaca: Snow Lion.

Hartmann, H.(1950), "Comments on the psychoanalytic theory of the ego", *Psycho-Analytic Study of the Child*, 5, pp.74-96.

Kernberg, O.(1984), "The couch at sea: Psychoanalytic studies of group and organizational leadership", *International Journal of Group Psychotherapy*, 34(1), pp.5-23.

Lacan, J.(1966), *Ecrits, a selection*, New York: W. W. Norton.

Mahler, M.(1972), "On the first three subphases of the separation individuation process", *International Journal of Psycho-Analysis*, 53, pp.333-38.

Murti, T. R. V.(1955), *The central philosophy of Buddhism*, London: Unwin Hyman.

Nyanaponika Thera(1962), *The heart of Buddhist meditation*, New York: S. Weiser.

Sahn, Seung(1982), *Only don't know*, San Francisco: Four Seasons.

Schafer, R.(1973), "The idea of resistance", *International Journal of Psycho-Analysis*, 54, pp.259-85.

Singer, M.(1977), "The experience of emptiness in narcissistic and borderline states: I. Deficiency and ego defect versus dynamic-defensive models", *International Review of Psycho-Analysis*, 4, pp.459-69.

Smith, D.(1988), "The ego (and its superego) reconsidered", *International Journal of Psycho-Analysis*, 69, pp.401-7.

Sterba, R. V.(1934), "The fate of the ego in analytic therapy", *International Journal of Psycho-Analysis*, 15, pp.117-26.

Stewart, H.(1985), "Changes of inner space", *International Journal of Psycho-Analysis*, 66, pp.225-63.

Thurman, R. A. F.(1976), The holy teaching of Vimalakirti, University Park & London: Pennsylvania State University Press.

Thurman, R. A. F.(1984), *Tsong Khapa's speech of gold in the essence of true eloquence*, Princeton: Princeton University Press.

Walsh, R.(1981), "Speedy Western minds slow slowly", *ReVision*, 4, pp.75-77.

Wilber, K.(1984), "The developmental spectrum and psychopathology: Part 1, Stages and types of pathology", *Journal of Transpersonal Psychology*, 16(1), pp.75-118.

Winnicott, D. W.(1967), "The location of cultural experience", In *Playing and reality*, Harmondsworth, UK: Penguin Books, 1974.

Winnicott, D. W.(1974), "Fear of breakdown", *International Review of Psycho-Analysis*, 1, pp.103-7.

제2부

프로이트

제5장부터 제9장까지는 제1부와 마찬가지로 정신분석 분야의 동료들과 불교학계의 학자들을 위해 쓴 글이다. 여기에서 나는 불교와 심리치료의 관계에 대해 일반적으로 받아들여지고 있는 오해에 대한 반론을 제기하였다. 무아가 되려면 먼저 유아가 되어야 한다는 개념과 마찬가지로 이러한 모든 오해 때문에 심리치료와 불교는 거리를 두게 되었다. 내가 체험한 두 세계는 하나로 종합되어 있기 때문에, 나는 언제나 두 세계의 상이함보다는 서로 소통할 수 있는 길을 여는 것에 보다 관심이 있었다. 이러한 관점에서 나는 불교적 가르침이 정신분석 속에 내재해 있고, 심리학적 지혜에는 불교적 가르침이 있다는 것을 찾으려 하였다. 그러다보니 서양의 불교수행자들은 심리치료에 의구심을 가지는 경향이 있다는 점에 주목하게 되었다. 내가 흔히 하는 농담처럼 미국 동부지역의 심리치료자들에게는 불교를 설명해 줄 필요가 있고, 서부지역의 명상수행자들에게는 정신분석과 정신약리학에 대해 설명해 줄 필요가 있다. 분명 유쾌하지 않은 일반화이

지만 여기에는 핵심적인 진실이 담겨 있다. 서양의 불교심리치료학자로서 나는 여러 가지 방법으로 접근할 필요가 있다.

제5장 "정신분석에서 주의"는 프로이트 저술의 중요한 한 측면인 "고르게 떠 있는 주의(evenly suspended attention)"를 다루고 있다. 자기관찰을 사용하는 정신분석의 이 핵심적 방법은 불교에서 "순수한 주의(bare attention)"라고 부르는 것, 마음챙김으로 알려진 명상법과 사실상 동일하다. 그러나 가장 존경받는 프로이트의 많은 추종자들도 이 기법을 직관적으로 파악하지 못하고, 그것을 약간 변형시켜서 좀 더 이해하기 쉽게 만들었지만 거기에 내포된 불교적 특징을 없애버리고 말았다. 나는 불교적 이해가 프로이트의 원래 의도를 더 잘 설명하도록 실제적으로 도움을 주며, 그의 저작을 명쾌하게 설명하고 강력한 심리치료 방법을 임상에 적용할 수 있게 해 준다고 주장한다.

제6장은 1990년에 정신분석학계에 처음 발표한 것으로, 프로이트의 잘 알려진 묘사인 "대양적 느낌"을 다루고 있다. 프로이트가 능란하게 논증했듯이, 종교적 경험과 유아기의 경험을 동일한 것으로 본 것은 신비체험을 이해하는 데 깊은 충격을 주었다. 원래 『국제 정신분석 리뷰(International Review of Psycho-Analysis)』에 발표한 이 장에서 나는 프로이트의 해석을 제대로 전달하고자 시도하였다. 프로이트는 앞에서 묘사했듯이, 불교에 이미 그런 것이 있는지 모르는 채 마음챙김 수행을 자기 식으로 제시하였다. 고요히 마음을 집중하는 수행의 신비한 측면에

만 주목했기에 프로이트는 자아의 본질을 탐색하는 불교의 통찰명상을 분석할 기회를 갖지 못하였다. 이 장의 글이 국제정신분석학회(International Psychoanalytic Association)의 학회지 중 하나에 발표되자 정신분석학자들 가운데서 불교심리학을 진지하게 받아들이는 새로운 움직임이 일어났고, 『붓다의 심리학(*Thoughts without a Thinker*)』이라는 책을 저술하는 실마리가 되었다. 이 구절은 영국의 분석가인 비온(W. R. Bion)에 의해 처음 사용되었으며, 이 장의 참고문헌에서 확인할 수 있다.

제7장은 독자의 주의를 다른 방향으로 돌린다. 『트라이사이클(*Tricycle: The Buddhist Review*)』의 초판에 실린 이 장은 많은 심신통합 치유자들이 정신의약품 사용에 부정적인 관점, 특히 프로작(Prozac)이나 졸로프트(Zoloft) 같은 항우울제에 반대하는 관점을 반박한다. "무아가 되려면 먼저 유아가 되어야 한다."라는 주제를 좀 더 변주해서, 요가나 명상에 관심 있는 사람들은 자신의 심리적인 필요를 모두 다루지 못한다면 자신의 영적수행에 뭔가 잘못이 있다고 느낀다. 그들은 불안하고 우울증에 빠져 있더라도 그것을 자신의 탓이라고 여기거나, 자신들의 수행에 뭔가 '결함'이 있다고 여기고 다른 방법으로 도움을 얻으려고 하지 않는다. 이 장은 영적인 것과 정서적인 것을 둘로 나누는 것에 반대하며 무슨 요법이든지 효과적이라면 사용할 필요가 있다고 주장한다. 그리고 한쪽이 다른 쪽보다 더 '영적'이라고 주장하지 않는다.

제8장은 『붓다의 심리학』이 출판되기 전에 발표한 것인데, 정

서적 생활과 명상이라는 문제를 계속해서 다룬다. 나는 불교수
행자들에게 널리 퍼진 생각, 즉 정서는 '오염'이고, 깨친 사람은
그것을 '정화시킨' 존재라는 관점에 반대한다. 이 장은 영적인 수
행에 의해서 정서적인 생활이 약화되기보다 오히려 고양되는,
보다 미묘한 변형에 대해 설명한다.

제2부를 마무리하는 제9장은 신비한 경험에 놀라운 예민성
을 보인 프로이트의 관심을 요약한 글이다. 전통적인 종교를 경
멸하긴 했으나 프로이트는 신비주의를 매우 진지하게 생각하였
다. 학문적 생애 내내 신비주의에 대해 거듭 숙고했고, 친구나 동
료들과 이에 대한 의견을 교환했으며, 이에 대해 자주 글을 썼다.
그는 불교에 대해 별로 아는 것이 없었음에도 불구하고 결국 실
질적으로는 서양의 심리치료와 불교를 통합하는 기초를 놓았다.
불교의 근원적 통찰의 많은 부분을 예감하면서 프로이트는 자아
를 우주의 중심에 두는 인간들의 성향을 밑동부터 뒤흔드는 것
을 즐거워하였다. 태양이 지구 둘레를 돌지 않는다고 주장한 코
페르니쿠스나, 인간은 기원이 미천하다는 지울 수 없는 낙인을
지니고 있다고 주장한 다윈처럼, 프로이트는 인간은 자신의 집
에서조차 주인이 아니라는 발견을 소중하게 생각하였다. 프로이
트가 가르쳐주는 바에 따르면, 절대적 자아란 본래 비실재라는
사실이 드러나기 시작한다.

제5장

정신분석에서 주의(1988)

프로이트는 지속적으로 "고르게 떠 있는 주의"를 유지하는 방법에 대해서 분명한 지침을 주었으나, 흥미롭게도 정신분석에서 주의라는 주제는 오랜 동안 직접적인 주목을 받지 못하였다. 정신분석 기법에 있어 이러한 핵심적인 측면은 "정신분석학에서 가장 덜 개념화되고, 토론이 가장 덜 된 것 중의 하나"(Gray, 1973, p.474)가 되었다. 그렇지만 이 주제가 완전히 무시되어 온 것은 아니다. 시간이 지나면서 천천히, 꾸준하게 그리고 매우 점차적으로 프로이트의 원래 방법에서 벗어나는 미묘한 변화가 일어났다. 개념은 재정의 되었고 의미도 바뀌었으며, 그것을 표현하는 단어들도 변화하였다. 그 과정에서 프로이트의 원래 의도를 보존하고자 하는 노력은 상대적으로 적었다. 즉 프로이트의 원래 의도는 분석가가 자신의 무의식 과정을 정신분석적으로 이해하기 위한 접근 도구를 제공하는 것이었다.

1900년에서 1923년 사이에 연속적으로 발표한 논문들에서 프로이트는 고르게 떠 있는 주의를 획득하는 목적과 방법 둘 다에 대해서 매우 명확한 태도를 가지고 있었다. 자유연상법과 병행하여 "판단하지 않는 자기관찰자"가 "비판적 기능을 억눌러야 하는 고충"(Freud, 1900, pp.134-136)에 처할 때, 프로이트는 분석가가 "판단은 … 유보하고 … 관찰 대상이 무엇이건 어디에도 치우치지 않는 주의를 … 줄 것"(Freud, 1909, p.23)을 권고하였다. 이와 같이 프로이트는 의식에서 일어나는 모든 것에 공평하고 동등한 주의를 보내고, 선택하고 집중하고 이해하려고 신중하게 노력할 때도 비판적 판단이 없어야 한다는 두 가지 근본적인 자질을 특징으로 가지는 마음 상태 또는 주의를 기울이는 최상의 자세를 제안하였다. 프로이트가 말하길, 이 방법은

매우 간단하다. 우리가 알게 되겠지만, 그것은 어떤 특별한 방편도 (필기를 하는 것까지도) 강구하지 않는다. 그것은 다만 어떤 사람이 특정한 것에 주목하도록 이끌지 않는 것이고, 듣게 되는 모든 것에 (내가 이름 붙인) '고르게 떠 있는 주의'를 유지하면 되는 간단한 것이다. … 모든 것에 동등한 주의를 기울인다는 원칙은 자신에게 일어나는 모든 것에 대해 비난이나 취사선택 없이 소통해야 한다고 환자에게 가하는 압박과는 반대되는, 필요한 것임을 알게 될 것이다. 의사가 그렇게 하지

않고 달리 행동한다면 환자가 '정신분석의 근본 원칙'을 따름으로써 얻을 수 있는 대부분의 이익을 모두 팽개치는 것이다. 의사를 위한 원칙은 다음과 같이 표현할 수 있다. 즉 "그는 주의를 기울이는 자신의 역량에 어떠한 의식적인 영향을 주지 않아야 하며, 자기 자신을 '무의식의 기억'에 완전히 넘겨주어야 한다." 또는 기법에 관해서는 다음과 같이 말할 수 있다. "그는 다만 듣기만 해야 하며 자신이 무엇에 특별히 더 주의를 기울이는지 신경 쓰지 말아야 한다."(Freud, 1912, pp.111-112)

프로이트는 환자가 말하는 것뿐만 아니라 분석가 자신의 내면 경험에까지 이러한 공평한 주의를 주게 되면, 무의식적 의미가 마침내 분석가의 의식에 드러나게 된다고 제안하였다.

정신분석을 하는 의사가 자신의 정신이 무의식적으로 활동하는 것에 내맡기는 태도를 취해서 이로운 점이 있다는 것이 경험으로 금방 나타났다. 그것은 "고르게 떠 있는 주의" 상태로서 되도록이면 의식적인 기대를 구성하거나 반영하는 것을 피한다. 특히 자기가 들은 기억 속에 있는 어떤 것을 수정하려고 애쓰지 않으며, 이러한 수단을 통해서 분석가 자신의 무의식으로 환자의 무의식에 떠오른 것을 잡아낸다.(Freud, 1923, p.239)

이렇게 어느 쪽에도 치우치지 않고 판단을 하지 않으면서 고르게 적용된 주의를 확립하게 되면, 프로이트가 다음과 같이 묘사하는 조율이 가능하게 된다.

이를 하나의 공식으로 말해보자. 그는 환자가 보내오는 무의식을 향해 자신의 의식을 마치 그것을 받아들이는 수용기처럼 전환해야 한다. 전화기의 수화기가 송신기에 맞춰진 것처럼 그는 자신을 환자에게 적응시켜야만 한다. 전화선에서 음파는 진동하는 전파로 만들어져 수화기로 전달되는 것처럼, 의사의 무의식은 자신에게 보내지는 무의식의 파생물들로부터 환자의 자유연상을 만들어낸 무의식을 재구성할 수 있다.(Freud, 1912, p.115)

1. 프로이트의 권고를 수정하기

최상의 분석적 주의에 대한 프로이트의 구체적인 권고에 대해서 반응이 드물었다. 하지만 의미심장하게도 주의에 대해서 특정한 상태를 강조하지 않는 쪽으로 반응이 나왔다. 1919년에 페렌찌(Ferenczi)는 고르게 떠 있는 주의에 몰두하려고 시도하는 분석가가 직면하는 명백한 딜레마에 대해 다음과 같이 언급하였다.

한편으로는, 그것은 그가 자유롭게 연상할 것을 요구한다.

즉 '그 자신의 무의식'에 완전히 빠져들어야 한다. 프로이트에 의하면 오직 그렇게 해야만 말투나 행동에서 명백하게 드러나는 것 속에 감춰진 '환자의 무의식'이 표현되는 것을 직관적으로 파악할 수 있게 된다. 다른 한편으로는, 의사는 자기 자신이나 환자가 드러내는 것을 논리적으로 검토해야만 하는데, 오로지 이러한 정신적 노력의 결과로 얻게 된 것만 가지고 그는 환자와 대화하고 문제를 다룰 수 있다. 하지만 그는 머지않아 그 자리에 비판적인 태도가 들어서서 전의식(the preconscious)으로부터 나오는 어떤 신호가 그런 상태를 지속할 수 없게 방해하는 것을 알게 된다. 환상의 자유 놀이와 비판적 검토 사이를 계속 오가는 것은 의사로서는 자유롭고 방해받지 않는 심리적인 즐거움을 누리는 것이지만, 다른 분야에서는 이러한 즐거움을 결코 요구할 수 없는 것이다.(Ferenczi, 1919, p.189)

이것은 프로이트가 결코 인정한 적은 없었지만, 고르게 떠 있는 주의와 균형을 맞추려고 '비판적 태도'를 제안한 첫 번째 사례였다.

몇 년 후, 프로이트는 (앞에서 인용한) 자신이 제안했던 기초적인 지침을 다시 설명하였다. "이런 해석 작업이 엄격한 원칙에 의해서만 이루어지지 않는 것은 사실이며, 많은 부분이 의사 개인의 재치와 숙련된 기술에 달려 있다."(Freud, 1923, p.239) 같은 해에 페렌찌는 고르게 떠 있는 주의라는 원칙에 "하나의 예외"를 주장하였다. 꿈을 진술하는 동안에는 "긴장된 주의"가 필요하다는 것이었다.(Ferenczi, 1923, p.238)

1926년에 헬레네 도이치(Helene Deutsch)는 프로이트가 원래 의도했던 것에 대해 탁월한 해설을 발표했는데, "분석적 직관"(p.136)으로 환자의 무의식적 역동을 파악하고, 환자가 말해 주는 내용을 해석의 형식으로 "재투사"(p.136)하는 분석가의 방법에 대해 말하였다. 여기서 놓치지 말아야 할 것은 도이치가 "의식적인 지적 활동"(p.136)의 역할을 중요시했으며, 그것을 고르게 떠 있는 주의에 반대되는 것이 아니라 일치하는 것으로 묘사했다는 점이다.

1928년에 페렌찌는 프로이트가 기법의 탁월한 "융통성"을 주장하기 위해 사용했던 "재치"(1923)의 개념을 확장하면서 자신의 재해석을 계속 구축하였다. 그는 프로이트의 개념을 가장 의미심장하게 수정한 첫 번째 인물이었다. 그에 의하면 분석적 주의는 "한편으로는 동일시(분석 대상-사랑) 그리고 다른 한편으로는 자기통제 또는 지적 활동"(Ferenczi, 1928, p.96) 사이를 오가며 진동한다는 것이다.

샤프(Sharpe, 1930)는 주의의 진동이라는 이러한 생각을 간접적으로 지지하면서 프로이트의 모델은 "최상의 분석가에 의해서만 … 비슷하게라도 할 수 있는"(p.18) '이상적인' 것이라고 논평하였다. 테오도르 라이크(Theodor Reik)는 1933년에 이 주제에 대한 토론에 몇 가지 기여를 하였다. 그는 프로이트의 원래 가르침에 충실하게 분석가는 "분석 작업에서 의식이 이끄는 생각을 버려야"(p.330) 할 것을 촉구했고, "의식적 사고에 매달려서는 안 되며"(p.331) "자신이 스스로 필요해서 논리적으로 연결하거나 상식, 의식적 지식으로 자꾸 밀어붙이는 것을 이해해주지 않으려는 용기를 가져야 한다."(p.332)면서 프로이트와 마찬가지로 "분석가 자신의 무의식에 이르는 길을 열 것"(p.332)을 주장하였다.

그로부터 4년 후인 1937년에 라이크는 『놀람과 정신분석가 (*Surprise and Psycho-Analyst*)』를 영어로 번역해 출판하였다. 그 책에서 "고르게 떠 있는 주의"는 "이동하는" 주의가 아니라 "균형을 잡고 있는" 주의로 번역되었다. '알아차림, 주의 그리고 필기하기(Noticing, Attention, and Taking Note)'라는 장에서 그는 분석가의 통찰은 무의식으로부터 나오는 것이며, 또한 그의 초기 저술에서는 애매했던 주의의 진동이라는 프로이트의 관점을 옹호하였다. 라이크에게서 주요한 것은 적을 찾아내기 위해 반복적으로 오가면서 한 곳을 밝히는 탐조등의 비유다. 주의를 기울이는 태도를 이쪽저쪽으로 움직이는 진동으로 보는 라이크의 주장은, 분석가는 침착해야 하고 심리적으로 균형이 잡혀 있어야 하며, 그런 것이 유익하다는 프로이트의 원래 관점이 함축하는 바를 강조하지 않는다. 라이크는 한편으로는 프로이트의 관점을 옹호했지만 다른 한편으로는 선택적인 주의의 필연성을 조심스럽게 다시 도입한 것이다.

오늘날 분석가가 균형 잡힌 주의만으로 작업한다고 선언한다면 그건 허튼소리일 것이다. 그런 주장이 잘못된 것은, 균형 잡힌 주의는 어떤 특별한 순간에 자발적이거나 활동적인 주의로 변해야 하는데, 말하자면 증상이나 잠재적인 관계의 중요성이 인지될 때, 그리고 그것이 자리매김되고 평가되어야 할 때가 있기 때문이다. 탐조등의 비유로 돌아가 보자. 탐조등을 비추어 땅바닥을 골고루 훑어가다 적을 발견하면 그 장소에 정지한다. 여기서 우리가 반드시 기억해 두어야 할 것은 하나의 주의 형식이 다른 형식의 주의로 대체된다는 점이다. 그런 경우에 원래의 균형 잡힌 주의는 자발적이고 직접적인 형식으로 대체된다.(Reik, 1937, p.46)

라이크의 책에서 명백하게 영향을 받은 (처음 다섯 페이지에서 두 번이나 인용을 하고 있는) 페니첼(Fenichel)은 영향력 있는 첫 논문에서 주의 진동이라는 아이디어를 확고히 했고, 그것을 나중에 『정신분석 기술의 문제들』(1938)에서 통합해 정리하였다.

지식이 아니라 경험을 중시하는 분석가가 있다는 것은 의심의 여지가 없다. 그들은 억압을 해소하는 것이 아니라 그들의 환자와 함께 사고 놀이를 한다. 또 다른 그룹의 분석가도 동일한 심각한 실수를 저지르고 있는 듯하다. 분석가의 무의식이 지각의 도구라는 식으로 오용하는 그들은 분석에 임해서 아무런 일도 하지 않고 그저 "둥둥 떠 있기"만 하고, 앉아서 다만 사물을 "경험"하기만 하면서 환자의 무의식 과정의 편린들을 이해하고 그것들과 비선택적으로 소통하려 한다. 그렇게 되면 거기에는 분석가가 무의식의 도움을 받아 이해한 재료를 보다 넓은 맥락에서 정리하게 만드는, 직관에서부터 이해와 지식 사이를 진동하는 것은 없다. 언제 그리고 어떻게 특정한 사안이 환자에게 드러날지를 결정하는, 소위 말하는 "재치"는, 내가 보기에는 라이크가 주장하듯 어떤 결정적인 생리적 리듬의 결과가 아니라 체계적인 방법으로 상당 부분 결정될 수 있다.(Fenichel, 1938, p.5)

페니첼의 편견은 고르게 떠 있는 주의가 "아무런 일도 하지 않음"을 수반한다는 주장에서 보인다. 그의 방법적 지침들은 해석 과정을 체계화할 때는 극도로 상세하다. 하지만 그가 주의를 기울이는 방법에 대해서 기술할 때는 주의에 매몰되지 말 것을 우선적으로 경고하면서, 분석적으로 주의를 기울이는 방법에서는 '이성'을 회복할 것을 권고한다.

분석가가 계속 유지해야 하는 중요한 임무는 환자가 마구 쏟아내는 것에 대응할 때, 체험하는 대신 말하기와 아무런 체계

없이 '자유로이 떠 있는' 것 사이의 진퇴양난을 잘 헤쳐 나가는 것이다. 자유로이 떠 있는 것은 환자가 무의식적인 행동으로 나타내는 것에 상응하는 것으로, 그것은 이면의 목적을 염두에 둔 추리력으로는 이해되지 않는다.(Fenichel, 1938, p.6)

1942년에 발표된 「분석가의 메타심리학(The Metapsychology of the Analyst)」이란 유명한 논문에서 플리스(Fliess)는 페렌찌를 인용하면서 분석가는 피분석자와의 "시험적 동일시"와 재료에 대한 "재투사" 사이에서 "계속 진동한다"고 주장하였다. 또한 분석가는 "우리의 지적인 기능의 예리한 작동을 약화시키는 것을 허용"할 수 없다고 하면서, 고르게 떠 있는 주의를 "조건화된 백일몽"(p.219)이라고 묘사하고, 그것은 대단히 중요한 것이 아니라 "우리의 합리적 정교함을 가장 효과적으로 보충"하는 것에 봉사할 뿐이라고 말하였다. 가장 충격적인 것은 그 기법에 이차적인 위치를 부여한 것이다. 즉 이제 그것은 단지 보충적인 것이라고 하는 것이다.

1948년, 라이크는 그의 유명한 『제3의 귀로 듣기(Listening with the Third Ear)』라는 영어판 책을 출간하면서 앞서 인용한 서두를 한 자도 고치지 않고 "자유로이 떠 있는 주의"라는 제목으로 다시 실었다. 앞선 판과 한 가지 차이점은 서두에 한 문단을 추가한 것이다. 그 문단에서 그는 "균형 잡힌" 주의가 가장 정확한 정의이지만 이를 폐기하고 페니첼과 플리스가 사용한 용어인 "자유로이 떠 있는 주의"로 그 표현을 대체하였다. 라이크는 프로이트의 원래 용어인 '글라히슈벤트(gleichschwebend)'가 '동등한 분배' 또는 '심리학적 균형' 그리고 '회전하는 또는 순환하는'이라는 두 가지 함의가 다 있다고 지적하였다.(p.157) 라이크는 후자를 강조하기 위해, 적을 탐색하기 위해 돌고 도는 탐조등의 비유를 지지한다. 하지만 그는 알아차림하고 있는 내적·외적 대상 모두에 동등하고 치우치지 않는 주의를 주는 데서 균형 잡힌 마음 상태가 정립된다고 프로이트가 함축적으로 말한 것을 애매하게 만들어 버렸다. 라이크가 말한 활발하게 탐색하는 마음이라는 개념은 페렌찌, 페니첼, 플리스가 발전시킨 "주의 진동"이란 개념을 지지하며 "자유로이 떠 있는 주의"는 정신분석에서 주의에 대한 정의로 수립되었다. 학계에서의 이 변화는 프로이트의 "고르게 떠 있는 주의"(Freud, 1923, p.239)로부터 "자유로이 떠 있는 주의"라는 보다 넓은 개념으로의 변화를 상징한다. 라이크의 책이 나온 이후로 "자유로이 떠 있는 주의"는 주의 진동과 거의 동의어가 되었다.

현대에 들어 정신분석 기법을 논의하는 자리에서 개념이 변하는 예들은 충분히 많다. 거기서 반복적으로 강조되는 것은 잘 훈련된 알아차림을 유지하는 능력이 아니라 분석가의 인지과정이다. 그린슨(Greenson, 1967)이 "분석가는 고르게 떠 있는 주의와 자유로이 떠 있는 주의 사이를 진동할 수 있으며, 자신의 자유연상·공감·직관·내관·문제해결사고·이론적 지식 등을 가지고 혼합물을 만들 수 있다."(p.100)고 했을 때 그는 이런 점에 대해 말하고 있는 것이다. 리히텐버그와 슬랩(Lichtenberg and Slap, 1977) 또한 진동에 역점을 두는 좀 더 넓은 정의를 강조하였다. 그들은 "우리는 고르게 떠 있는 주의(또는 유연하게 떠도는 주의)는 두 가지 임무를 포함한다고 믿는다. 첫 번째 임무는 피분석자를 받아들이고 그의 말에 반응하며 그와의 대화를 개념적으로 질서 짓는 것이며, 두 번째 임무는 '드러난 사실이 환자에 의해 유용하게 사용되는지를 확정'하기 위해 듣는 것이다."라고 하였다.(p.298) 랭스(Langs, 1982, p.461) 또한 '자유로이 떠 있는 주의'에 대한 자신의 정의에서 인지과정의 역할을 강조했으며, 프리드만(Freedman, 1983)은 정신분석적 경청에 관해 상세히 논의하는 가운데 "받기"와 "재구축" 사이에 존재하는 "리듬감"을 강조하였다. 거기서 "재구축"은 "주의를 좁히는 것, 통합과 종합을 목표로 하는 가능성을 줄이는 것, 그리고 대상화와 상징적 표현에 대한 강조"(p.409)로 특징지어진다. 따라서 지금까지 받아들여진 진동은 피분석가의 자료에 주의를 기울이는 것과 분석가의 정신적 처리과정 사이에서 진동하는 것을 의미한다고 해석될 수 없다. 그 대신, 단순히 듣는 것과 인지과정 사이의 진동을 의미하게 되었다. 이 변화가 의미하는 바는 명백하다. 프로이트는 여러 가지 주의를 권고한 것이 아니라 한 가지를 제시하였다. 그것은 "관찰해야 할 모든 것"에 보내는 "공평한 주의"이다.

지금까지 프로이트가 원래 묘사했던 마음 상태에 관한 탐색으로부터 연구자들이 어떻게 벗어났는지 살펴보았다. 프로이트의 원래 논점이 완전히 무시되거나 전혀 지지받지 못한 것은 아니라는 점을 반드시 염두에 두어야 한다. 아이작스(Isaacs, 1939)는 분석적으로 이해하는데 분석가의 주의가 환자뿐만 아니라 분석가 자신의 "정신적 과정"(p.150)을 위해서도 결정적 역할을 한다고 주장하였다. 그녀는 분석적 통찰이란 적절한 주의에 의해서 "지각"(p.150)이 가능해지는 것이라고 설명하였다. 애니 라이히(Annie Reich)는 프로이트의 관점에 대해 지속적인 존중을 보이면서 "듣기의 방법"(1950, p.25)은 "분석적 이해를 위한 가장 본질적인 전제 조건"(1966, p.345)이라고 하였다. 비온(Bion, 1970)은 "정신 활동, 기억 그리고 욕망"(p.42)이 없는 최상의 "마음의 상태"(p.31) 또는 "마음의 틀"(p.32)은 분석가가 지금까지 몰랐던 것에 대해 수용적일 수 있게 해준다고 설명하였다. 비온(1970)에 의하면 "이러한 훈련을 받지 못하면" "반드시 지속되어야 할 관찰의 힘이 점차 약화될 것이다. 방심하지 않고 제대로 이러한 훈련을 받으면 분석가의 정신력이 조금씩 강화될 것이고, 훈련을 받지 않는다면 반대로 약화된다."(p.52) 코헛(Kohut, 1971)은 "높은 수준의 인식에서 일어나는 지적 활동"(p.52)을 선택적으로 지연하는 것의 중요성을 부각시켰고, "분석가의 생각과 지각에서 일어나는 전논리적 양상의 출현과 사용"은 부정적이거나 수동적인 과정이 아니라 적극적인 훈련으로 간주되어야 한다고 강조하였다.(Kohut, 1977, p.251) 쉐퍼(Schafer, 1983)는 고르게 떠 있는 주의에 관한 프로이드의 주장에 대한 주석을 달면서 "훈련된 접근"(p.23)의 중요성을 강조했는데 프로이트가 원래 주장한 그 둘의 결합에 대해 특별히 언급하지는 않았다. 샤스귀에-스미젤 (Chasseguet-Smirgel, 1984)은 고르게 떠 있는 주의가 분석가에 게 "언어 이전 단계의 의사소통"(p.171)을 가능하게 하는 "모성 적 자질"의 전제 조건을 제공한다는 점을 환기시켰다. 그녀는 그 러한 의사소통이 바로 프로이트가 말한, 무의식이 다른 무의식 과 소통하는 것이라고 주장하였다.

분석적 이해에 있어서 분석가가 자신의 무의식 과정에 접 근할 수 있는 능력이 얼마나 중요한지에 관한 이 마지막 논 점에 반대하는 문헌은 없다. (다음 자료를 보라. Deutsch, 1926; Ferenczi 1928, p.189; Fenichel, 1938, p.12; Reich, 1966; Greenson, 1967, p.364; Kohut, 1971, p.274; Beres and Arlow, 1974, p.28; McLaughlin, 1975, p.367; Freedman, 1983, p.410; Chasseguet-Smirgel, 1984) 그렇지만 무의식이 분석가에게는 가장 중요한 도 구라는 점이 인지되었음에도 불구하고 그것에 지속적으로 주목 할 수 있는 방법에 관해서는 도외시해 왔다. 적극적인 듣기인가, 수동적인 듣기인가에 관한 논의에서 간과된 것은 프로이트의 권 장사항이었던 통찰을 얻어내기 위해 무의식의 투입을 증가시켜 야 한다는 점이었다. 학자들은 그런 상태를 유지하는 것이 효과 적인 해석에 필요한 합리적인 사고에 적합하지 않다고 생각하는 듯하다.

프로이트가 제안한 그런 상태를 유지하는 것이 과연 가능한지에 대해서 쓴 얼마 되지 않은 문헌들 중 다수는 그것이 불확실하다고 본다. 페렌찌(1928)는 "인생에서 이런 종류의 중압감은 좀처럼 일어나지 않는다"(p.98)고 말하였다. 라이히(1950)는 "이렇게 힘들이지 않는 방식으로 듣는 것"(p.25)이 얼마나 어려운 것인지를 지적하였다. 맥래플린(McLaughlin, 1975)은 주의를 지속하는 것이 얼마나 어려운 것인지 말하면서 또한 "이러한 듣기 상태에 도달하는 것은 개인에 따라 다른 것"(p.366)이라고 지적하였다. 슈바버(Schwaber, 1983)는 개인적인 분석가들이 "채택한 듣기 방식을 명료하게 밝히는 것"이 얼마나 어려운 것인지를 인정하였다.(p.381)

2. 불교명상에서 주의

프로이트가 인도대륙의 심리학 관련 문헌들에 대해서는 아는 게 별로 없다고 했지만, 프로이트의 입장이 충분히 이해할 만하다는 것을 흥미로운 자료에서 확인할 수 있다.(E. Freud, 1960, p.392) 분석가가 주의를 기울이는 데 지녀야 할 최상의 상태에 관한 프로이트의 설명은 불교명상의 수칙과 매우 유사한데, 이는 '마음챙김'이나 '통찰(위빠사나)' 명상을 꾸준히 수행함으로써 자연스럽게 발생하는 것이다.(Nyanaponika, 1962; Goleman, 1977; Narada, 1956; Nyanamoli, 1976; Goleman and Epstein, 1983)

명상수행은 주의 선략의 유형에 따라 두 가지로 분류된다. (Goleman, 1977) 집중수행은 단일한 대상에 대해 지속성을 유지하는 능력을 강조한다. 그런 방법은 주관적인 이완된 느낌(Benson, 1975)을 주며 그런 상태를 극단으로 실행하면 무아지경이나 몰입 상태에 이를 수도 있다. 하나의 소리나 감각, 사고에 집중해 주의를 제한시키는 이런 수행은 그 방법이나 결과로 만들어지는 심리적 상태로 봤을 때 최면과 관련이 있다.(Davidson and Goleman, 1977; Benson, Arns and Hoffman, 1981) 이런 방식은 프로이트가 초기에 정신과 의사로서의 수련과정에서나 개인적인 흥미로 이미 친숙했던 주의 전략을 나타낸다.

이와 달리 마음챙김 방법은 집중수행에 기초하고 있지만 알아차림의 대상이 지속적으로 바뀌더라도 계속해서 주의를 기울이는 능력을 강조한다. 이러한 주의에 필요한 것은 "계속되는 지각의 순간들에 우리에게, 그리고 우리 내부에 일어나는 것에 대해 명료하고 집중된 마음으로 알아차리는 것"(Nyanaponika, 1962, p.30)으로 정의되는 "순수한 주의(bare attention)"이다. 불교심리학에 따르면 이런 주의를 유지하기 위해서는 어떠한 대상에 대해서도 판단하지 않고, 집착하지 않고 혐오하지 않으면서 동등하게, 완전히, 치우치지 않는 주의를 주는 것이 필요하다. 이런 능력을 기르는 것은 어렵지만 이 과정은 대부분의 불교 명상수행에서 공통되는 뚜렷한 측면이다. 고강도의 명상수행은 보통 집중수행으로 시작된다.(Mahasi, 1965, 1972) 마음의 안정성이 충분히 확보되면 새로운 알아차림의 대상이 점차로 드러난다. 알아차림은 감각, 소리, 생각, 이미지, 감정적 반응으로 확장되지만 주의는 거기에 대해 어떤 선택을 하지 않고 알아차림 가운데 우세한 것으로 향한다. 이 과정은 프로이트가 주의를 제한하고 초점을 맞추는 최면을 강조하다가 자유연상과 고르게 떠 있는 주의로 옮겨간 것과 유사하다.

지금까지의 논의에서 중요한 것은 그런 상태가 존재하는 것에 대한 입증이 아니라 모든 정신 현상에 그런 주의 방식이 적용될 수 있고, 거기에는 의식적인 생각이나 목표 지향적인 생각, 문제 해결 또는 산만한 생각까지 포함된다는 점이다. 집중수행이 의식적인 사고의 상태와 정반대에 놓이는 몽상, 무아지경, 이완, 초점이 없는 상태를 아주 잘 불러일으킬 수 있는 반면, 통찰수행은 정신적인 내용의 전 영역에 고르게 지속적으로 적용되는 알아차림의 상태를 만들어내기 위해 특별히 고안되었다. 프로이트의 고르게 떠 있는 주의를 집중수행의 수동적 알아차림과 동일시하는 것은 프로이트의 의도를 정확히 이해하는 것이 아니다. 그렇게 동일시하게 되면 해석을 만들어내기 위해 원 자료를 처리하고 분석하는 어떤 수단이 필요하게 된다. 즉 프로이트의 주의가 단지 수동적인 듣기로만 이해되면 다른 주의 방식이 상정되어야 하기 때문이다.

바르게 이해하고 연습한다면, 고르게 떠 있는 주의는 적극적이고 논리적인 사고나 산만한 사고를 불가능하게 하지 않는다.

불교의 통찰수행에서와 마찬가지로 그것은 그러한 사고를 허용하고, 그러한 사고를 방해하려고 애쓰지 않으며, 오히려 그러한 사고에 세심한 주의를 기울인다. 하지만 그것은 논리적인 사고와 신중한 관계를 맺으면서 논리적 사고를 촉진한다. 그러한 정신적인 노력을 진리에 대해 정보를 제공해 줄 수 있는 또 다른 현상이라고 보는 것이다. 논리적 사고는 집착 없는 알아차림으로 관찰력을 증진시키는 해석의 실제적인 기제이다. 따라서 생각과 생각하는 사람을 동일시하거나 해석과 해석이론가를 동일시하는 대신에, 분석가는 한 단계 떨어져 있도록 훈련받는다. 그런 입장에 서게 되면 역전이 반응을 알아차리는 명백한 이점이 있다.(Little, 1951; Kernberg, 1965; Sandler, Dare, and Holder, 1973; Sandler, 1976; King, 1978) 그리고 분석가 자신의 자아가 원하는 대로 이끌려서 나오는 미성숙하거나 부적절한 해석을 분별하는 이점도 있다.

전통적인 불교심리학은 이러한 마음 상태에 대해 상세하게 설명할 뿐만 아니라 이런 식으로 주의를 기울이는 능력이 발전하는 단계 전반에 대한 개요를 보여준다. 프로이트가 그려낸 단계는 불교에서 말하는 "근접삼매(access concentration)"와 아주 밀접하게 일치한다. 이는 통제된 훈련을 필요로 하는 것이지만 노력을 기울이는 수행자의 단계를 넘어서 있는 것은 아니어서 본질적으로 '고급 초심자'의 단계이다. 이 단계에서는,

어떤 생각이나 감각도 불청객으로 간주되지는 않는다. 오히려 마음에 떠도는 이것을 약간 떨어져서 사심 없이 관찰한다. 보통의 사고나 몽상과 달리 그 정신적 내용에 빠져들어서는 안 되며 관찰자의 관점을 유지해야 한다. 생각으로 인해서 명상수행자가 이를 놓치면 호흡에 주의를 집중하여 생각이나 이미지, 감정 등을 따라가는 사심 없는 관찰자의 관점을 회복해야 한다. 결국 명상수행자는 생각이나 이미지의 내용을 알게 될 뿐만 아니라 생각이 모이고 흩어지는 패턴이나 습관을 알아채기 시작한다.(Kutz, Borysenko, and Benson, 1985, p.3)

반복된 명상은 이완상태를 만들어낼 뿐만 아니라(Wallace, Benson, and Wilson, 1971; Benson, 1975; Shapiro, 1982) 어떤 특정 수행은 주의 능력을 향상시킨다는 점이 많은 연구에서 증명되었다.(Hirai, 1974; Davidson, Goleman, and Schwartz, 1976; Brown, Forte, and Dysart, 1984a, b) 또한 불교심리학 이론의 단계모형의 타당성 또한 입증되었다.(Brown and Engler, 1980) 불교 자료들에 의하면 필요한 훈련을 기꺼이 받으려고 하는 사람이라면 적어도 프로이트가 설명한 마음의 상태 정도에는 도달할 수 있다. 프로이트의 자유연상 방법(Fromm, 1960; Engler, 1983; Kutz et al., 1984)과 분석적 주의 방법(Schachtel, 1969; Green, 1973; King, 1978; Speeth, 1982; Epstein, 1984; Parsons, 1984) 두 가지와 주의통제에 관련된 동양적 방법 간의 유사성은 여러 학자들에 의해

지적되어 왔다. 프로이트가 처음에는 최면에 관심을 가졌고, 훈련된 자기 관찰을 하는 경향이 있었으며, 자유연상의 방법에 의지했다는 사실을 고려하면, 그가 불교적 방식을 환기시키는 주의에 관한 최적의 입장에 도달했다는 사실이 그리 놀랍지 않다.

3. 프로이트로의 회귀

주의에 관한 분석을 다루는 주요한 정신분석관련 문헌들에서 보이는 결정적 오류는 프로이트의 고르게 떠 있는 주의가 지적 활동이나 합리적 사고를 모두 포괄하고 있다는 사실을 보지 못하는 데 있다. 프로이트의 관점이 비체계적인 '체험하기'와 동일한 것으로 여겨지면서, 거기서 누락되어 있다고 생각되는 합리적 정교성을 회복시키기 위해 주의 진동이 필요하다는 것을 상정할 필요가 있게 되었다. 이러한 필요성은 적어도 '두 가지' 우선적인 목표를 수립하는 효과를 가져왔다. 하나는 자유롭게 들을 수 있도록 하는 것이며, 또 하나는 분석 자료를 인지적으로 재구성하는 것이다.(Freedman, 1983) 하지만 적을 찾아 수색하며 회전하는, 라이크(1937)가 말한 탐조등을 떠올리기보다 프로이트가 말한 '글라히슈벤트(gleichschwebend, 고르게 떠 있는 것)'가 존재의 양 극단 사이에 있는 모든 것을 고르게 포괄한다는 점에서 진자(pendulum)를 더 잘 함축한다. 고르게 떠 있는 주의는 말 그 자체로는 진자운동을 뜻하지 않는다. 그것은 진자운동을 포함하면서 대체하는 상태이다.

고르게 떠 있는 주의는 정확하게 적용하기만 하면, 의식적인 사고를 막지 않으며 단지 의식적인 사고로부터 보호할 뿐이다. 이런 식으로 주의를 기울일 때 피분석자의 자료, 분석가의 육체적·정신적·감정적 반응, 분석가의 연상은 표현되어야 하고, 실제로 표현 '모두가' 똑같은 공평한 주의를 받으면서 주목받는다. 분석가는 '마음에 특별한 어떤 것'도 가지려고 애쓸 필요가 없다. 적절한 것이 있다면 그것이 저절로 마음에 계속 떠오를 것이기 때문이다. 분석가는 정확한 반응을 해야 한다는 압박감에서가 아니라 선견지명이 있는 정보를 명확하게 알아차림으로써 언제 해석을 해야 할지를 알게 된다.

프로이트는 우선 어떻게 하지 말아야 하는지를 지시한다. 끊임없이 일어나는 산만한 생각의 영향을 줄이려는 노력 없이는 고르게 떠 있는 주의를 유지할 수 없는 것이 사실이다. 하지만 한 번 그러한 상태에 도달하는 데 성공하게 되면 이성적인 숙고는 많은 주의 대상 중의 하나가 된다. 이성적인 해석을 하는 것은 분석가와 피분석가가 서로 무의식적 갈등을 주고받으며 소통하는 과정을 통해 도달하게 되는 최종목표일 뿐이다.(Deutsch, 1926) 프로이트라는 천재가 만든 방법은, 하나의 마음상태가 분석가의 주의에 끼어드는 수많은 방해물을 최대한 제거하는 것이 가능하다는 것이다. 그러한 방해물, 목표, 기대, 역전이에 의한 편견 그리고 해석 후의 미성숙한 파악 등은 무의식을 지각하는 데 필요한 "모성적 능력(Chasseguet-Smirgel, 1984)"을 모호하게 만든다. 분석가 자신의 심리 심층에서 선행된 경험만이 해석에서 충분한 힘을 발휘하도록 해줄 수 있다.

고르게 떠 있는 주의에 대한 신뢰가 상실되는 것은 정신분석의 가장 잠재력 있는 도구 하나를 박탈당하는 것이다. 그런 주의가 해석을 불가능하게 하고 위축시키는 것이라고 생각함으로써 신뢰가 상실되는 것은 안타까운 일이다. 분석가의 의식적인 지적 활동을 위한 특정한 구체적인 주의 방식을 상정할 필요는 없다. 고르게 떠 있는 주의의 상태가 적절하다면 그러한 지적 활동이 거기서도 일어날 수 있다. 이 주의는 단지 수동적이고 수용적이고 공감적인 듣기에 그치는 것이 아니다. 그것은 약간의 거리를 두되 몰입된 관심과 적극성을 가지고 정밀하게 검토하면서, 모든 현상을 동등하고 비편향적이며 감정에 치우치지 않게 배려하는 수단이다. 이를 통해 어떤 생각이나 충동이 완전히 드러나게 허용하면서 행동 이전에 발생하는 모든 반향에 주목한다.

이런 주의는 분석가 자신에게는 물론이고 피분석자에게도 적용된다는 것이 핵심이다. 그렇지 않을 경우 분석가는 프로이트 (1912)에 의하면, 분석 방법의 "이점의 대부분을 내다 버리는 것"이 된다. 이런 주의가 실현가능하다는 사실은 프로이트가 든 예를 통해서도 명백하다. 프로이트의 개념이 애매모호하다거나 그의 권고가 실행하기에 어렵다고 생각하는 사람은 불교에서도 동일한 상태를 설명하고 있다는 것을 알게 되면 한결 안심이 되면서 영감을 받을 수도 있을 것이다. 그러한 주의가 해석을 명확히 하는 데 필요한 정신적 활동도 만들어준다는 사실을 모르기 때문에, 프로이트의 권고를 거부하는 사람은 프로이트가 그렇게까지 핵심적이라고 생각한 상태에 대한 본질을 오해한 것이다.

참고문헌

Benson, H.(1975), *The Relaxation Response*, New York: Morrow.

Benson, H., Arns, P. A., & Hoffman, J. W.(1981), "The relaxation response and hypnosis", *International Journal of Clinical and Experimental Hypnosis*, 29, pp.259-270.

Beres, D., & Arlow, J. A.(1974), "Fantasy and identification in empathy", *Psychoanalytic Quarterly*, 43, pp.26-50.

Bion, W. R.(1970), *Attention and Interpretation*, London: Tavistock.

Brown, D. P., & Engler, J.(1980), "The stages of mindfulness meditation: A validation study", *Journal of Transpersonal Psychology*, 12, pp.143-192.

Brown, D., Forte, M., & Dysart, M.(1984a), "Differences in visual sensitivity among mindfulness meditators and non-meditators", *Perceptual Motor Skills*, 58, pp.727-733.

Brown, D., Forte, M., & Dysart, M.(1984b), "Visual sensitivity and mindfulness meditation", *Perceptual Motor Skills*, 58, pp.775-784.

Chasseguet-Smirgel, J.(1984), "The femininity of the analyst in professional practice", *International Journal of Psycho-Analysis*, 65, pp.169-178.

Davidson, R. J., & Goleman, D. J.(1977), "The role of attention in meditation and hypnosis: A psychobiological perspective on transformations of consciousness", *International Journal of Clinical and Experimental Hypnosis*, 25, pp.291-308.

Davidson, R. J., Goleman, D. J., & Schwartz, G. E.(1976), "Attentional and affective concomitants of meditation: A cross-sectional study", *Journal of Abnormal Psychology*, 85, pp.235-238.

Deutsch, H.(1926), "Occult processes occurring during psychoanalysis", In *Psychoanalysis and the Occult*, ed. G. Devereux, New York: International Universities Press, 1953, pp.133-146.

Engler, J. H.(1983), "Vicissitudes of the self according to psychoanalysis and Buddhism: A spectrum model of object relations development", *Psychoanalysis and Contemporary Thought*, 6(1), pp.29-72.

Epstein, M.(1984), "On the neglect of evenly suspended attention", *Journal of Transpersonal Psychology*, 16, pp.193-205.

Fenichel, O.(1938), *Problems of Psychoanalytic Technique*, New York: Psychoanalytic Quarterly, 1941.

Ferenczi, S.(1919), "On the technique of psycho-analysis", In *Further Contributions to the Theory and Technique of Psycho-Analysis*, ed. J. Rickman, London: Hogarth Press, 1926, pp.177-189.

Ferenczi, S.(1923), "Attention during the narration of dreams", In *Further Contributions to the Theory and Technique of Psycho-Analysis*, London: Hogarth Press, 1926, p.238.

Ferenczi, S.(1928), "The elasticity of psycho-analytic technique", In *Final Contributions to the Problems and Methods of Psycho-Analysis*, ed. M. Balint, New York: Basic Books, 1955, pp.87-101.

Fliess, R.(1942), "The metapsychology of the analyst", *Psychoanalytic Quarterly*, 11, pp.211-227.

Freedman, N.(1983), "On psychoanalytic listening: The construction, paralysis, and reconstruction of meaning", *Psychoanalysis and Contemporary Thought*, 6(3), pp.405-434.

Freud, E. L.(1960), *Letters of Sigmund Freud*, New York: Basic Books.

Freud, S.(1900), "The Interpretation of Dreams", *Standard Edition*, 4 & 5, London: Hogarth Press, 1955.

Freud, S.(1909), "Analysis of a phobia in a five-year-old boy", *Standard Edition*, 10, London: Hogarth Press, 1955.

Freud, S.(1912), "Recommendations to physicians practicing psycho analysis", *Standard Edition*, 12, London: Hogarth Press, 1955.

Freud, S.(1923), "Two encyclopedia articles", *Standard Edition*, 18, London: Hogarth Press, 1955.

Fromm, E.(1960), "Psychoanalysis and Zen Buddhism", In *Zen Buddhism and Psychoanalysis*, ed. D. T. Suzuki, E. Fromm, & R. DeMartino, New York: Harper, pp.77-95.

Goleman, D.(1977), *The Varieties of the Meditative Experience*, New York: Dutton.

Goleman, D. & Epstein, M.(1983), "Meditation and well-being: An Eastern model of psychological health", In *Beyond Health and Normality*, ed. R. Walsh & D. H. Shapiro, New York: Van Nostrand Reinhold, pp.228-252.

Gray, P.(1973), "Psychoanalytic technique and the ego's capacity for viewing intrapsychic activity", *Journal of the American Psychoanalytic Association*, 21, pp.474-494.

Green, A.(1973), "On negative capability", *International Journal of Psycho-Analysis*, 54, pp.115-119.

Greenson, R. R.(1967), *The Technique and Practice of Psychoanalysis*, Vol. 1, New York: International Universities Press.

Hirai, T.(1974), *Psychophysiology of Zen*, Tokyo: Igaku Shoin.

Isaacs, S.(1939), "Criteria for interpretation", *International Journal of Psycho-Analysis*, 20, pp.148-160.

Kernberg, O.(1965), "Notes on counter-transference", *Journal of the American Psychoanalytic Association*, 13, pp.38-56.

King, P.(1978), "Affective responses of the analyst to the patient's communications", *International Journal of Psycho-Analysis*, 59, pp.329-334.

Kohut, H.(1971), *The Analysis of the Self*, New York: International Universities Press.

Kohut, H.(1977), *The Restoration of the Self*, New York: International Universities Press.

Kutz, I., Borysenko, J. Z., & Benson, H.(1985), "Meditation and psycho therapy: A rationale for the integration of dynamic psychotherapy, the relaxation response, and mindfulness meditation", *American Journal of Psychiatry*, 142, pp.1-8.

Langs, R.(1982), *Psychotherapy: A Basic Text*, New York: Aronson.

Lichtenberg, J. D., & Slap, J. W.(1977), "Comments on the general functioning of the analyst in the psychoanalytic situation", *Annual of Psychoanalysis*, 5, pp.295-314.

Little, M.(1951), "Counter-transference and the patient's response to it", *International Journal of Psycho-Analysis*, 32, pp.32-40.

Mahasi Sayadaw(1965), *The Progress of Insight*, Kandy, Sri Lanka: Forest Hermitage.

Mahasi Sayadaw(1972), *Practical Insight Meditation*, San Francisco: Unity Press.

McLaughlin, J. T.(1975), "The sleepy analyst: Some observations on states of consciousness in the analyst at work", *Journal of the American Psychoanalytic Association*, 23, pp.363-382.

Narada Thera(1956), *A Manual of Abhidhamma*, Vols. 1 & 2, Colombo, Ceylon: Vajirarama.

Nyanamoli, B.(1976), *Visuddhimagga: The Path of Purification by Buddhaghosa*, 2 vols., Boulder, CO: Shambhala.

Nyanaponika Thera(1962), *The Heart of Buddhist Meditation*, New York: Weiser.

Parsons, M.(1984), "Psychoanalysis as vocation and martial art", *International Review of Psycho-Analysis*, 11, pp.453-462.

Reich, A.(1950), "On counter-transference", *International Journal of Psycho-Analysis*, 32, pp.25-31.

Reich, A.(1966), "Empathy and counter-transference", In *Psychoanalytic Contributions*, New York: International Universities Press, 1973, pp.344-368.

Reik, T.(1933), "New ways in psycho-analytic technique", *International Journal of Psycho-Analysis*, 14, pp.321-334.

Reik, T.(1937), *Surprise and the Psycho-Analyst*, New York: Dutton.

Reik, T.(1948), *Listening with the Third Ear*, New York: Farrar Straus.

Sandler, J.(1976), "Countertransference and role-responsiveness", *International Review of Psycho-Analysis*, 3, pp.43-47.

Sandler, J., Dare, C., & Holder, A.(1973), *The Patient and the Analyst: The Basis of the Psychoanalytic Process*, New York: International Universities Press.

Schachtel, E. G.(1969), "On attention, selective inattention and experience", *Bulletin of the Menninger Clinic*, 33(2), pp.65-91.

Schafer, R.(1983), *The Analytic Attitude*, New York: Basic Books.

Schwaber, E.(1983), "Psychoanalytic listening and psychic reality", *International Review of Psycho-Analysis*, 10, pp.379-392.

Shapiro, D. H.(1982), "Overview: Clinical and physiological comparison of meditation with other self-control strategies", *American Journal of Psychiatry*, 139, pp.267-274.

Sharpe, E. F.(1930), *Collected Papers on Psycho-analysis*, London: Hogarth Press, 1950.

Speeth, K. R.(1982), "On psychotherapeutic attention", *Journal of Transpersonal Psychology*, 14, pp.141-160.

Wallace, R. K., Benson, H., Wilson, A. F.(1971), "A wakeful hypometabolic state", *American Journal of Physiology*, 221, pp.795-799.

제6장

대양적 느낌을 넘어서

– 불교명상에 대한 정신분석적 연구(1990) –

불교는 세계의 종교 중에서 가장 심리학적이라고 인식되어 왔
다.(Schnier, 1957) 그러나 불교의 실제 수행을 특징짓는 명상
적 상태에 관한 정신분석적인 연구는 극히 제한적이었다.(Shafii,
1973) 종교 경험에 관한 프로이트의 개인적 연구는 동양의 종
교 경험을 아우를 만큼 광범위하지는 않다.(Jones, 1957, p.351)
프로이트의 개인적인 차원의 연구조차 프랑스 시인이자 작가이
면서 힌두교 스승인 비베카난다(Vivekananda)와 라마크리슈나
(Ramakrishna)의 제자였던 로맹 롤랑(Romain Rolland)과 13년간
에 걸쳐 주고받은 서신교환을 통해 영향 받은 정도일 뿐이다. 이
들의 서신교환은 최근 몇 년에 걸쳐 철저하게 다시 연구되었는
데,(Hanly & Masson, 1976; Masson &Masson, 1978; Masson, 1980;
Werman, 1977, 1986; Harrison, 1966, 1979) 롤랑의 관심은 프로

이트가 정신분석적 관점에서 명상경험을 연구해 보도록 하는 데에 있었고, 프로이트는 그에 촉발되었던 것 같다. 하지만 프로이트는 그 프로젝트에 대해 다소 양가적이었던 것 같다.(Harrison, 1979) 1930년에 프로이트는 편지에 이렇게 썼다. "그리스인의 균형에 대한 사랑, 유대인의 냉철함 그리고 속물적인 소심함 등이 불확실하게 뒤엉켜서 지금까지 내가 멀리했던 인도의 정글로 침투하려면 당신의 안내를 따라야겠군요. 좀 더 일찍 연구했더라면 하는 마음입니다. 이 땅의 식물이 나에게 낯선 것이 되어서는 안 되니까요. 어느 정도 깊이까지는 뿌리를 파보았습니다. 하지만 사람의 본성의 한계를 넘어서기란 쉽지 않은 거지요."(E. Freud, 1960)

1. 결합

힌두 명상에 대한 롤랑의 묘사는 프로이트가 "대양적 느낌"에 대한 유명한 분석을 내놓을 수 있도록 영감을 주었다. 그것은 "무한한 자기애의 복원"과 "유아기 무력감의 부활"을 추구하는 "무한"하고 "속박되지 않은", "우주와 하나된" 자아의 느낌이다.(Freud, 1930) 이것은 힌두교 또는 불교의 명상수행을 설명하려는 프로이트의 유일한 시도였다. 명상 대상과의 융합을 다루는 기법에 대해서는 약간의 진실을 얻었으나, 불교의 가장 독특한 탐구적 또는 분석적 수행에 대해서는 고려하지 않았다. 하지만 놀라운 것은 정신분석의 역사를 통틀어 프로이트의 이론 이전에도, 이후에도 명상을 프로이트가 묘사한 것과 상당히 유사한 방식으로 설명했다는 점이다. 사실상 정신분석학계에서는 유아가 엄마와의 전언어적, 공생적 결합이나 퇴행적인 합일을 경험하는(Fingarette, 1958; Shafii, 1973; Horton, 1974; Ross, 1975) 것과 명상을 동일시하는 것이 틀렸다고 말하는 사람은 거의 없다. 이러한 이론적 모델을 유지한 채, 가장 최근의 정신분석적 이해라고 할 만한 것은 이러한 명상의 경험이 현실에서의 방어적 도피나 순수한 퇴행이라기보다는 성인으로서의 적응적인 경험으로 해석될 수 있는지 여부에 초점이 모아지고 있다.(Horton, 1973, 1974, 1984; Meissner, 1984; Werman, 1986) 명상 상태에 대해 정신분석적으로 기꺼이 검토해 보려는 마음이 없어서 이러한 제한된 관점을 갖게 된 것은 아니다. 그보다는 오히려 기본적으로 불교명상이 실제로 무엇에 대한 것인지 잘 알지 못하기 때문이다.

불교명상은 실제로 두 가지의 탁월한 주의 전략을 가지고 있다.(Goleman, 1977) 첫째는 단일 대상에 대해 집중하는 것이고, 둘째는 변화하는 모든 지각 대상을 매 순간 알아차리는 것이다. 집중수행은 호흡이나 소리 등의 단일한 대상에 마음이 차분하게 장시간 머물 수 있는 능력을 중시한다. 주의를 제한시키는 이러한 수행들은 예비적인 것이지만 무아지경 또는 몰입의 경지로 발전할 수도 있다. 그것들은 항상 이완, 즐거운 느낌과 합쳐지고,

"이완반응"(Benson, 1975)이라고 부르는 대사저하증적인 정신생리학적 상태의 토대이며, 프로이트가 대양적 느낌이라고 묘사한 상태로 직접적으로 이끈다. 그것들은 또한 최면 유도와 관련 있으며,(Davidson & Goleman, 1977; Benson et al., 1981) 엄밀한 의미에서, 사실 프로이트에게는 굉장히 친숙한 주의 전략을 의미하는 것이기도 하다.

그러나 불교의 독특한 주의 전략은 마음챙김으로서, 알아차림의 영역 내에서 일어났다가 사라지는 생각·느낌·이미지 또는 감각에 매 순간 주의를 기울이는 것이다. 마음챙김은 "연속적으로 지각하는 순간순간에, 우리에게 그리고 우리 안에서 실제로 일어나는 것들에 대해 명료하면서도 집중된 알아차림"(Nyanaponika, 1962)으로 끝없이 변하는 몸과 마음의 자연적인 과정을 통찰하라고 격려한다. 집중수행은 이러한 종류의 탐험을 할 수 있도록 안정된 마음을 제공하기에 충분하다. 하지만 불교의 독특한 수행법이면서 정신역동적인 관점에서 아직 탐구되고 있지 않은 자아의 본성을 심리학적으로 통찰해 보도록 관심을 촉발시키는 것은 마음챙김 수행이다.

왜냐하면 몇 가지 중요한 예외를 빼고는, 정신분석가들은 그러한 상태를 이해하려고 시도는 했으나 다른 신비적인 접근법과 불교의 접근법을 구별한 적이 결코 없기 때문이다. 오직 집중수행에만 초점을 맞춘 채 페렌찌(Ferenczi), 존스(Jones), 알렉산더(Alexander)와 프로이트에서 르윈(Lewin), 그런버거(Grunberger)

그리고 샤스귀에-스미젤(Chasseguet-Smirgel)에 이르기까지 정신분석가들은 신비적인 상태를 임신 중이나 또는 산후에 즉시 이루어지는 조화, 결합, 융합 또는 공생과 반복적으로 연결시켰다. 대양적 느낌에 대한 프로이트의 묘사는 이러한 이론들 중에서 아마도 가장 잘 알려진 것이다. 하지만 프로이트의 선언이 있기 전에도 그런 직접적인 임상적 상관관계에 대한 주장은 선언 이후만큼이나 강하였다.

그러한 비교를 위한 이론적인 기초 작업은 페렌찌(1913)에 의해서 이루어졌다. 「현실감의 발달 단계」라는 글에서 그는 유아기에 가진 다양한 느낌, 즉 거대하고 전능적이며, 통합된 주·객체 느낌에 대해 대략적으로 설명하였다. 「신에 대한 콤플렉스」라는 논문에서 존스(Jones, 1913)는 "거대한 자기애"(p.247)를 신과 완전히 동일시하는 "무의식적 환상"과 같다고 보았다. 존스(Jones, 1923)는 또한 신비적 황홀감이 자아와 자아 이상의 융합이라는 것을 처음으로 밝혔는데, 그것을 기독교, 힌두교 그리고 불교의 다양한 신비적 황홀감 속에서 자기애가 가장 초기적이고 무비판적인 형태로 퇴행하는 것이라고 묘사하였다. 슈뢰더(Schroeder, 1922)는 일체감, 무한함, 무(nothingness), 전능감 그리고 우주와 합일된 느낌을 출산 전의 정신적 성향으로 귀속시키면서 "임신 중의 결합"의 양상이 동양과 서양 둘 다의 신비적 경험에 대한 묘사와 명백히 같다고 보았다.

프로이트도 참석하기로 되어 있었던 1922년의 마지막 정신분석학회(Psychoanalytical Congress)에서 알렉산더(Alexander, 1931)는 고급 명상상태를 묘사한 불교적 서술에 대해 새롭게 이해한 분석 논문을 발표하였다. 하지만 그는 집중, 단지 집중수행을 강조한 단락만 선택해서 읽었다. "'이러한 상태에서 승려는 깊은 집중에서 나오는 기쁨과 즐거운 감정들로 모든 면에서 완전히 자신을 채우고 적시는 저수지와 같다. 그리하여 어떤 조그만 입자도 젖지 않은 채로 남아 있지 않는다.' … 어떠한 정신분석가도 이 문헌에서 말한 것보다 더 적합하게 자기애의 상태를 묘사할 수는 없다. … 그것은 우리가 다만 이론적으로 재구성하고 '자기애'라고 이름 붙일 수 있는 상태에 대한 묘사이다."(pp.133-134) 하지만 알렉산더 역시 불교심리학과 정신분석 간의 몇몇 근본적인 유사성을 인정한 첫 번째 사람이었다. 이것은 또한 한 세대 뒤의 분석가들인 카렌 호나이(Karen Horney)와 에리히 프롬(Erich Fromm, 1960)의 흥미를 불러일으켰다. 알렉산더는 자신이 연구한 문헌을 "형이상학적 숙고(p.134)의 산물이라기보다는 … 심리학적 자료"라고 했고, 명상을 자발적으로 퇴행 상태에 도달하게 하는 "정신기법(psychotechnique)"(p.138)이라고 불렀다. 그는 그 문헌의 내용이 본질적으로 심리학적인 성격이 있음을 알아차리면서 자신이 발견한 문헌의 정교함에 명백히 강한 인상을 받았다.

　나는 정신분석적 방법과 붓다의 교리가 놀랄 만한 유사성을 지닌다는 것을 다시 지적하지는 않을 것이다. 반복 대신 회상을 할 수 있도록 정서적인 저항과 자기애를 극복하는 것 … 이것은 프로이트와 붓다에게 공통된 신조이다. 정신적인 창조의 두 역사가 이렇게 놀랄 만큼 되풀이된다는 것을 과연 우연으로 간주할 수 있을까? 또한 두 창시자 모두 처음에는 최면을 시도했으나 얼마 지나지 않아 그것이 과학 이전의 것임을 발견했으며, 진정 중요하고도 어려운 일은 의식과의 연결을 정립하는 것이라는 결론에 공통적으로 도달했다는 것도 다만 우연이었다고 할 수 있을까?(Alexander, 1931, p.144)

마음챙김 수행 그 자체의 중요성을 유일하게 인정한 정신분석가는 1924년에 "조 톰 선(Joe Tom Sun)"이라는 필명으로 「초기 불교의 심리학(Psychology in primitive Buddhism)」이라는 제목의 글을 발표한 괌 출신의 조셉 톰슨(Joseph Thompson)이었다. 그는 명상과 자유연상 간의 유사성을 지적하면서 불교이론에서 나타나는 전이 현상에 주목하였다. 또한 그는 상급의 마음챙김과 통찰수행에서 보이는 자아 구조에 관한 불교적 관념을 묘사하기 시작하였다. 그러나 이러한 조사적 수행방법에 대해 더 진전된 연구가 이루어지지는 않았다. 명상에 대한 관심은 다시 한 번 집중수행에 배타적으로 모아졌다.

페던(Federn, 1928)은 탄생 이후부터 존재하는 초기의 자아에 대한 느낌을 묘사하면서 유아기적 상태의 초기 자기애 개념을 화장시켰다. 그가 묘사한 유아기 초기의 자아에 대한 느낌은 미분화된 상태로 존재하면서 세상을 다 에워싸는 것으로 경험을 하는데, 그가 "자아-우주적 자아"(p.307)라고 부른 것이다. 또한 이러한 초기 자기애는 어른의 상태에서는 "헌신과 황홀의 상태, 그중에서도 이른바 가장 높은 경지의 황홀경과 신비로운 합일에서만"(p.293) 경험할 수 있다고 주장하였다.

따라서 프로이트(1930)가 대양적 느낌을 말했을 당시에 비로소 신비경험을 집중수행 그리고 유아기의 자기애와 동일시하는 것이 확립되었다. 정신분석 문헌에서는 오직 톰슨의 글만이 그 이상의 연구가 진전될 수 있다는 가능성을 보여주었다. 20세기의 초기 몇 십 년간 후속 문헌들은 그 전제를 기본적으로 강화시키면서 아주 명료하게 논지를 전개시켰다. 마리 보나파르트(Marie Bonaparte, 1940)는 신비적 황홀감을 "우리의 어린 시절이나 꿈의 파라다이스"를 재창조하는 것이라고 묘사하였다. 반면에 르윈(Lewin, 1950)은 조증 환자들의 황홀한 경험뿐만 아니라 윌리엄 제임스(William James)가 묘사한 기독교 신비주의자의 황홀 체험을 분석하고 나서 "황홀한 기분은 젖먹이 때에 비언어적으로 경험했거나, 또는 그것에 대해 말로 표현할 수 없는 결합의 경험을 반복하거나 재경험하는 것이다."라고 결론지었다. 마음챙김 수행에 대해 잘 몰랐던 탓에 결과적으로 연구에 피해를 입은 이전 연구자들과 마찬가지로 그 역시 마음챙김 수행에 친숙하지 않음을 노출하면서, 르윈은 불교에서 열반을 이루고자 하는 목표를 천국에 이르고자 하는 기독교의 목표와 동일시하는 실수를 범하였다. 샤스귀에-스미젤(Chasseguet-Smirgel, 1975)은 프로이트의 자아 이상의 개념을, 성인기에도 개인이 통합하려고 추구하는 일차적 자기애가 구현되는 것이라는 점을 명확히 밝히면서, 자신이 명명한 "융합이 상실되기 이전의 엄마"와의 결합 상태를 촉진하는 신비적 수행만 주목하였다.

잃어버린 완벽한 상태에 대해 내면화된 이미지와 통합하고자 하는 갈망을 충족시키는 것이 명상이라고 전통적으로 이해해 온 것은 집중수행에 관해서라면 실제로 상당히 적절하다. 단일한 대상에 대해 주의를 모으게 하는 그러한 기법들은 만족감이나 조화로움에서부터 축복, 기쁨, 황홀감에 이르는 즐거운 느낌과 항상 연관되어 있다. 또한 그 기법들은 명상수행자의 마음에 안정된 힘을 주는 데 사용되고, 존재론적인 안정감과도 연관되어 있다. 이 느낌은 정말로 '대양적'이며, 이 상태에서의 역동은 자아와 자아 이상을 통합하려는 욕망이 충족되는 데서 오는 것이라고 표현할 수 있다.

2. 통찰

마음챙김 수행은 집중수행과 매우 다르며, 수행이 진전될수록 통찰에 이르게 하고 몰입에 머무는 마음의 평온함과는 상관없는 의식 상태에 이르게 한다. 자유연상과 고르게 떠 있는 주의

(Epstein, 1988a)처럼 마음챙김 수행은 매 순간의 변화(Engler, 1983)에 주의하기 위해 자아의 관찰력을 강화시키면서, 자아가 자신을 대상화시키도록 하고 심리적인 자아의 분열을 조성한다. 기능적으로는(Stolorow, 1975; Rothstein, 1981) 마음챙김이 발달하면 자아의 종합능력(Epstein, 1988b)도 발달하는데, 그것은 "더욱더 복잡한 수준의 분화와 현실의 객관화"(Loewald, 1951, p.376)에서 응집을 유지시킨다. 마음챙김의 이러한 종합적 기능은 자네(Janet)의 "현재화하기" 개념을 떠올리게 하는데, 그것은 "현재 순간에 있는 마음 형성"에 주의를 기울일 수 있는 능력으로서 실재를 "최대한"(Ellenberger, 1970, p.376) 파악할 수 있게 한다. 그러한 역량은 자아가 "자기로부터 점점 떠나는 것처럼 보이는 것을 통합하고 종합하며, 자기와는 점점 더 상관없는 부분들로 나뉘게 한다."(Loewald, 1951, p.14) 전통적인 불교심리학 경전은 마음챙김 수행 과정에 겪는 그러한 종류의 경험들에 대해 상세히 다루고 있다.

자아의 경계들을 통합하도록 촉진하는 것이 집중수행의 특징이라면, 마음챙김 수행은 자아 자체의 '내부'에서 발전이 일어나게 한다. 이를 위해 매 순간의 의식을 철저하고도 끈질기게 조사하도록 권장한다. 그렇게 되면 지각의 수준이 점점 더 정교해지면서 궁극적으로 모든 경험이 무상한 것임을 알아차리게 된다.

정신분석의 시작 단계에서 그런 것처럼 마음챙김의 예비수행에서는 자신에 대한 발견이 많이 이루어진다. 즉 무의식의 재료가 많이 나타나는데, 여기서 명상수행자의 주요 임무는 "내면 경험의 흐름에 적응하는 것"(Brown & Engler, 1986, p.195)이다. 이러한 적응은 다소 숙달된 명상수행자에게 실시한 로샤(Rorschach) 검사 결과 "생산성의 증가와 정교한 연관성들의 풍부함"(p.180)을 만들어내는 것으로 나타났다. 하지만 명상이 진전됨에 따라 근본적인 전환이 일어난다. 심리내적 내용에 집중하던 것에서 심리내적 과정에만 철저히 집중하게 되는 것이다. 따라서 생각이 일어날 때는 구체적인 생각의 내용보다 오히려 생각의 포괄적인 과정에 주목한다. 즉 생각의 비본질성, 무상함, 그리고 '생각하는 자'와 명상하는 자를 동일시하는 태도를 살피는 데에 역점을 둔다.

그래서 불교명상은 정신분석이 동양적으로 약간 변이된 것이 아니다. 방법 중의 일부는 상당한 유사성을 가지고 있지만 일단 주의를 기울이는 방법이 충분히 발달되면 무의식적 내용에서부터 거침없는 변화가 있다. 자유연상 작업은 무의식적 갈등을 찾아내고, 오이디푸스 콤플렉스와 같은 정신내적인 것들을 위치 짓는 반면, 마음챙김 수행은 무의식적 재료들을 밝히기는 하지만 자아관념을 만들어내는 생각, 느낌, 동일시의 덧없는 본질을 통찰하는 한에서만 '분석'한다. 내용에 대해서는 의도적으로 강조하지 않기 때문에 불교명상에서 통찰은 욕구의 파생물이나 저항과는 별로 관련이 없고, 내면세계의 실제 표상적인 본질을 밝히는 것과 훨씬 더 관련된다.

불교명상이 이러한 형식으로 주목하고 최종적인 표적으로 삼는 것은 오로지 명상수행자 내부의 '나' 관념이다. 고급의 "통찰" 수행에서는 "본래적 존재감"(Hopkins, 1984, p.141)이나 "지속적인"(Nyanaponika, 1962, p.212) 인격에 대한 믿음, 그리고 주관적으로 경험되기 때문에 독립적이고 본질적이며, 영원하다고 믿는 "자기충족적인 실체"(Gyatso, 1984, p.163) 이미지에 반복적으로 주의를 집중한다. 그 목표는 자아에 대한 거부나 부정이 아니고, 미분화된 통합이나 결합 상태도 아니다. 그보다는 오히려 마음챙김을 길러서 발달한 자아의 종합 능력을 통해 정신역동에서 "행위자로서의 자아표상"(Rothstein, 1981)이라고 일컫는 것을 명백하게 밝히는 것이다. 나라는 관념을 떨치는 것이 목표가 아니다. 나라는 관념은 여전히 필요하며 유용한 개념이다. 행위자인 자아표상이 하나의 '표상'임을 밝히는 것이 목표이다. 즉 '본래적' 존재를 결여한 이미지나 모사라는 것을 밝히기 위해서다.

3. 자아에 대한 잘못된 생각

본래적 존재라는 개념을 파악하는 것은 불교명상을 올바르게 평가하는 데 매우 중요하다. 정신분석학에서는 자아표상을 "주체의 웰빙과 생존을 추구하고 보장하기 위해서 활동하는 것"으로 이해한다. 주체로서 표상되는 자기애의 핵심은 "이상적 자아"라는 말로 가장 잘 표현될 수 있다.(p.440) 이러한 이상적 자아는 "자아는 자기에게 완벽한 상태가 주어졌다고 믿는 한에서 자아이다. 그것은 비록 현실에서는 환상일지라도 긍정적인 상태를 나타낸다. 사실상 이상적 자아는 이상화에 의해서 왜곡된 자아 이미지이지만, 자아 그 자체보다도 더욱 사실적인 것으로 경험될 수 있다."(Hanly, 1984, p.253) 이것은 자아에 대한 이상화된 이미지와 동일시하려는 경향성이다. 이상화된 이미지를 라깡(Lacan, 1966, p.5)은 "상상의 나"(Morris, 1988, p.199)라고 부르는데, 이는 불교에서 비판하는 본래적인 존재에 대한 믿음을 구성한다.

요점을 말하자면, 사실상 있는 그대로의 자아를 경험하는 것은 고정된 실체가 아닌 현상학적이고 표상적인 자아를 경험하는 것이다. 명상수행자는 더 이상 이상적 자아의 "족쇄가 채워진 포로"(p.200)가 아니라, 자신과 타인에 대한 내면화된 이미지들에서 자아관념이 구성되는 방식을 깨닫는다. 그것은 현대의 대상관계이론과 일치한다.(Jacobson, 1964) "그는 자기의 자아가 존재하지 않음을 본다. 그는 자기의 자아도 남의 자아의 소유물이 아니란 것을 본다. 그는 다른 이의 자아가 존재하지 않음을 본다. 그는 다른 이를 보고는 그 사람도 자기 자아를 소유한 게 아니란 것을 본다. … 그래서 겨우 이런 무더기로 모여 있는 형성물은 … 자아나 자아에 대한 소유가 없는 것으로 보인다."(Buddhaghosa, 1976, p.763)

이것은 불교의 '무아(anattā, no-soul, no-self)' 교리의 정수이

며, 자아라고 보이는 것은 대개가 "잘못 상상한"(Hopkins, 1987, p.56) 것이고, 본래적인 존재는 없다는 것이다. 통찰수행에서 인정하는 목표는 관습적으로 경험되는 자아가 사실상 비실체적임을 폭로하면서 "견고함의 환상을 떨쳐내기"(Buddhaghosa, 1976; Engler, 1983)이다. 게다가 이러한 인식은 자아상실이나 또는 자아 경계가 용해되는 것과 혼동하지 않아야 한다. "무아 (selflessness)는 과거에는 존재했는데 이제는 존재하지 않는 어떠한 것이 아니다. 오히려 이러한 종류의 '자아'는 결코 존재한 적이 없는 어떤 것이다. 한 번도 존재한 적이 없었던 것을 존재하지 않는 것으로 아는 것이 필요하다."(Gyatso, 1984, p.40). 이것을 깨닫게 되면 안도감을 경험할 수 있다. 불교경전이 우리에게 확실하게 말해주는 것은 이러한 사실이며, 이는 불교의 심리학적이고 철학적인 사유의 기반을 형성하고 있다.

따라서 불교의 통찰명상이 표적으로 삼는 자기애를 간직하고 있는 것은 자아 이상이라기보다는 이상적 자아이다. 불교에서 "본래적 존재"라고 부르는 것을 구성하는 주관적 느낌, 즉 견고함·영원함·불멸의 느낌 등을 갖게 만드는 것은 이상적 자아로서, 그것은 가장 뿌리깊이 박혀 있는 자아 이미지에 스며들어 있다. 하나에 집중하고, 자아 경계가 용해되며, 일차 대상과의 융합 경험을 만들어내는 명상수행은 자아와 그 자아가 되고 싶어 하는 것과의 결합 욕망을 충족시킨다. 전통적인 불교심리학은 한편으로는 그러한 경험이 주는 안정적인 영향을 인정하지만, 오로지 그러한 상태만 추구하는 것은 거부한다. 그 대신 굉장히 다른 주의 전략인 마음챙김 수행을 선택한다. 마음챙김 수행의 궁극적인 목적은 가장 깊이 간직하고 있는 자아 이미지들과 대면하는 것으로, 이러한 대면은 대양적인 것보다 훨씬 더 놀랄 만한 것일 수 있다.(Epstein, 1986)

4. 정신역동

불교수행은 표상 과정을 밝히는 것에 굉장히 역점을 두는 반면, 심리내적 갈등 해소에는 직접적인 노력을 덜 기울인다. 불교의 통찰수행을 경험한 피험자들이 로샤 검사에서 내면적 갈등의 감소를 보이지는 않았으나, 다만 "그러한 갈등경험에서 현저한 비방어성"을 뚜렷하게 보였다는 점은 마음챙김 수행이 자아의 종합 능력을 강화시킨다는 견해와 일치한다.(Brown & Engler, 1986, p.189) 사실상, 이러한 수행에서 심리내적 갈등을 해소할 수 있는 방법은 없다. 숙련된 명상수행자에게 변화가 일어나는 것은 "갈등의 정도나 본질이 아니라 갈등에 대한 알아차림과 그에 대한 반응성이다."(p.210) 그러므로 리비도적이거나 공격적인 욕구를 "다만 생각이나 느낌"이라고 묵살하면서 수행을 방어적으로 사용할 가능성이 높다.(Epstein & Lieff, 1981) 정신역동 작업을 하는 임상가들과 정신역동 작업과 명상수행을 함께 하는 임상가들에게 이것은 경계하지 않으면 안 될 취약한 부분이다.

이들에게는 종종 그러한 부수적인 현상에 대한 미묘한 반감이 있을 수 있는데, 이것은 비판단적인 명상적 관점과 일치하는 것이 아니라, 오히려 명상적 관점을 방어적으로 쉽게 끌어다 쓰는 것이다.

불교명상의 통찰을 방어적으로 사용하지 않을 때는, 자아가 현재 경험하고 있는 것을 알려줌으로써 정신역동 작업을 보충할 수 있다. 이러한 통찰은 한편으로는 관습적인 나 또는 자아관념의 유용성을 보존하면서 그러한 개념에 '궁극적인' 실재를 부여하려는 경향성을 공격한다. 표상적 과정을 직접적인 경험 속으로 가져오면서, 불교수행은 대상관계이론의 측면을 확인시켜 주고 그러한 이론이 경험 수준에서 통합될 수 있음을 주장한다. 밝혀진 '나'는 처음부터 내재적으로 존재한 적이 없었다는 주장 때문에 그러한 통찰은 전통적으로 패러독스 또는 유머를 통해 전달되어 왔다.

전형적인 선禪의 경전에서는 "사물은 보이는 대로가 아니다. 동시에 그 반대도 아니다. … 행위는 존재하지만 행위하는 존재는 찾을 수 없다."고 말한다.(Suzuki, 1978) 특정한 본질적인 '행위자'가 없다는 것에 대한 이러한 강조는 전통적인 불교심리학적 사유의 가장 특징적인 측면이지만 그러한 개념이 완전히 정신분석의 영역 바깥에 있지는 않다. "생각은 생각하는 사람 없이 존재한다."고 비온(Bion, 1967, p.165)은 주장한다. "무한함에 대한 관념은 유한함에 대한 어떠한 관념보다 앞선다. … 사람은 무한함, '대양적 느낌'을 안다. 그러나 짐작컨대 육체적·정신적 경험과 좌절감을 통해 점점 한계를 알게 되는 것 같다. 무한한 숫자, 무한에 대한 감각은, 예를 들어 숫자 3의 감각으로 대체된다. 무한한 수의 사물이 존재한다는 감각은 오직 세 개의 대상만 존재한다는 감각으로 대체되며, 무한한 공간은 유한한 공간이 된다. 생각은 생각하는 사람을 얻거나 그 사람에 의해 얻어진다."

　명상과 일차적 자기애 간의 관계에 대한 전통적인 정신분석적 이론의 생각은 올바르지만, 불완전하고 덜 발달된 상태이다. 불교명상은 일차적 자기애로의 회귀를 추구하는 것이 아니라 자기애의 흔적으로부터의 해방을 추구한다. 여러 세대의 정신분석 주석가들이 잘 묘사했듯이 집중명상은 자아 이상과 대양적 느낌을 정말로 불러일으킨다. 하지만 불교적 접근법의 윤곽을 분명히 드러내는 마음챙김 수행은 이상적 자아의 내부에 숨어 있는 "자아의 환상적 존재론"(Hanly, 1984)을 떨쳐내려고 한다. 그러한 과정을 통해 수행은 '생각하는 자가 없는 생각'을 직관적으로 이해하기를 권장한다. 그리고 이러한 이해는 정신분석이 불교명상을 연구할 때 초석으로 삼아야 한다.

참고문헌

Alexander, F.(1931), "Buddhist training as an artificial catatonia", *Psychoanalytic Review*, 18, pp.129-145.

Benson, H.(1975), *The Relaxation Response*, New York: Morrow.

Benson, H., Arns, P. A. & Hoffman, J. W.(1981), "The relaxation response and hypnosis", *International Journal of Clinical and Experimental Hypnosis*, 29, pp.259-270.

Bion, W.(1967), *Second Thoughts*, New York: Jason Aronson.

Bonaparte, M.(1940), "Time and the unconscious", *International Journal of Psychoanalysis*, 21, pp.427-463.

Brown, D. & Engler, J.(1986), "The stages of mindfulness meditation: A validation study", In *Transformations of Consciousness*, ed. K. Wilber, J. Engler & D. Brown, Boston: New Science Library.

Buddhaghosa, B.(1976), *Visuddhimagga: The Path of Purification*, 2 vols., trans. B. Nyanamoli. Boulder, Colo.: Shambhala.

Chasseguet-Smirgel, J.(1975), *The Ego Ideal*, New York: W. W. Norton.

Davidson, R. J. & Goleman, D.(1977), "The role of attention in meditation and hypnosis: A psychobiological perspective on transformations of consciousness", *International Journal of Clinical and Experimental Hypnosis*, 25, pp.291-308.

Ellenberger, H. F.(1970), *The Discovery of the Unconscious*, London: Allen Lane.

Engler, J. H.(1983), "Vicissitudes of the self according to psycho analysis and Buddhism: A spectrum model of object relations development", *Psychoanalysis and Contemporary Thought*, 6, pp.29-72.

Epstein, M.(1986), "Meditative transformations of narcissism", *Journal of Transpersonal Psychology*, 18, pp.143-158.

Epstein, M.(1988a), "Attention in analysis", *Psychoanalysis and Contemporary Thought*, 11, pp.171-189.

Epstein, M.(1988b), "The deconstruction of the self: Ego and "egolessness" in Buddhist insight meditation", *Journal of Transpersonal Psychology*, 20, pp.61-69.

Epstein, M. & Lieff, J.(1981), "Psychiatric complications of meditation practice", *Journal of Transpersonal Psychology*, 13, pp.137-147.

Federn, P.(1928), "The ego as subject and object in narcissism", In *Ego Psychology and the Psychoses*, New York: Basic Books, 1952, pp.283-322.

Ferenczi, S.(1913), "Stages in the development of the sense of reality", In *Contributions to Psychoanalysis*, New York: Basic Books, 1950, pp.213-239.

Fingarette, H.(1958), "Ego and mystic selflessness", *Psychoanalytic Review*, 45, pp.5-40.

Freud, E. L.(ed.)(1960), *Letters of Sigmund Freud*, New York: Basic Books.

Freud, S.(1930), "Civilization and its discontents", *S.E.*, 21.

Fromm, E.(1960), "Psychoanalysis and Zen Buddhism", In *Zen Buddhism and Psychoanalysis*, ed. D. T. Suzuki, E. Fromm & R. DeMartino, New York: Harper and Brothers.

Goleman, D.(1977), *The Varieties of the Meditative Experience*, New York: E. P. Dutton.

Gyatso, T.(1984), *Kindness, Clarity and Insight*, Ithaca: Snow Lion.

Hanly, C.(1984), "Ego ideal and ideal ego", *International Journal of Psychoanalysis*, 65, pp.253-261.

Hanly, C. & Masson, J.(1976), "A critical examination of the new narcissism", *International Journal of Psychoanalysis*, 57, pp.49-66.

Harrison, I. B.(1966), "A reconsideration of Freud's "A disturbance of memory on the Acropolis" in relation to identity disturbance",

Journal of the American Psychoanalytic Association, 14, pp.518-529.

Harrison, I. B.(1979), "On Freud's view of the infant-mother relation ship and of the oceanic feeling-some subjective influences", *Journal of the American Psychoanalytic Association*, 27, pp.399-422.

Hopkins, J.(1984), *The Tantric Distinction*, London: Wisdom Publications.

Hopkins, J.(1987), *Emptiness Yoga: The Middle Way Consequence School*, Ithaca: Snow Lion.

Horton, P. C.(1973), "The mystical experience as a suicide preventive", *American Journal of Psychiatry*, 130(3), pp.294-296.

Horton, P. C.(1974), "The mystical experience: Substance of an illusion", *Journal of the American Psychoanalytic Association*, 22, pp.364-380.

Horton, P. C.(1984), "Language, solace, and transitional relatedness", *Psychoanalytic Study of the Child*, 39, pp.167-194.

Jacobson, E.(1964), *The Self and the Object World*, New York: International Universities Press.

Jones, E.(1913), "The God complex", In *Essays in Applied Psychoanalysis II*, London: Hogarth Press, 1951.

Jones, E.(1923), "The nature of auto-suggestion", In *Papers on Psychoanalysis*, Boston: Beacon Press, 1948.

Jones, E.(1957), *Sigmund Freud: Life and Work, Vol. III, The Last Phase, 1919-1939*, London: Hogarth Press.

Lacan, J.(1966), *Ecrits: A Selection*, New York: W. W. Norton.

Lewin, B. D.(1950), *The Psychoanalysis of Elation*, New York: W. W. Norton.

Loewald, H. W.(1951), "Ego and reality", *International Journal of Psychoanalysis*, 32, pp.10-18.

Masson, J.(1980), *The Oceanic Feeling: The Origins of Religious Sentiment in Ancient India*, Dordrecht, Holland: D. Reidel.

Masson, J. & Masson, T. C.(1978), "Buried memories on the acropolis:

Freud's relation to mysticism and anti-Semitism", *International Journal of Psychoanalysis*, 59, pp.199-208.

Meissner, W. W.(1984), *Psychoanalysis and Religious Experience*, New Haven and London: Yale University Press.

Morris, H.(1988), "Reflections on Lacan: His origins in Descartes and Freud", *Psychoanalytic Quarterly*, 57, pp.186-207.

Nyanaponika Thera(1962), *The Heart of Buddhist Meditation*, New York: S. Weiser.

Ross, N.(1975), "Affect as cognition: With observations on the meaning of mystical states", *International Review of Psychoanalysis*, 2, pp.79-93.

Rothstein, A.(1981), "The ego: An evolving construct", *International Journal of Psychoanalysis*, 62, pp.435-445.

Schnier, J.(1957), "The Tibetan Lamaist ritual: Chod", *International Journal of Psychoanalysis*, 38, pp.402-407.

Schroeder, T.(1922), "Prenatal psychisms and mystical pantheism", *International Journal of Psychoanalysis*, 3, pp.445-466.

Shafii, M.(1973), "Silence in service of the ego: Psychoanalytic study of meditation", *International Journal of Psychoanalysis*, 54, pp.431-443.

Stolorow, R. D.(1975), "Toward a functional definition of narcissism", *International Journal of Psychoanalysis*, 56, pp.179-185.

Sun, Joe Tom(1924), "Psychology in primitive Buddhism", *Psychoanalytic Review*, 11, pp.38-47.

Suzuki, D. T.(1978), *The Lankavatara Sutra*, Boulder, Colo.: Prajna Press.

Werman, D. S.(1977), "Sigmund Freud and Romain Rolland", *International Review of Psychoanalysis*, 4, pp.225-242.

Werman, D. S.(1986), "On the nature of the oceanic experience", *Journal of the American Psychoanalytic Association*, 34, pp.123-139.

제7장

각성과 프로작

− 수행과 의약품(1993) −

10년간의 불교수행과 5년의 심리치료에도 불구하고 레슬리
(Leslie)는 여전히 상태가 안 좋았다. 그녀를 잘 모르는 사람들에
게는 우울한 사람으로 보이지 않았다. 하지만 가까운 친구나 연
인에게는 엄청나게 요구가 많은 사람이었다. 남이 자기를 조금
이라도 무시하면 부글부글 끓는 분노에 휩쓸리는 바람에, 레슬
리는 살아오면서 자기와 가까워지기를 원하는 대부분의 사람들
을 소외시켰다. 자신이 거부당한다고 느끼면 그 좌절감을 통제
할 수 없어서 화를 내거나, 몸이 아프도록 먹거나, 침대로 가 누
워버리는 식으로 침잠하곤 하였다. 그녀의 상담가가 우울증 약
인 프로작을 먹어보면 어떻겠냐고 권유했을 때, 그녀는 그런 행
위는 자신의 불교 계율을 어기는 것이라 느끼면서 모욕감을 받
았다.

이와 관련해 불교경전에는 다음과 같은 이야기가 있다. 언젠가 코살라국의 국왕이 붓다에게 말하였다. 다른 종교의 제자들은 초췌하고 사납고 창백하고 쇠약해 보이는데, 그와 달리 붓다의 제자들은 "즐겁고, 불안감이 없으며, 고요하고 평화로우면서 작은 영양처럼 우아하고 가벼운 마음으로 살 수 있는 능력을 가지고 영적 생활을 즐기면서 기쁘고 신나며 환희에 넘치고 의기양양"하게 보인다고 하였다. 그러한 유쾌한 마음상태를 가져오는 데에는 붓다의 가르침만으로도 충분해야 한다는 생각은 우리 시대에 불교를 믿는 사람들 사이에서 계속해서 광범위하게 퍼지고 있다. 강력한 수행은 그 어떤 불쾌한 정서 경험이라도 바꾸어놓기에 충분해야 한다는 기대를 포함하여, 불교명상은 심리치료의 대용물이 가질 수 있는 과시적인 모든 요소를 가지고 있다. 발설하지 않을 뿐, 레슬리처럼 불교수행에 숙련된 많은 수행자들이 오랜 기간의 불교수행에도 불구하고 어찌할 수 없는 우울감·동요·불안을 계속 경험하는 것이 사실이다. 이 괴로움은 그러한 정서가 지속된다는 죄책감 때문에, 그리고 불교수행을 하는 사람으로서 그러한 시달림을 '제대로 해결'하지 못한다는 실패감 때문에 종종 상황을 더 심각하게 만든다. 이것은 자연 치유 신봉자가 자연식을 하고 운동하고 명상하며 비타민과 약초를 섭취함에도 불구하고 암에 걸리게 되었을 때와 유사하다. 유방암으로 요절하기 전에 썼던 한 기고문에서 트레야 윌버(Treya Wilber)가 지적했듯이 우리가 질병에 대해서 모든 책임을 져야 한다는 생각은 한계가 있다.

"왜 암에 걸리기로 했어?" 많은 '뉴 에이지(New Age)' 친구들이 그녀에게 이렇게 물었다고 한다. 죄책감을 불러일으키면서 그에 대응하고 싶게 만드는 이러한 질문은 우울증을 가진 불교 수행자들이 자주 느끼는 죄책감을 떠올리게 한다. 좀 더 양식 있는 친구들은 그래도 덜 기분 상하게 묻는답시고, "이 암을 어떻게 이용할 작정이야?"라고 물었다. 이러한 질문은, 그녀 자신의 표현을 빌리자면 '내가 선택할 권한이 있으며, 지지를 받고 있으며, 긍정적으로 도전을 받는 느낌'을 주었다. 육체적 질병에 관해서라면 아마도 이러한 전환이 약간은 더 쉬울 것이다. 하지만 정신적 질환은 종종 자신을 그 병과 너무 쉽게 동일시하도록 만들기 때문에, 정신적 고통을 두고 '내가 아니다'라고 보기란 극도로 어렵다. 또한 인간의 조건이라고 보기보다 치료할 수 있는 질병 증상으로 보기란 매우 어렵다.

첫 번째 고귀한 진리(苦聖諦)는 괴로움(dukkha)의 보편성을 주장한다. 좀 더 정확히 말하자면 편재하는 불만족이라고 할 수 있다. 우울증으로 인한 무력감, 불안으로 인한 고통 또는 불쾌감으로 인한 불편감은 다만 괴로움의 현현인가? 아니면 명상적 알아차림의 대상이 되면 어떠한 종류의 정신적 고통도 해소될 것이라고 기대하면서 우리가 우리 자신과 다르마에게 몹쓸 짓을 하는 것인가? 불교의 위대한 힘은 모든 종류의 신경증적인 마음이 깨달음의 양식이 될 수 있으며, 해탈은 모든 신경증이 다 해결되지 않아도 가능하다는 주장에 놓여 있다. 많은 서양인들은 이런 관점에 즉각적으로 안도를 느낀다. 자신이 있는 그대로 다르마 스승에게 받아들여진다는 것을 알게 되며, 이러한 무조건적인 수용의 태도와 사랑은 깊은 감탄과 감사를 불러일으킨다. 이것은 불교심리학이 보여준 지대한 공헌이다. 심리치료 과정에서 신경증의 핵심은 밝혔으나 무엇으로도 그것을 뿌리 뽑을 수 없어 종종 교착상태에 빠진 것을 변형시키는 잠재력을 불교심리학은 제공한다.

이든(Eden)의 상황이 전형적이다. 29살에 위기를 경험한 작가 이든은 성인이 되고서 오랫동안 답답하도록 텅 빈 느낌 또는 공허감으로 고통 받았다. 10년 동안 집중 심리치료를 받은 덕에 이에 대해서는 이미 베테랑이었던 그녀는 자신의 심리적 마비감과 갈망이 어린 시절의 정서적 방임 때문이라고 여겼다. 냉정하고 쌀쌀맞은 의사였던 그녀의 아버지는 아이들을 피해서 과학 연구의 세계로 도망쳤다. 반면에 그녀의 어머니는 열렬한 사랑을 주고 그녀를 보호했으나 무분별하게 칭찬을 남발했고, 결국 이든은 엄마의 애정 모두를 불신하게 되었다. 이든에게는 분노감이 많았으며, 대인관계에서 요구가 많고, 상대의 결점이 눈에 띄면 그것을 못 견뎌하였다. 그녀의 모든 욕구를 충족시켜 주려고 애쓰는 연인에게도 무능력하다며 짜증을 냈다. 심리치료를 통해 자기 문제의 근원은 알게 되었으나 증세가 완화되지는 않았다. 계속적으로 그녀는 자신의 연인들을 이상화시켰다가 평가절하하면서 누구와도 긴밀한 관계를 유지하지 못하였다.

이든의 내적인 공허함은 정신분석가인 마이클 발린트(Michael Balint, 1968)가 기본적 오류에 대한 후회라고 부르는 것의 좋은 예이다. "내 마음속의 후회나 애도는 내 자신이 더 이상 바꿀 수 없는 결점이나 결함에 관한 것이다. 이것은 실제로 전 생애에 걸쳐서 그림자를 드리우면서, 결코 완전하게 좋아질 수 없는 불행한 결과를 낳는다. 비록 결점이 치유된다고 할지라도 그 흉터는 영원히 남을 것이다. 즉 그 결과들의 일부분은 항상 나타날 수 있다."(p.183) 이든에게는 어떠한 항우울제도 효과가 없었다. 자기를 만족시킬 수 없는 어떠한 것을 갈망하고 있다는 것을 스스로 이해하고 내적 공허감과 직접적으로 대면하는 것만이 약간이라도 증세를 완화시킬 수 있는 길이었다. 그녀는 아이였을 때 받았어야 할 필수적인 관심을 받지 못한 바람에 만약 누군가가 어른인 자기에게 관심을 주려고 하면 그것이 억압적이고 숨 막히는 것으로 느껴졌다. 이에 맞서서 거칠게 반응하는 대신, 그녀는 다만 명상의 고요한 안정감을 통해서 이러한 내적 공허감이 주는 불안을 견딜 수 있었다.

이것은 불교의 접근법을 보여준다. 신경증의 핵심이나 또는 '근본 결함'과 직면하기 위해서는 알아차림의 명상훈련을 통해 용기와 균형을 갖춘 마음을 발견해야 한다. 불교적 관점으로 보자면 성격의 모든 요소는 깨달음의 도구가 될 수 있는 잠재력이 있으며, 마음에서 일어나는 모든 파도는 대양에 견줄 만큼 큰 마음의 한 표현일 뿐이다. 불교사상에서 존재론적인 개념은 매우 정교하게 발달했지만, 정신질환은 특별히 발달한 개념이 아니다. 불교경전에서는 두 가지 질환에 대해 말하고 있다. 즉 불변하고 영원한 자아가 있다는 믿음으로 구성되는 내적 질환과 실재하는 대상이 있다는 믿음으로 그것을 잡으려고 하는 외적 질환이 그것이다. 불교심리학에서 주목하는 것은 주관적인 자아가 처한 곤경이다. 이 같은 내용은 리처드 드 마르티노(Richard De Martino)가 에리히 프롬(Erich Fromm), 스즈키(D. T. Suzuki)와 공저로 펴낸 고전인 『선불교와 정신분석(Zen Buddhism and Psychoanalysis)』(1960)에서 특별히 잘 기술하고 있다.

자아는 대상에 의존하고, 대상에 조건화되어 있고, 나아가서는 대상에 의해서 막혀 있다. 자아는 주관성으로 자기 자신을 인식하지만, 그와 동시에 자신과 분리되고 단절된다. 자아만으로는 절대로 완전하고 순수한 자기 자신인 개인성에 도달할 수도 없고, 개인성을 알 수도 없다. 그렇게 하려고 시도할 때마다 계속 멀어져 자신이 잡으려고 하는 것과 동떨어지게 되면서, 자신과 비슷하게 생긴 어떤 대상만 남게 된다. 잡으려고 하나 계속 잡히지 않고, 남는 것은 대상뿐이다. 중심으로부터 분리되고 멀어지면서, 자신이 닿을 수 있는 범위를 넘어서고, 그 자신에 의해서 방해받고, 소외되고, 제거된다. 자아는 자기를 가지고 있다고 할 수 있지만, 진짜로 자기 자신을 가진

깃은 아니다. (p.146)

의미나 완성에 대한 실존적 갈망과 공허감, 텅 빈 느낌, 고립감, 두려움, 불안 또는 불완전함에 대한 내적 느낌은 불교심리학이 가장 직접적으로 다루는 것들이다. 우울증을 대단히 중요한 어떤 것으로 다루지는 않는다. 이를테면 전통 불교심리학적 문헌인 아비담마에서 52가지 정신적 요소들은 탐욕·증오·속임수·시기·의심·걱정·동요·욕심 등 괴로움을 주는 정서들을 개략적으로 열거하기는 하지만 슬픔은 아예 포함시키지 않은 채, 여타의 마음 상태에 영향을 미칠 수 있는 불유쾌한 느낌의 한 종류라고만 되어 있다. 우울증은 언급하지 않는다.

전통적 아비담마에서는 마음을 눈, 귀, 코, 혀 등의 육체와 마찬가지로 감각 기관이나 또는 '능력'으로 묘사한다. 마음은 개념이나 여타의 정신적 재료를 지각하거나 감각 기관의 영역을 감독하고, '애매함'에 지배되고, 참 본성을 가리는 괴로운 정서장막을 친다. 마음과 의식 능력은 '내가 있다'는 느낌의 일차적인 근원으로 보이며, '내가 있음'은 사실인 것처럼 생각된다. 하지만 불교경전에는 영적 수행만으로 고칠 수 없는 마음의 붕괴 경향에 대한 논의가 거의 없다. 불교가 발전함에 따라 정신적인 질환들에 대한 논의보다 마음의 '본성'을 발견하는 데에 보다 더 역점을 두었다. 이 '본성'은 본질적으로 공하고 청정하며 속박되지 않는 마음이다. 명상수행은 이러한 자연 상태에 있는 마음을 경험하는 것이 되었다.

고인이 된 티베트 명상의 스승인 깔루 린포체(Kalu Rinpoche, 1986)는 "궁극적으로 말하자면"이라고 하면서 다음과 같이 썼다.

윤회를 일으키는 원인은 마음에 의해서 생기고, 그 결과를 경험하는 것도 마음이다. 마음 외에는 어느 것도 우주를 만들지 못하고, 마음 외에는 어떤 것도 그것을 경험하지 못한다. 궁극적으로 말해서 마음은 완전히 공하며, 본질적인 것도 저절로인 '것'도 아니다. 윤회를 만들고 경험하는 마음이 본질적으로 실재하지 않음을 이해하는 것은 실제로 대단한 안도감을 준다. 만약 마음이 완전히 실재하는 것이 아니라면 그것이 경험하는 상황도 실재가 아니다. 마음의 본성이 공임을 알고 마음을 그냥 쉬게 하면, 동요되고 혼란스럽고 세상에 가득한 괴로움 속에서도 안도와 편안함을 찾을 수 있다.(p.29)

마음의 이러한 실상을 짧게라도 경험해보는 것은 심리치료의 관점에서는 변형의식 경험이 될 테지만, 불안과 우울감 또는 정신적 불균형이 심해서 마음을 자연스러운 상태로 쉬게 할 역량이 없는 사람들은 정말로 알기 어려운 것이다.

성공한 사진작가로 살던 티모시(Timothy)를 갑자기 뒤흔들어놓은 한 해가 찾아왔다. 4년이나 그를 상담해주던 상담자가 돌연 심장마비로 세상을 떴으며, 아내는 유방암 진단을 받아 수술과 화학요법 치료를 해야 했다. 작품 중개인은 갑자기 파산을 당해 갤러리의 문을 닫으면서 수천 달러의 돈을 그에게 주지 못한채 모든 것을 접었다. 아내와 의사들과의 수 시간에 걸친 걱정스러운 전화통화로 작업실은 온통 오염된 것처럼 느껴졌다. 더 이상 그곳은 자신의 은신처가 될 수 없었다. 작품을 팔아줄 중개인도 없는 마당에 작업이 무슨 소용이 있겠는가? 그는 무의미한 느낌, 죽음에 관한 생각 그리고 슬픔 속으로 빠져들었고 건강에 대해서도 강박적으로 걱정하기 시작하였다. 적극적인 영적 수행경험이 없던 티모시로서는 갑자기 위압적으로 다가온 괴로움을 어떻게 처리해야 할지 갈피를 잡을 수가 없었다. 고통스런 상황 속에서도 여전히 인생을 잘 살 수 있는 방법을 찾을 수 없었다. 아내가 겪는 트라우마의 고통을 함께 나누는 것도 너무 힘겨웠다.

주저하는 마음으로 그는 아내와 함께 존 카밧진(Jon Kabat-Zinn)의 워크숍에 가게 되었는데, 심각한 병에 어떻게 대처할 것인지와 관련된 워크숍이었다. 그 경험으로 인해 불교수행에 대한 흥미가 생기게 되었다. 그는 검토해 보지 않은 슬픔에 영향 받았던 이전과는 다른 방식으로 아내를 대하게 되면서 서서히 생명력을 되찾기 시작하였다. 작업도 다시 시작할 수 있게 되었다. 다른 무엇보다도 불교수행은 엄청난 고통에 굴복하는 대신 고통이 만든 정신적 괴로움을 경험하는 방법을 가르쳐준 것처럼 보였다. 그가 처했던 이런 상황이 아마도 의약품이 간과하는 중요한 지점일 것이다. 그의 위기는 이전에는 탐험해 보지 않은 슬픔의 경우처럼 존재론적이거나 영적인 것이었다. 그는 깔루 린포체가 언급한 안도감을 약간이라도 얻을 수 있었다.

모든 정신적 고통에 명상이 만병통치약이 될 것이라는 소망은 만연해 있고 분명히 이해할 만하다. 정신과의사인 로저 월시(Roger Walsh)는 수행 중에 정신증 환자가 된 젊은 청년과 람 다스(Ram Dass)가 함께 있는 것을 지켜볼 기회가 있었던 초기의 집중수행을 기억한다. '오! 멋진데.' 당시에 그는 그렇게 생각했었다. '이제 람 다스가 영적인 방법으로 정신증 환자를 다루는 것을 볼 수 있겠군.' 하지만 그는 람 다스가 청년과 함께 염불을 하고, 명상에 집중시키려고 애쓰는 것을 지켜보면서 청년을 제지할 필요를 느꼈다. 청년의 감정이 점점 심하게 동요하면서 폭력적으로 되어가는 것을 보았기 때문이다. 바로 그때, 청년이 람 다스의 배를 때렸고 강력한 항정신성 의약품인 쏘라진(thorazine)이 당장 필요하게 되었다. 있는 그대로의 상태로 마음과 대면하기 위해서 영적 수행 중에는 약을 먹지 않겠다는 마음은 분명히 정말 고상하다. 하지만 그것이 항상 현실적이지는 않다.

정신적인 고통을 약물로 치료하는 것에 대한 의심이 불교수행 그룹에서 계속적으로 광범위하게 퍼지고 있다. 약물로 정신적 불균형을 바로잡으려 한다는 것에 대한 편견이다. 암 환자더러 자신의 통제를 넘어선 어떤 것에 책임을 지라고 다그치는 것과 마찬가지로, 우울증에 걸린 불교수행자 역시 명상용 방석 위에서 맞설 수 없을 정도로 큰 고통이란 없으며, 우울증은 정신적인 약함이나 무기력감이므로 문제는 몸에 있는 것이 아니라 수행의 정도에 있다는 식의 메시지를 아주 자주 받는다. 나는 정신의학 수련 초창기부터 그러한 편견을 가지고 있었던 것으로 기억한다. 정신증적 증상들을 숨기거나 억제하기는 하지만 기저의 정신분열 상태를 고치지는 못하는 쏘라진 같은 항정신성 의약품을 예방 치료제와 동일한 것으로 취급하면서, 나는 모든 항정신성 의약품에 대해 상당히 의심스러워하였다. 몇 년 간의 수련 기간 동안 내가 배운 가장 분명한 사실 중의 하나는, 정신증 중에서도 일부는 실제로 약을 사용함으로써 치료나 예방이 가능하고 그러한 치료를 부정하는 것은 어리석다는 것이다. 그것이 화학적인 문제이건, 심리적인 또는 영적인 문제이건 항상 그렇게 명백하다고 말하려는 것은 아니다. 예를 들어 우울증 치료에 혈액검사를 하지는 않는다. 그럼에도 불구하고 일군의 증상들이 존재한다는 것은 치료할 수 있는 조건임을 변함없이 시사한다. 그리고 그것은 영적 수행 하나만으로는 해소되지 않을 것 같다는 것도 보여준다.

페기(Peggy)는 20대 초반에 불교수행을 하기 위해 찾아왔는데, 심각한 우울증 상태였다. 이혼하고 알코올에 중독되어 학대를 하는 엄마와는 소원하고, 자기중심적인데다 뭐든지 관대한 아버지에게 겨우 매달려 저항문화에 젖어 살면서 방황하고 있었다. 그녀에게는 최초의 스승이 되는 샌프란시스코에 있는 불교 스승을 찾아 왔을 때, 그녀는 심각하게 자살을 고려하던 참이었다. 하지만 스승 덕분에 자신이 '발견되었다'고 느끼면서 자살 생각을 접었다. 그리고는 이후 17년 동안이나 이어지는 다르마 수행 속으로 자신을 던졌다. 하지만 스승들에 대한 환상이 차례차례 깨어지게 되었다. 그것은 살아오면서 자신이 늘 그래왔듯이, 스승들을 이상화시키는 마음을 잃게 될 만큼 그들과 가까워지게 되면서였다. 엄마가 암에 걸리고, 5년간의 연애관계가 깨어지고, 가장 친한 친구가 아기를 가지게 되고, 자기의 마흔 번째 생일이 가까워지던 무렵이었다. 그녀는 점점 더 침잠하면서 마음의 동요를 느꼈다. 피곤함과 불안, 약해짐과 무기력감을 느끼면서 잠을 이루지 못하였다. 마음속이 미움으로 가득 차고, 강박적 반추가 이어지면서 일과 불교수행 둘 다에 집중할 수 없게 되었다. 친구들에 대한 관심도 없어지고 침대 속으로 들어가 자신은 이미 죽었다고 상상하기 시작하였다. 친구들은 그녀를 영적 단체나 치료자들에게 데리고 갔다. 이름난 불교 스승들에게도 데려갔는데, 마침내 그들은 페기가 정신의학의 도움을 받는 게 좋겠다고 하였다. 그녀의 모계 쪽으로 우울증의 가족력이 있다는 것이 밝혀지면서이다. 페기는 자기 엄마가 경험했던 정신적 붕괴를 반복하는 것이 자신의 운명이라고 여기게 되었다. 그녀는 불자로서 실패했다고 느꼈으며, 우울증을 약으로 치료할 수 있는 하나의 상태라고 보지 않으려 하였다. 약 4개월간 항우울제를 복용한 뒤 그녀의 상태는 나아졌으며, 일 년을 복용한 이후로는 더 이상 약이 필요 없어졌다. 우울증 상태였을 때는 명상에 필요한 효과적인 집중을 할 수 없었을 따름이다. 깔루 린포체가 묘사한 "궁극적 관점"이 그녀의 의식 상태에는 맞지 않았다.

불교이론과 수행에 완전히 몰두하는 문화와 사회 속에서 발달한 티베트의 정신의학 전통은, 실존적인 경험을 생물학적인 정신적 질환과 구별하는 데 있어 아마도 가장 풍부한 경험을 가지고 있을 것이다. 티베트 의료 당국은 우울증, 공황, 조울증, 서양의 정신병 진단에 상응하는 많은 것들을 포함하여 다수의 '정신질병'을 인정하면서 명상이 아닌 의약 치료를 권장한다. 그들은 치료의 제일 첫째 방안으로 명상을 택하도록 조언하지 않을 뿐만 아니라 명상이 종종 상태를 악화시킬 수 있다는 것도 인정한다. 알아차림의 대상에 머물기 위해서 엄격하고 고집스러운 방식으로 마음을 묶어두는 바람에, 사실상 명상 그 자체가 정신증 상태나 강박적 불안 상태를 유발할 수 있다는 것은 잘 알려진 사실이다. 이제는 고인이 되었지만, 『티베트 불교 의학과 정신의학(*Tibetan Buddhist Medicine and Psychiatry*)』을 쓴 테리 클리포드(Terry Clifford, 1984)에 따르면, 티베트 전통은 이러한 의학적 가르침을 정유리세계(Tanatuk, 淨瑠璃世界)라고 불리는 신비한 정토에 유리(vaidurya, 琉璃)라는 보석의 형태로 붓다가 현현하는 것으로 설명한다고 한다. 타나툭(Tanatuk)은 글자 그대로 '올려다볼 때 즐거운'이라는 의미이다. 여기서 유리는 "명상으로 해탈에 이르기를 원하는 모든 사람, 그리고 건강하고 장수하며 행복하길 원하는 모든 사람은 의학을 배워야 한다."고 말한 것으로 알려져 있다. 정신 질환 치료가 불교수행과 상반되는 것은 아니다. 티베트의 가르침은 정신 질환 치료가 오히려 치료자 붓다(Medicine Buddha)의 현현으로서 공경 받을 수 있음을 말하는 것 같다.

하지만 그러한 정신 질환으로 고통 받는 오늘날의 많은 불교 수행자들은 효과적인 치료가 곧 치료자 붓다의 현현이라고 생각하기 어려워한다. 그들은 오히려 자신의 증세를 붓다 마음(Buddha mind)의 현현으로 더 간주하고 싶어 하는 것 같다. 이를테면 최근의 내 환자인 기디온(Gideon)은 뛰어난 개념 수학자로서 대학원에서 가르치기도 했고, 대학원에 다니는 동안 불교수행을 시작한 자신만만하고 의지적이며, 창조적인 남자이다. 그는 대학원 시절에 '신경쇠약'으로 고통을 겪었다. 그것은 6개월에 걸쳐 계속되었는데 창조적인 에너지가 분출하고, 한 생각이 미처 끝나기 전에 곧장 다음 생각으로 이어지면서 마음이 정신없이 돌아다니고, 웃다가는 곧 울어버리는 굉장히 불안정한 상태가 되었다. 잠을 이루기가 엄청나게 어려워지면서 안절부절못하고 불안해졌다. 마침내 그는 "무너졌다." 일주일간 병원에 입원했다가 퇴원한 후 5년간 더 이상의 어려움은 없었다. 30대에는 몇 번인가 우울 증상을 경험하였다. 그 기간 동안 작업에서는 생산성이 떨어지고 슬프고 침잠되는 마음이었으며 우려할 만한 고독감이 찾아왔다. 하지만 그는 격렬한 약 반대론자였다. 모든 사람과 떨어져 어두운 방에 누워 있는 것으로 우울증을 견뎠다. 우울 증상들이 지나고 나서는 다시 자기 일을 계속할 수 있었다. 40대에는 대학원생 때 겪은 신경쇠약과 굉장히 비슷한 일련의 증상들이 있었다. 이 시기에 그는 심지어 TV나 라디오에서 자기에게 보내주는, 음모를 조심하라는 특별한 메시지를 듣는다고 말하면서 편집증 환자가 되어 갔다. 센트럴 파크로 몸을 피해야 한다는 편집적인 마음이 굳어지면서 정신병동에 입원하는 것이 불가피해졌다.

기디온의 상태는 조울증이었다. 기분 장애 삽화는 대개 청년기 초기에 처음 발현한다. 우울증, 황홀감에 취한 상태가 재발되거나 그것들이 섞여 있는 어떤 상태가 야기될 수 있다. 삽화들의 중간에는 정상으로 되돌아가는 일도 일어나는데, 나타났다 사라졌다 하는 것이 이 병의 특징이다. 이 병을 가진 많은 사람들은 염화리튬(Lithium salt)을 매일 복용하면 증상을 완전히 예방할 수 있거나 적어도 증세가 상당히 경감된다는 것을 안다. 하지만 기디온은 자기에게 이런 병이 있다고 생각하지 않으려 하였다. 약 복용에 대한 자기의 저항을 굳히기 위해 다르마에서 말하는 "자연적인 상태에서 마음을 쉬게 하는" 효과를 인용하면서 리튬 복용도 거부하였다. 40대에 이르러 조증 삽화들이 급속히 찾아왔으며, 거의 매해 반복되어 결과적으로 그는 학문 활동을 중단하게 되었다. 한동안 그의 가족이 음식에다 몰래 약을 넣기도 하였다. 그것이 그의 편집증상을 완화시킬 수 있는 그나마 유일한 시도였다. 하지만 그는 오늘날까지도 자발적으로 약을 먹는 것을 거부하고 있다. 증상이 일어나지 않는 기간에는 생산적으로 일하고, 탁월하고 자신감 넘치는 사람으로 지내긴 하지만, 그는 그 병으로 인해 혹독한 불안정감을 겪는다.

이러한 예를 통해 나는 모든 종류의 정신적 고통에는 명상이나 약품, 둘 중 하나만이 유익한 것은 아니라는 요지를 전달하고자 하였다. 명상수행은 한편으로는 상당히 효과적일 수 있지만 부정적으로 기여할 수도 있다. 불교수행 그룹 내부에는 정신의학 치료로부터 얻을 수 있는 유익함에 대해 여전히 무지한 면이 있다. 그것은 전통적인 정신의학계가 명상수행으로 얻을 수 있는 유익함에 대해 무지한 것과 마찬가지이다.

더욱이 불교수행 그룹이 의약 치료에 대해 갖는 현재의 편견과 유사한 편견이 정신분석의 역사에도 있다. 프로이트의 초창기 추종자와 지지자들은 그 당시 지적인 급진주의자들이었다. 이 새롭고 심오한 치료방법에 대한 흥분과 믿음은 우리 시대의 아방가르드가 불교수행을 받아들이는 것과 상당히 유사한 방식으로 프로이트의 치료법을 만병통치약으로 받아들이게끔 만들었다.

예를 들면, 루이 컴포트 티파니(Louis Comfort Tiffany)의 딸인 도로시 버링햄(Dorothy Burlingham)의 경우이다. 그녀는 1900년대 초기에 뉴욕의 중요한 인물이었다. 남편은 조울증을 앓고 있었는데, 신경쇠약이 누그러지지 않고 끝없이 이어지자 그녀는 1925년에 남편을 떠나 네 명의 어린 자녀를 데리고 비엔나로 갔다. 정신분석가인 프로이트를 찾아서였다. 프로이트가 사는 아파트의 아래층으로 이사를 간 도로시 버링햄은 그때부터 프로이트 가족과 평생에 걸친 인연을 맺기 시작하였다. 그것은 이후에 안나 프로이트(Anna Freud)와 함께 여생을 보내는 것으로까지 발전했다(그녀는 1979년에 사망했다). 안나 프로이트는 버링햄 자녀들의 분석가가 되었다. 자녀 중 한 명인 밥(Bob)에게 그의 아버지의 조울증이 유전되었던 것으로 보인다. 버링햄의 손자인 마이클 존 버링햄은 자신의 책 『마지막 티파니(*The Last Tiffany*)』 (1989)에서 그러한 비극적인 이야기를 그려내었다. 밥은 뚜렷한 조울증 증상으로 고통 받았으며, 54세의 이른 나이에 세상을 떠났다. 안나 프로이트는 정신분석에 대한 믿음이 너무 커서, 리튬이 효과적인 예방 치료제로 발견되었을 때도 그 약을 사용하는 것을 고려하지 않았다. 그 때문에 밥은 다만 프로이트적인 치료에만 머물러야 하였다. 그것은 그의 상태에는 전혀 맞지 않는 비효과적인 접근법이었다.

자신들의 생각에 보편성이 있다고 믿으면서 스스로에게 해를 입히는 불교수행자들이 있다. 그들도 중도를 말한 붓다의 가르침을 잘 기억하고 있을 것이다. 붓다는 특히 금욕주의의 다른 형태인 고행을 통해 행복을 추구하지 말라고 가르치면서 고행은 "고통스럽고, 무가치하며, 유익함이 없다."고 말하였다.

다행히 치료효과가 있을 때조차 정신 질환을 의도적으로 견디는 것은 우리 시대의 금욕 수행일 뿐이다. 붓다 자신도 그러한 금

욕 수행을 시도했으나 결국은 버렸다. 그의 가르침은 현재에도
지속될 가치가 있다.

참고문헌

Balint, M.(1968), *The Basic Fault: Therapeutic Aspects of Regression*, London: Tavistock.

Burlingham, M.(1989), *The Last Tiffany: A Biography of Dorothy Burlingham*, New York: Atheneum.

Clifford, T.(1984), *Tibetan Buddhist Medicine and Psychiatry*, York Beach, Maine: Samuel Weiser.

DeMartino, R.(1960), "The human situation and Zen Buddhism", In E. Fromm, D. T. Suzuki and R. DeMartino (eds.), *Zen Buddhism and Psychoanalysis*, New York: Harper and Row.

Rinpoche, K.(1986), *The Dharma That Illuminates All Beings Impartially Like the Light of the Sun and the Moon*, Albany: State University of New York Press.

정서적 삶에 대한 불교의 관점⁽¹⁹⁹⁵⁾

그리 오래 되지 않은 일 하나가 생각난다. 어느 날 가까운 어떤 사람과 벌였던 말다툼에 대해 나는 상담자에게 얘기하고 있었다. 상세한 것까지 기억나지는 않지만 나는 그녀가 화가 날 만한 행동을 했고, 그녀는 정말로 화가 났다. 내 생각에 그건 변명의 여지도 없고 적합하지 않은 행동이었다. 그 사건에 대해 이야기 하면서 나는 화가 나고 좌절감을 느꼈다.

"그 당시에 내가 할 수 있는 일은 그녀를 더욱 사랑하는 것뿐이었어요."

나는 수년간의 수행경험과 내 깊은 감정의 진솔함에 기대어 다소 하소연하듯이 주장하였다.

"별 효과가 없을 걸요."

그는 이렇게 되받아쳤다. 나는 마치 죽비로 한 대 맞은 것 같았다. 그는 도리어 내 어리석음이 놀랍다는 듯 다소 기묘한 표정으로 나를 바라보았다.

"화가 나는 게 문제인가요?" 그가 말하였다.

그와 주고받은 이 대화는 몇 년 간이나 내 마음속에 남아 있었다. 어떤 면에서 그것은 불교와 서양 심리학적 접근법을 통합하려고 할 때 맞닥뜨리게 되는 어려움을 분명하게 해주기 때문이다. 불교는 감정에 관해서 우리에게 엇갈린 메시지를 준다. 한편으로는 그것들을 제거하려 애써야 한다고 하면서, 다른 한편으로는 우리 안에서 무엇이 일어나든 그것을 수용해야 한다고 가르친다. 화가 나는 게 무슨 문제인가? 우리는 그것을 없앨 수 있을까? 그것을 다룬다는 것은 무엇을 의미하는가? 상담자로 일하면서 나는 이와 유사한 질문들을 반복해서 다루어야 한다. 분노와 같은 감정을 다루는 것은 다만 그것을 제거하는 것과는 다른 뭔가를 의미한다는 것이 종종 명확하였다. 불교적 관점에 따르면 하나의 경험을 두고 지속적으로 고통 받을 것인지, 아니면 깨달음을 위한 도구로 삼을 것인지는 고통 받고 있는 당사자의 관점에 달렸기 때문이다. 무언가를 다룬다는 것은 관점을 바꾼다는 뜻이다. 만약 우리가 정서를 바꾸려고 노력하면 아마 단기간의 성공을 얻을지는 모른다. 하지만 우리가 벗어나려고 애쓰는 바로 그 정서에 집착하고 그것에 반감을 갖는 힘이 우리를 속박한다.

물론 나를 힘겹게 하는 느낌을 그것과는 반대되는 느낌으로 대체하고 싶다는 욕망은 나의 독창적인 생각은 아니다. 나는 그 것을 불교의 초기심리학적 저술인 아비담마에서 얻었다. 우리들 대부분은 정서의 압박에서 해방되고 정서적 삶의 속박에서 벗어나 문제가 되는 느낌들 대신 갈등을 덜 일으키는 반대 느낌들을 갖기를 원한다. 또한 정서의 측면을 약화시키고자 하는 보편적인 경향성도 있는 것 같다. 괴로움에서 벗어날 수 있는 유일한 길은 그것을 완전히 없애는 것이라고 우리는 추측한다.

정서가 멈추는 상태에 대한 갈망은 불교수행에 중요한 영향을 미쳤다. 불교의 가르침은 종종, 이것이 바로 우리가 얻기 위해 분투해야 하는 것이라고 암시하는 것처럼 보인다. 아비담마에서는 어떤 정서는 불건전하다고 가르친다. 우리는 어떻게 해서든 그러한 정서가 우리 마음에 끼치는 영향을 줄여야 한다. 결과적으로 우리는 자유롭게 슬픔과 분노의 정서를 표현한 불교 스승들에 관한 이야기들을 읽으면서 혼란스러워진다. 이러한 이야기는 보다 공식적인 불교의 가르침과 모순되는 것처럼 보인다. 또한 그 정서가 얼마나 혐오스러운 것인지에 대한 우리의 무의식적인 추측을 다시 생각하게끔 한다. 정서를 위한 마음자리를 부정하는 모델을 기꺼이 믿으려는 우리의 의지는 정서를 다른 경험과 단절시키고, 정서가 우리를 곤경에 빠뜨리는 장본인이라고 여기고 싶은 무의식적인 욕망에서 나온다. 우리는 만약 우리가 가진 정서적 특질을 뿌리 뽑고 박살낼 수 있다면 붓다를 본받을 수 있을 것이라고 생각한다.

불쾌한 정서를 없애고 싶다는 것은 심리치료를 찾는 사람들에게 매우 흔한 바람이다. 제대로 명상을 하면 느낌이 축소된다고 명상수행자들이 추측하는 것과 마찬가지로, 심리치료를 받는 많은 사람들은 바람직하지 않은 정서를 악마처럼 보기 때문에 그것들을 없애는 데 필요한 도움을 받으려고 한다. 내 친구의 경우를 보면, 그는 10년간의 결혼 생활을 청산한 후 자기가 사는 지역의 정신건강 클리닉에서 심리치료를 받았다. 그는 새로 만난 상담자에게 자신이 바라는 것은 다만 자기가 느끼는 것으로부터 자유로워지는 것이라고 말하였다. 고통이 사라지게 해달라고, 그리고 원하지 않는 정서로부터 자기를 해방시켜 달라고 간청하였다.

마침 그가 만난 상담자는 3년간의 선禪 수행 공동체 생활을 이제 막 끝낸 사람이었다. 그녀는 내 친구에게 아무리 유쾌하지 않더라도 그 느낌과 함께 머물러 보라고 하였다. 나의 친구를 안심시키거나 그의 느낌을 바꾸어 주려고 하지 않았다. 그가 자신이 느끼는 걱정이나 외로움에 대해 불평을 하자, 그녀는 그 느낌을 더 강렬하게 느껴보라고 하였다. 조금도 기분이 나아지지는 않았으나 내 친구는 그 상담자의 방식에 흥미를 느끼고 명상을 시작하게 되었다. 그는 명상을 하는 중에 중요한 경험을 하였고, 그 순간을 다음과 같이 묘사한다. 그의 우울이 걷히기 시작한 지점이었다.

명상을 하느라 힘들고 불편한 데다 가렵고 화끈거리는 느낌

속에 그러한 감각에 머무는 것이 너무 어려웠을 때, 그는 가려운 데를 긁는 대신 관찰을 해보았다고 한다. 그리고 가려움이 커지고 커져 최고조에 이르다가 마침내 사라지는 것을 볼 수 있었다. 그제야 그는 자기 상담자가 정서적인 상태에 머물러 보라고 조언해 준 것이 무슨 뜻이었는지 돌연 깨닫게 되었다. 그 순간부터 우울감이 가벼워지기 시작하였다. 얼른 바뀌었으면 하고 바랐던 느낌이 그러한 바람을 멈추었을 때에 바뀌기 시작한 것이다.

불교나 정신분석 내의 어떤 유파는 내 친구가 경험한 것과 같은 정서의 변형 가능성을 기꺼이 인정하지는 않는다. 정통파 정신분석가나 불교를 원칙주의로 신봉하는 사람은, 정서는 본질적으로 위협적이고 불안정하며 잠재적으로 압도하는 힘을 가지고 있다고 생각한다. 이 관점에 따르면 이러한 열정을 가지고 우리가 할 수 있는 최상의 일은 그것들을 통제하거나 다스리는 것이며, 적어도 불교의 관점에서 보자면 아예 소멸시키는 것이다. 그러한 열정은 엄격하게 조절되어야 하는 자체적인 의지를 가진 검은 세력이라고 보는 게 일반적인 맥락이다. 자신의 모든 원초적인 정서를 드러내되 그것이 분별 있는 만족감을 해치지 못하게 하는 법을 배운 사람이라면 그는 이러한 관점에 영향 받은 정신분석을 성공적으로 졸업한 사람이다. 이러한 관점에 영향 받은 성공적인 불교수행자도 정서가 더 이상 자신이 가진 충만한 평정심을 흩트리지 않을 것이라고 상상할 수 있다. 이런 이유로 우리는 티베트의 수행자인 마르빠(Marpa)가 자기 아들을 잃고 슬프게 흐느꼈다는 글을 읽으면 혼란스러워진다. 왜 그는 자기 정서를 초월하지 못했을까?

하지만 불교나 정신분석 내에도 다른 관점으로 정서를 보는 유파가 있다. 이들은 정서를 초월해야 하는 어떤 것으로 보지 않고, 변형 가능성을 가진 것으로 본다. 따라서 열정을 반드시 적으로 상정하지 않는다. 오히려 오랫동안 못 본 사촌 정도로 여긴다. 의식에 접속하면 정서는 더 이상 낯선 세력이 아니라 더 큰 전체와 분리될 수 없는 하나의 부분으로 경험된다. 그렇게 되면 정서는 자연스럽게 성숙한다. 그것이 바로 내 친구가 명상을 통해 경험한 과정이다.

프로이트는 이러한 과정을 승화(1910a)로 설명하였다. 프로이트에게 승화는 "유아기의 소망적 충동"의 불가능한 요구에서 벗어날 수 있는 가능성을 유지하는 것이었다. 그렇다고 해서 열정을 본래 위험한 것이라고 하지는 않았다. 한 예로 레오나르도 다 빈치에 대해 프로이트가 묘사한 것을 들어보자.

그의 정동(affects)은 통제되었다. … 그는 사랑하지도 미워하지도 않았지만 무엇을 사랑하고 미워해야 할지 그 근원이나 중요성에 대해 자문하였다. 그래서 처음에는 그는 선과 악, 아름다움과 추함에 대해 무관심한 듯 보였다. … 실제로 레오나르도는 열정이 없는 사람은 아니었다. … 열정을 앎에의 갈망으로 바꾸었을 따름이다. … 발견이 최고조에 이르렀을 때 그는 모든 것이 어떻게 연결되어 있는지 그 대부분을 조망할 수 있었다. 이때 그는 감정에 복받쳐 열광적인 언어로 자신이 탐구한 놀라운 창조의 부분을 칭송하고, 종교적인 어법으로 창조자의 위대함을 예찬하였다.(1910b, pp.74-75)

다빈치에 대해 프로이트가 묘사한 내용을 보면 모두 붓다에게도 속하는 특징들이다. 정동에 대한 통제, 사랑과 미움을 지적인 관심으로 변형시키기, 탐구를 으뜸으로 삼기, 심지어 창조자의 위대함에 대한 칭송까지 그러하다. 깨달음의 순간에 읊은 붓다의 찬탄을 보면 이러한 유사점이 더욱 분명하게 나타난다.

수많은 생을 윤회하면서 헤매었네.
집 짓는 자를 찾으려 하였으나 찾지 못한 채,
계속해서 태어나는 것은 참으로 괴로운 것.
오 집 짓는 자여,
너를 이제야 찾았구나.
너는 더 이상 집을 짓지 못하리라.
너의 모든 서까래는 부서졌고,
너의 대들보는 부러졌다.
이제 내 마음은 조건 지워지지 않은 자유를 이루었다.
갈애를 끝내버렸다.

(Goldstein and Kornfield, 1987, p.83)

열정의 소멸보다 변형을 강조하는 불교의 관점에서 보자면 그러한 변형은 불편한 느낌들을 제거하려는 노력이 아니라 '지혜롭게 그것들을 바라봄'으로 얻어진다. 이것은 심지어 불교의 전통 안에서도 전달해주기 어려운 개념이었다. 7세기 무렵 중국 선불교의 5대 조사인 홍인(弘忍, 601~674)은 제자들에게 붓다의 가르침을 어떻게 이해하고 있는지를 시로 표현해보라고 하였다. 그의 으뜸가는 제자인 신수(神秀, 606~706)는 다음과 같은 시를 통해 정서가 마음과 몸을 오염시킨다는 관점을 견지하는 대답을 내놓았다.

몸은 깨달음의 나무요
마음은 맑은 거울이 서 있는 것 같으니,
항상 털고 닦아서
먼지가 끼지 않도록 하라.

신수의 시는 모든 오염이 정화되어 텅 비어져 있는 그대로 사물을 비추는 마음의 미덕을 표현한 것이었다. 오늘날 정신분석의 관점에서 보자면 그는 항문기에 고착되어 있다고 볼 수 있다. 자기의 정서가 나타나자마자 열심히 닦이내는 그의 모습을 상상할 수 있다. 방아를 찧던 일자무식의 혜능(慧能, 638~713)은 신수가 내놓은 답이 불완전하다고 생각해 다음과 같은 대안적인 답을 내놓았다.

깨달음은 나무가 아니고

맑은 거울은 어디에도 서 있지 않고

본래 어떤 것도 존재하지 않는데,

어디에 먼지가 끼는가?

(Merton, 1961, pp.18-19)

혜능은 신수의 시에 나타난 이상화의 함정을 피한 답을 내놓은 것이다. 함축적인 말로 그가 표현한 것은, 우리는 마음과 몸을 정화시킬 필요가 없으며 다만 그것들을 어떻게 적절히 바라볼지를 배워야 한다는 것이었다.

치료자로서 나는 종종 사람들이 분노와 같은 어려운 감정을 찾아내는 걸 돕는 경험을 한다. 그리고 그들이 "정말 이해하기 어렵군요. 이제 나는 이 분노를 어떻게 해야 하나요? 집으로 돌아가서 화를 내야 하나요?"라고 묻는 것을 듣는다. 신수와 마찬가지로 우리는 분노를 없애야 한다고 느끼지 않을 수 없다. 오늘날 심리학적인 문화에서 사는 우리는 우리의 정서를 '표현'하거나 어떻게든 행동화하라고 말한다. 하지만 종종 그것들을 없애고자 하는 충동은 여전하다. 그렇게 하는 데에 실패하면 우리는 마치 어떤 식으로든 우리 자신을 속인 것처럼 느낀다. 행여 그 느낌을 우리 안에 다시 들여놓게 되면 그에 대해 책임을 져야 할 것처럼 느끼기도 한다. 이것은 느낌을 여전히 독립된 어떤 실체로 대하고 있는 것이다. 느낌을 다만 '안다'는 생각이 우리에게 잘 떠오르지 않는다.

이러한 상황에서 나는 종종 "아무것도 할 필요가 없어요. 그것이 당신을 어떻게 하는지 맡겨보세요."라는 식으로 반응할 것이다.

"그것 참 선적인 대답이네요." 최근 한 환자는 이렇게 말하더니 내게 물었다. "근데 그건 어떻게 하는데요?"

물론 붓다는 이것을 자기 가르침의 중심에 놓았다. 붓다는 알아차림 그 자체가 승화의 엔진 역할을 한다고 보았다. 즉 알아차림을 개발하면 다른 식으로는 어떻게도 할 수 없는 정서들을 다룰 수 있다는 것이다. 붓다의 관점에서 보자면 사람은 일단 의식되는 본능적인 정서를 비난할 필요가 없다. 오히려 그러한 정서를 수반하는 근본적인 알아차림의 느낌을 주의 깊게 살펴보아야 한다. 이러한 알아차림에 초점을 맞추면서 불교가 취하는 접근법은 반응적인 정서들을 다루기 위해서 새로운 길을 여는 한편, 정서를 부추기는 어떤 일도 하지 않는 것이다. 정서에 주의를 기울이던 것에서 그러한 정서를 '알아차리는 것'으로 주의를 전환시키면서 우리는 새로운 방식으로 그것을 경험하게 된다. 그것은 멀리 있는 별을 육안으로 보려고 애쓰는 경험과 유사하다. 고개를 조금만 옆으로 돌려 별을 바라보면 사실상 더 선명하게 보인다.

정서를 없애겠다는 생각으로 명상할 때 우리는 사실상 우리가 벗어나려고 하는 바로 그 세력에 힘을 실어주게 된다. 반면에 정서가 발생하는 것을 근원적인 알아차리는 감각으로 살펴본다면 우리는 승화가 가지고 있는 잠재적인 변형의 힘을 이용할 수 있다. 하나의 정서를 경험할 때마다 죄책감을 느끼는 대신, 우리는 정서가 제공해주는 가장 기본적인 알아차리는 기회를 이용할 수 있다. 그렇게 되면 프로이트가 묘사한 다빈치의 경우처럼 우리 자신이 열정이 부족한 사람이 아니라, 프로이트가 "열정에서 나오는 지속성, 불변성, 관통"이라고 부른 것을 경험할 수 있는 사람임을 발견하게 된다. 무엇보다도 붓다는 정서적 삶을 잠재운 사람으로 자신을 묘사하지 않았다. 오히려 깨어 있는 사람으로 묘사하였다.

참고문헌

Freud, S.(1910a), "Five lectures on psycho-analysis", In volume 11 of *Standard Edition of the Complete Psychological Works of Sigmund Freud*, ed. and trans. James Strachey, London: Hogarth and Institute of Psychoanalysis, 1957.

Freud, S.(1910b), "Leonardo da Vinci and a Memory of His Childhood", *Standard Edition*, 11.

Goldstein, J., and Kornfield, J.(1987), *Seeking the Heart of Wisdom*, Boston: Shambhala.

Merton, T.(1961), *Mystics and Zen Masters*, New York: Dell.

제9장

프로이트와 신비경험의 심리학(1996)

프로이트에 대해서 우리 시대 대부분의 자아초월심리학 치료자들이 양가적인 감정을 가지고 있다 해도 프로이트의 영향 없이 우리가 아는 그러한 자아초월심리학은 없었을 것이라고 말하는 것이 무리는 아닐 것이다. 전체적인 맥락에서 프로이트는 조상쯤으로 여겨질지도 모른다. 프로이트가 이쪽 영역과 관계 맺고 있는 모습은 그가 여성심리학에 대해 관계 맺고 있는 모습과 유사하다. 즉 프로이트는 여성심리학 분야의 개척자이지만 그것의 본질적인 측면에 대해서는 혼란스러워했던 것처럼, 영성 연구의 개척자였음에도 긴강한 정신에 있어서 영성이 차지하는 위치에 대해서는 혼란스러워하였다. 비록 그는 『모세와 유일신교(*Moses and Monotheism*)』, 그리고 『환상의 미래(*The Future of an Illusion*)』와 같은 저작에서 영적 경험에 대해 비판적인 태도를 취했지만, 그 주제에 깊은 관심이 있었고 그 주제의 발전에 대단히 기여하였다. 칼 융(Carl Jung)을 포함한 그 분야의 선구자들 대부분을 가르치고, 양성하고, 그들에 맞서 싸우고, 그들에게 기대를 걸고 영향을 주었다. 그 주제에 내재한 신비를 풀어 보려고 노력했으나 그 근본적인 측면에 대해서는 깨닫지 못하였다. 자아초월심리학 분야는 여전히 프로이트의 기여와 그의 오해가 끝나는 지점이 어디인지 정리하려고 애쓰는 중이다.

프로이트의 기여는 세 영역으로 나눌 수 있다. 첫째, 그는 대양적 느낌을 종교적 절정 경험이라고 묘사하여, 이후 여러 세대에 걸쳐 심리치료자들이 영성을 이해하는 방식에 영향을 주었다. 이러한 대양적 느낌을 수유기 유아가 엄마와 분명히 결합했을 때 느끼는 일차적 자기애의 축복과 동일시한 것은 명상적이거나 신비적인 성취를 심리학적으로 설명하는 데에 금과옥조로 쓰일 수 있게 하였다. 둘째, 처음에는 최면에서, 이후에는 자유연상으로, 최종적으로는 고르게 떠 있는 주의로 옮겨가는 그의 자발적인 주의 조작에 대한 탐험은 이후에 명상과 감각 인식에 대해 치료계 일각에서 가지게 된 관심을 예견한 것이었다. 자아초월심리학의 관점에서 보자면 프로이트의 노력은 인식을 치료적 도구로 쓸 수 있도록 열어 주었다는 점에서 선구적이었다. 셋째, 인생에서 고통의 근원이 되는 쾌락원칙과 그것을 넘어서는 승화 등 프로이트의 몇몇 중요한 개념들은 붓다의 가르침과 일치하는 바가 있고 자아초월심리학의 연구 주제들을 예견한다는 점이다.

때로는 자신이 지극히 합리주의자이길 바랐지만 그와는 사뭇 동떨어진 사람이었던 프로이트는 인간 정신에 대한 진실을 알고자 신화, 꿈, 종교적 경험, 섹스 그리고 정서에 대해 끊임없이 면밀하게 조사하였다. 예측할 수 없는 인간의 마음에 대해 그는 매번 놀랐으며, 자신의 치료실에서 보았던 설명할 수 없는 심령 현상 또는 정신감응 현상에 관한 이야기들로 동료들을 즐겁게 해주었다. 그는 다양한 분야의 사람들과 편지를 주고받았는데, 그들 중 몇몇은 신비한 경험에 대해 프로이트보다 더욱 개방적이었다. 프로이트는 항상 자신이 발전시키고 있는 이론의 관점으로 그들의 경험을 이해하려고 하였다.

1. 대양적 느낌

프로이트의 친구나 서신왕래자 중에서 프로이트보다도 더욱 신비적인 것에 이끌렸던 사람은 프랑스의 시인인 로맹 롤랑(Romain Rolland)이었다. 그는 힌두교 스승인 라마크리슈나(Ramakrishna)와 비베카난다(Vivekananda)의 독실한 추종자가 된 사람이다. 롤랑의 명상 경험을 이해하기 위해 프로이트는 1930년도에 출간한 『분명 속의 불만(*Civilization and Its Discontents*)』이라는 저서에서 자기 나름의 설명을 전개하였다. 프로이트의 『환상의 미래』가 출판된 후 얼마 지나지 않은 1927년에 롤랑은 프로이트와 서신왕래를 시작하였다. 프로이트는 이에 대해 다음과 같이 말하고 있다.

나는 종교를 환상으로 다루고 있는 나의 얇은 책 한 권을 그에게 보냈다. 그는 종교에 관한 나의 의견에 전적으로 동의한다고 대답하였다. 그러나 종교적 정서의 참된 근원을 적절하게 평가하지 못한 것에 그는 유감을 표명하였다. 그것은 그 자신이 결코 밖에 있지 않다는 특별한 느낌으로 이루어져 있다. 다른 많은 사람들도 이를 인정한다. 아마 수백만의 사람들이 그렇게 인정한다고 그는 생각하는 것 같았다. 그것은 그가 '영원성'의 감각이라고 부르는 느낌이다. 한계 없는, 묶이지 않은 어떤 것, 말하자면 '대양과 같은' 느낌이다. 그는 또한 이러한 느낌은 순수하게 주관적인 사실에 속하며 신념의 종류는 아니라고 덧붙였다. 그것은 개인적인 불멸성에 대한 확신을 가져다주지는 않지만 다양한 교회와 교회 시스템이 장악한 채로 개인에게 지시하고 개인을 탈진시키는 종교적인 에너지의 근원이다.(Freud, 1930, p.64)

프로이트는 롤랑이 묘사한 것을 매우 진지하게 받아들였다. 롤랑의 묘사는 그를 어리둥절하게 만들면서도 흥미를 느끼게 하였는데, 프로이트는 직접 경험하지 않고서도 주관적으로 묘사된 느낌의 특성을 파악할 수 있었다. 롤랑의 관점은 "내게 하등의 어려움도 주지 않았다. 나는 이러한 '대양적' 느낌을 나 자신에게

서는 발견할 수 없다."(1930, p.65)라고 프로이트는 말하였다. 프로이트에게 있어 롤랑의 관점은 공안公案과도 같은 무엇임을 보여준 셈이다. 그것의 의미에 대해 골똘히 생각하면서 그는 자아초월심리학의 많은 부분을 예견하는 방식으로 자아의 경계와 신비경험과의 관계 문제를 탐험하기 시작하였다.

프로이트는 다음과 같이 주장하였다. "자신에 관한 느낌, 우리 자신의 자아에 관한 느낌보다 우리가 더 확신하는 것은 없다. 이러한 자아는 자율적이고 통합된 것으로, 다른 어떤 것과도 선명하게 구별되는 것으로 우리에게 나타난다."(p.66) 일면식도 없었던 불교심리학자들의 관점과 동일한 관점을 가지고 프로이트는 독립적이고 자율적인 자아의 존재에 대해 끊임없이 의문을 가졌다. "자아가 그렇게 드러나는 모습에 속기 쉽다."(p.66)고 프로이트는 말하였다. 왜냐하면 자아는 아무런 경계가 없는 내부로 계속 들어가서 그가 원초아(Id)라고 명명한 무의식의 속성이 되기 때문이다. 무의식을 둘러싸고 그것을 모호하게 만들지만 실제로 그것과 분리되어 있지 않은 자아를 일러 프로이트는 "일종의 표면"이라고 하였다. 그래서 프로이트는 자아의 불가침성에 대해 대부분의 사람들이 가지고 있는 내적 확신을 부수기 위해 자신의 정신분석적인 탐험을 이용하였다. 하지만 그는 자아가 '내적' 방향으로 무한함을 강조하였다. 프로이트에게 있어 자아는 영원히 내부로 향하는 무한한 무의식의 작은 부분일 따름이었다.

하지만 프로이트는 자아와 원초아 간의 경계가 없는 것이 롤랑이 말하는 영원성에 관한 느낌의 근원은 아니라고 인식하였다. 롤랑은 '외부' 세계와의 연결에 대해 내비쳤는데, 그것은 우주만물과 합쳐지거나 하나되는 느낌으로서, 무한한 무의식의 깊이와는 다른 것이었다. 이것은 프로이트에게 있어 자기 경험에서는 선뜻 발견되지 않는 상태였다.

프로이트는 주장하였다. "외부에 대해서는 자아가 분명하고 뚜렷한 경계선을 유지하는 것처럼 보인다. 하지만 자아의 경계가 유지되지 않는 하나의 상태가 있는데 그것은 일반적인 상태는 아닌 것으로 인정된다. 그렇다고 해서 병리적이라고 낙인찍을 수는 없다."(p.66) 프로이트는 사랑을 하는 상태에서만 자아와 외부 세계의 경계가 녹아 없어질 수 있다고 보았다. "사랑하는 상태에 있는 사람은 자신임을 증명하는 모든 감각이 존재함에도 불구하고 '나'와 '너'는 하나라고 선언하면서 그것이 사실인 것처럼 행동할 준비가 되어 있다."(p.66) 또 다른 존재 속으로 용해될 수 있는 자아가 이러한 역량을 가지고 있기에, 프로이트는 수유기 유아의 경험으로 되돌아가서, 자아의식적인 자아가 나타나기 이전의 유아에게 한때 사랑에 용해된 근원적인 통합 상태가 존재했음을 시사한다고 보았다. 프로이트는 다음과 같이 추론하였다.

자아는 본래 모든 것을 포함한다. … 이후에 그것은 외부 세계를 자신과 분리시킨다. 따라서 자아에 대한 현재 우리의 느낌은 자아와 그 주변 세계와의 긴밀한 유대에 부합하는 훨씬 더 포괄적인 느낌, 사실상 모든 것을 아우르는 그러한 느낌의 쪼그라든 잔여물일 따름이다.(Freud, 1930, p.68)

프로이트는 롤랑이 경험한 것은 자아가 모든 것을 포함하고 있는 수유기 유아를 연상시키는 상태로 되돌리는 원초적인 자아 느낌의 부활이라고 결론지었다. 그는 자신의 주장을 보완하기 위해 이름을 밝히지 않은 또 다른 친구의 예를 들었다. 그는 요가를 통해 "가장 특이한 실험"을 하고 "마음의 태초 상태"(p.72)로까지 퇴행을 유발했던 사람이었다.

동양의 명상전통에 대해 제한된 지식을 가졌던 프로이트는, 개인의 자아는 내부와 외부의 양 방향으로 무한히 자기를 확장하려고 한다는 개념을 가지게 되었다. 각각의 자아는 내면의 무의식과 외부 세계 둘 다를 아우르기 위해서 무한히 확장하기 때문에 모든 개인은 전체 우주를 포함하고 있다는 가설을 세웠다. 롤랑과 서신교환을 한 후에 그는 신비경험은 사람을 유아기적 상태의 특징인 외부 세계와의 통합 상태로 되돌릴 역량을 가지고 있다고 결론지었다. 하지만 프로이트는 이러한 자신의 이론에 대해서 진적으로 만족하지는 않았다. 1938년에 쓴 그의 마지막 저술에서 프로이트는 여전히 이 질문에 대한 답을 찾으려고 애썼다. 여기에서 프로이트는 신비주의는 정신의 '내면' 차원을 탐험하는 경로라고 썼다. 죽음을 얼마 남겨놓지 않았을 무렵 그는 다시 한 번 우리의 주의를 외부로부터 정신의 심층으로 돌려 놓으면서 "신비주의는 자아의 바깥 영역인 원초아의 애매한 자기지각이다."(p.300)라고 썼다.

  영적 경험을 이해하려는 프로이트의 시도는 자아초월 영역 안팎의 심리학자들에게 공히 일반적인 일이다. 그가 특정한 신비 경험과 무조건적인 사랑에 대한 유아기의 초기 경험이 유사하다고 본 것을 단순히 환원론적이라고 묵살할 수는 없다. 그 두 경험은 정말로 유사하기 때문이다. 그러한 신비 상태는 인생 초기에 친밀감을 경험하지 못한 사람들을 상당히 안심시킬 수 있다. 대개의 정신분석가들은 프로이트를 좇아 신비경험을 이런 식으로 보았다. 하지만 자아초월 이론가들은 오히려 그러한 상태가 가진 확장과 초월적인 측면에 주목하면서 신비경험을 원초적인 자기애의 갈망으로 보지 않는 경향이 있다. 대양적 경험이 가진 확장의 속성은 분명히 자아를 활성화시킬 수 있지만, 그러한 상태는 새로운 방식으로 초기의 자기애적 문제를 해소할 수 있는 기회도 제공한다. 결국 영적 수행은 궁극적으로 사람에게 내재되어 있는 자기애를 직면하는 것에 관한 것이다. 비록 미완성이기는 하지만 프로이트는 이러한 이해에 대한 기초를 놓았다.

2. 고르게 떠 있는 주의

프로이트에게 주요한 돌파구가 된 것은 그가 자기 저서에서 몇 번이나 반복해서 언급한 사고의 "비판적 능력"이라고 부른 것을 유보시킬 수 있는 가능성의 발견이다. 프로이트는 이러한 유보를 통해 정신분석을 실행하였다. 그것은 환자들의 자유연상과 치료자의 고르게 떠 있는 주의 둘 다에 핵심적인 것이었다. 동양의 수행자들은 주의적인 태도에 관해서 수천 년에 걸쳐 엄밀하게 논의하였다. 이를 알지 못했음에도 불구하고 프로이트는 분명하게 자기 자신을 교육시켰다는 것이 그의 위업이다.

그 주제에 관한 프로이트의 저술을 보면 고르게 떠 있는 주의에 관한 가장 핵심적인 면을 알 수 있다. 그것은 치우치지 않음이다. "판단은 … 유보하고 … 관찰 대상이 무엇이건 어디에도 치우치지 않는 주의를 … 기울일 것(1909, p.23)"을 정신분석가들에게 반복적으로 당부하면서 프로이트는 이러한 상태에서 독특한 방식으로 마음 현상을 이해하는 것이 가능하다고 주장하였다. 정신의 내용에 대한 관심을 여전히 유지한 채 그는 환자들의 이야기를 듣는 동안 일종의 기초적인 명상을 해보기를 자신의 추종자들에게 권장하였다. 그의 지시에는 최고의 불교 스승들의 저술에서 보이는 명료함이 잘 담겨 있다. 그 주제에 관해 프로이트(1912)가 최종적으로 쓴 글을 보면 최고의 선禪의 형식으로 쓰여 있음을 알 수 있다.

의사를 위한 원칙은 다음과 같이 표현할 수 있다. 즉 "그는 주의를 기울이는 자신의 역량에 어떠한 의식적인 영향을 주지 않아야 하며, 자기 자신을 '무의식의 기억'에 완전히 넘겨주어야 한다." 또는 기법에 관해서는 다음과 같이 말할 수 있다. "그는 다만 듣기만 해야 하며 자신이 무엇에 특별히 더 주의를 기울이는지 신경 쓰지 말아야 한다."(pp.111-112)

치료자는 "다만 듣기만 해야 하며 자신이 무엇에 특별히 더 주의를 기울이는지 신경 쓰지 말아야 한다"는 신조를 가지고 프로이트는 다소 주목할 만한 결론에 도달하였다. 그는 치료자와 환자 간에는 치료자가 제공할 수 있는 가장 중요한 치료적 도구라고 느껴지는 일종의 무의식적이거나 심령적인 소통이 있다는 확신을 갖게 되었다.

경험을 통해 곧 정신분석가는 가장 유리하게 적용할 수 있는 태도가 자신의 무의식적인 정신적 활동에 스스로를 맡기는 것임을 알게 되었다. 이것은 '고르게 떠 있는 주의'의 상태에서 가급적이면 의식적인 기대의 반영과 구축을 피하기 위함이다. 특히 환자에게 들어서 기억하고 있는 어떤 것을 고정시키지 않기 위함이며, 이러한 수단을 통해 자신의 무의식을 가지고 환자의 무의식에 떠다니는 것을 잡아내기 위함이다.(1923, p.239)

치료자들은 고르게 떠 있는 주의가 결정적으로 중요하다는 것을 프로이트만큼 명백하게 알았지만, 프로이트의 조언을 실천하고 환자들을 인지적으로 이해하려는 경향성을 극복하는 데는 상당한 어려움을 겪었다. 오토 페니첼(Otto Fenichel, 1941)은 프로이트의 독창적인 권고를 실행하기 위해 애쓰던 사람들에 대해, 그들은 단지 자신들의 무의식 속에 떠다닐 뿐이고 "거의 하는 일이 없다."(p.5)고 비난하면서 그들의 노력을 묵살하였다.

비언어적이면서도 합리적이고 지적인 사고 둘 다를 아우르기 위한 마음의 단일한 의식 상태, 즉 침착하면서도 균형 잡힌 순수한 주의 또는 고르게 떠 있는 주의가 가능하다는 것을 페니첼과 같은 분석가는 이해하지 못하였다. 프로이트가 암시하려고 했던 것처럼 그것이 무의식적인 과정일 필요는 없다. 이것이 아마도 자아초월심리학이 정신분석에게 되돌려줄 수 있는 하나의 영역일 것이다. 치료자들은 페니첼을 비롯한 많은 정신분석가들이 그토록 대단한 것으로 간주하는 인지 과정을 추구할 필요가 없다. 그런 일은 저절로 충분히 일어난다. 말해야 할 만큼 의미 있는 뭔가가 있을 때는 명백하게 나타나기 마련이다. 하지만 치료자의 지적 활동은 대개 환자의 존재를 경험하지 않으려는 방어이고, 발견을 진정한 가능성으로 만들어주는, 공동으로 경험한 무지 속으로 들어가 보는 것에 대한 거부이다.

고르게 떠 있는 주의 상태에 대한 프로이트의 설명은 명상적 태도를 적절히 묘사하고는 있지만, 치료자에게 가치 있는 것은 다만 환자의 무의식에 떠다니는 것을 포착하는 것이라고 강조하였다. 하지만 그는 이러한 마음 상태가 환자에게 주는 영향에 대해서는 말하지 않았다. 프로이트가 묘사한 그러한 상태는 단지 무의식을 전송할 가능성을 제공하기 때문에 필요한 것이 아니라, 이 상태에서만 환자가 치료자의 마음을 일종의 침범으로 느끼지 않기 때문이다. 치료자의 기대와 욕망이 아무리 은밀할지라도, 환자는 그것에 반발하거나 또는 순응해야 할 것 같은 압박감을 받는다. 간섭이 심한 또는 아예 방관하는 부모의 경우와 비슷하다고 말해도 과장이 아닐 것이다.

자아초월심리학 운동에서 강조하는 많은 부분은 인식의 힘을 기르는 것이다. 그것은 동양적 사고뿐만 아니라 치료적 주의를 포함하고 있는 프로이트의 선구적인 실험에도 뿌리를 두고 있다. 그러한 방향에서 프로이트의 선구적인 노력이 없었다면 현대의 치료자들은 동양의 주의 처리 양식을 음미할 수 있는 자리에 있지 못할 것이다. '비판적 능력'을 유보하는 것은 대부분의 사람들이 자력으로 할 수 있는 것은 아니지만, 프로이트는 바로 그 현상에 기반해서 하나의 운동으로 이끌어 냈다.

3. 쾌락원칙을 넘어서

프로이트가 최종적으로 자아초월심리학에 기여한 것은 그의 관점에서 보면 많은 부분 우리가 스스로 부과한 불행의 원인인 쾌락원칙에 대한 설명이다. 그의 설명을 보면 프로이트는 은연중에 괴로움의 본질과 그 원인에 관해 붓다가 설한 사성제의 두 가지, 즉 고성제·집성제와 유사한 말을 하고 있다. 인생 초기에 경험하는 '심적 안정' 상태나 만족감은 음식, 편안함, 따뜻함 등 내적으로 필요한 것을 요구하게 되면서 처음으로 방해받게 된다고 프로이트는 말하였다.(1911, p.219) 필요한 것은 어떤 것이든 (엄마에 의해서) '환상적인 방식으로' 마술같이 주어지면서 아이는 전능감이나 마술적인 통제감을 얻는다. 모든 필요가 즉각적으로 충족되고, 모든 만족감을 즉시 얻으며, 불쾌한 모든 감각이 즉시 사라지는 이러한 느낌은 편재해 있는 불만족감이라고 붓다가 설한 것의 토대가 된다. 우리는 본래 만족감을 갈망하지만 그것을 현실에서 구현할 수는 없다. 쾌락원칙은 인간 심리에 있어 최초로 조직된 원칙이지만 붓다와 프로이트에 따르면 그것이 지속되면 커다란 정서적 동요가 일어나게 된다. 이에 대해 프로이트는 다음과 같이 설명하였다.

이러한 만족감을 환각의 도움으로 얻으려는 시도를 버리게 해 주는 길은 예상한 만족감이 일어나지 않고 오로지 실망을 경험하는 것뿐이다. 그 대신 심령적인 도구는 외부 세계에서 실제 환경이라는 개념을 형성하고 그것들 속에서 진정한 변화를 만들기 위해 노력하기로 결정하였다. 정신적 기능에 대한 새로운 원칙은 그래서 다음과 같이 도입되었다. 즉 마음에 있는 것이 더 이상 탐탁지 않더라도 그것은 진짜로 일어난 일이고, 설령 그것이 탐탁지 않게 일어났다 하더라도 그러하다. 이러한 현실 원칙을 세우는 것은 중대한 단계임을 증명하였다.(1911, p.219)

프로이트는 쾌락원칙에 배타적으로 의존하는 것을 버려야 상위의 쾌락을 얻을 수 있다고 가르쳤다. 영적 체험이 현실에 대한 이러한 수용을 통해 일어난다는 것은 역설적이지만 진실이다. 두려워하거나 거부했던 욕망과 불만족의 바로 그 느낌을 알아차림으로써 변형 가능성을 탐지하는 현실을 연구 대상으로 한다는 관점이 자아초월심리학과 정신분석 둘 다에 있다. 흔히 이런 식으로 보이지는 않지만, 프로이트가 '승화'라고 부른 이 과정은 정신분석과 영성 간의 또 다른 중요한 연결고리이다. 쾌락원칙을 가동하려는 우리의 요구가 좌절되더라도 우리는 바로 그 좌절감을 견딜 수 있도록 비판단적인 인식을 일으킬 수 있으며, 승화와 영적 성장 모두에서 결정적인 변형의 과정을 시작할 수 있다.

프로이트(1910a)는 승화를 유아적인 소망 충동의 에너지가 단절되지는 않으나 사용할 준비가 되어 있는 수단이라고 묘사하였다. 별 도움이 안 되는 다양한 충동들의 목적은 이제 더 높고, 어쩌면 더 이상 성적이지 않은 목표로 대체된다. 프로이트에게 있어서 승화는 쾌락원칙으로부터의 탈출 가능성을 지속시키는 것이었지만 열정 자체를 선천적으로 위험한 것으로 암시하지는 않앗다. 예를 들어 레오나르도 다빈치의 정신적 상태에 관해 쓴 글에서 프로이트는 다빈치가 사랑과 미움의 긍정적이거나 부정적인 징후를 얼마나 잘 "떨쳐버리고" 그것들을 "지적인 흥미"로 변형시켰는지를 묘사하였다. 프로이트(1910b)는 그가 "열정이 부족한" 사람이 아니라고 주장하면서 "발견의 정점에서 … 그는 자신의 열정을 앎에 대한 갈망으로 전환시켰을 뿐이다."(pp.74-75)라고 했으며, 다빈치의 정서는 일종의 황홀감을 향해 돌진하곤 했다고 말하였다.

프로이트는 이러한 저술에서 신비경험을 위한 대안적인 모델을 제공하였다. 그것은 유아기적인 전능감의 상태나 쾌락원칙의 요구로 퇴행할 필요는 없다. 오히려 그가 다빈치에게 돌렸던 지식과 자기인식에 대한 끈질긴 추구로부터 발전하여 성장할 수 있을 것이다. 사랑과 미움의 긍정적이고 부정적인 징후를 떨쳐내고, 유쾌함을 추구하거나 불유쾌함을 거부하지 않으면서 인간은 신비할 정도의 황홀한 경험을 할 수도 있다고 프로이트는 제안하였다. 종교에 대해 반감을 가졌음에도 불구하고 프로이트는 놀랍게도 영적으로 공명하는 위치에 온 셈이다.

참고문헌

Fenichel, O.(1941), *Problems of Psychoanalytic Technique*, New York: Psycho analytic Quarterly.

Freud, S.(1909), "Analysis of a phobia in a five-year-old boy", *Standard Edition of the Complete Psychological Works of Sigmund Freud*, 10, ed. and trans. James Strachey, London: Hogarth and Institute of Psychoanalysis, 1955.

Freud, S.(1910a), "Five lectures on psycho-analysis", *Standard Edition*, 11, 1957.

Freud, S.(1910b), "Leonardo da Vinci and a memory of his childhood", *Standard Edition*, 11, 1957.

Freud, S.(1911), "Formulations on the two principles of mental functioning", *Standard Edition*, 12, 1958.

Freud, S.(1912), "Recommendations to physicians practicing psycho analysis", *Standard Edition*, 12, 1958.

Freud, S.(1923), "Two encyclopedia articles", *Standard Edition*, 18, 1955.

Freud, S.(1930), "Civilization and its discontents", *Standard Edition*, 21, 1961.

Freud, S.(1938, 1941), "Findings, ideas, problems", *Standard Edition*, 23, 1964.

제3부

위니캇

『국제 정신분석 리뷰(*International Review of Psycho-Analysis*)』에 "대양적 느낌을 넘어서"를 기고한 후에 나는 나와 안면이 있는 그 지역의 정신분석가로부터 몇 통의 편지를 받았다. 그 가운데 소호로프트 근처에 살고 있는 엠마누엘 겐트라는 정신과의사로부터 온 편지가 있었다. 겐트는 벨연구소에서 전자음악을 작곡하기 위해서 20년 동안 정신분석에서 손을 떼고 있었다. 그러나 지금은 뉴욕대학교에서 심리치료와 정신분석과 관련한 박사 후 과정을 밟고 있다. 그는 아담 필립스가 지은 『위니캇(*Winnicott*)』이라는 책을 읽었는지를 물었고, 나는 아직 읽어보지 못했다고 대답하였다. 마이클 에이건이라는 정신분석가로부터도 편지를 받았다. 그는 『정신병의 핵심(*The Psychotic Core*)』이라는 책을 보내왔다. 그 책에서 무통합(unintegration)과 알지 못함(unknowing)에 관한 위니캇의 견해에 대한 탁월한 요약을 볼 수 있었다. 위니캇을 알고는 있었지만, 아직 평가를 하지는 못하였다. 겐트와 에이건은 내 손을 잡고 나를 위니캇에게로 인도하였다. 내가 붓다와 프로이트 사이의 가교를 놓도록 도와주었고, 둘의 만남을 예견하는 글을 쓰고 있는 어떤 사람, 즉 위니캇을 소개해 주었다.

　제3부의 4개의 장은 모두 위니캇의 흔적을 담고 있다. 위니캇의 아이디어는 정신분석의 세계와 붓다의 세계가 얼마나 쉽게 연결될 수 있는지를 보여주었다. 제10장과 제13장은 위니캇의 창조성에 관한 이론에 영감을 받았고, 현대예술을 불교와 정신분석의 매개로 사용하고 있다. 여기에는 정신분석을 하나의 창조 활동으로 보고자 하는 전제가 깔려 있다. 아직 식상한 제목이 아니라면, 이 장들 가운데 하나에 "선과 예술치료"라는 제목을 붙였을 것이다. 제11장은 엠마누엘 겐트를 기리기 위하여 쓴 것으로, 나의 책 『욕망에 열려 있기(*Open to Desire*)』에 담겨 있는 핵심적인 아이디어를 담고 있다. 즉 욕망은 종종 그렇기는 하지만 영적 성장의 장애가 아니라, 명상의 가치 있는 주제이다. 제12장 "구조 없는 구조"는 위니캇의 무통합과 붓다의 무아의 관계를 기술하고 있다. 자아의 본성에 대한 붓다의 통찰을 설득력 있게 담아내는 것이 얼마나 어려운지 알기에 위니캇의 사색을 고맙게 생각한다. 그는 21세기의 언어로 붓다의 심리학에 풍미를 더하고 있다. 붓다는 처음에는 자신의 깨달음을 이해할 사람이 아무도 없을 것을 염려하여, 자신의 깨달음에 대해 말하는 것을 머뭇거렸다고 한다. "그것은 지치고 피곤한 일이다."라고 말하였다. 마침내 붓다는 세상에는 눈에 먼지가 덜 낀 사람들이 있어, 자아는 절대적인 실체가 아니라는 것을 알 것이라고 확신하였다. 붓

다의 생각이 세상의 다양한 문화에서 뿌리를 내렸다면, 그것은 언제나 이러한 개념을 받아들일 준비가 되어 있는 소수의 사람들 덕분일 것이다. 위니캇은 그러한 눈 밝은 사람 가운데 한 사람이었다.

제10장

나의 바다를 맛보라

- 공 또는 통찰(2004) -

동시대의 사람들이 존경해 마지않는 소수의 사람들이 있다. 비록 그들의 위대함이 대다수 사람들의 목표와 이상과는 완전히 다른 특성이나 업적에 기반한다고 할지라도 말이다. … 이러한 예외적인 사람 가운데 한 사람이, 자신을 나의 친구라고 하면서 나에게 편지를 보냈다. 나는 종교를 환상으로 다루고 있는 나의 얇은 책 한 권을 그에게 보냈다. 그는 종교에 관한 나의 의견에 전적으로 동의한다고 대답하였다. 그러나 종교적 정서의 참된 근원을 적절하게 평가하지 못한 것에 그는 유감을 표명하였다. 그것은 그 자신이 결코 밖에 있지 않다는 특별한 느낌으로 이루어져 있다. 다른 많은 사람들도 이를 인정한다. 아마 수백만의 사람들이 그렇게 인정한다고 그는 생각하는 것 같았다. 그것은 그가 '영원성'의 감각이라고 부르

는 느낌이다. 한계 없는, 묶이지 않은 어떤 것, 말하자면 '대양
과 같은' 느낌이다. … 내가 존경해 마지않는 친구가 표현한
이 견해, 그 자신이 시에서 환상의 마술이라고 칭찬했던 이 견
해는 나를 조금도 어렵게 만들지 않았다. 나는 내 자신 안에서
'대양적' 느낌을 발견할 수 없었다. 그 느낌을 과학적으로 다
루는 것은 쉽지 않다.

– 프로이트, 『문명 속의 불만』

불교, 심리치료, 현대예술의 접점을 이야기하면서 1960년대 후
반과 1970년대 초반에 '독립적인 개체'가 더 이상 예술의 대상이
될 수 없다는 주장은, 그 당시 서구문화로 도입되기 시작한 불교
의 무아와 연기의 개념에 비추어 볼 수 있다. 이를 지지할 수 있
는 다른 논의를(Tucker, 2004) 이 장에서 추가하고자 한다.

불교의 기본적인 가르침이 자아의 본질 또는 실체가 없다는
것이므로, 불교는 자연스럽게 예술가들에게 통찰을 주거나 또
는 예술가들을 지지하였다. 예술가들은 물질주의의 제약으로부
터 자유로워지면서 예술이 얼마나 흥미로운지를 발견하였다. 자
아는 만들어진 것이고, 대상은 상대적이라는 포스트모던의 개념
이전에 불교가 있었다는 것이 밝혀졌다. 이탈리아의 저술가인
깔라소(Roberto Calasso, 1998)는 고대와 근대, 동양과 서양의 관
계에 대해서 다음과 같이 이야기한다.

'근대'라고 불리는 것 가운데 최소한 지금까지 가장 예민하고, 가장 밝혀지지 않은 지점이 붓다의 유산과 관련된 것이다. 바로 사물들을 그만큼의 무더기로 보고, 사물을 해체하는 것이다. 요소들로 해체하는 것은, 요소들이 무더기가 될 때까지 무더기로 분리하는 것이다. 이러한 작업을 계속하는 것이다. 무미건조하고 힘든 번쇄한 과정이다. 무의미한 선동을 반복하고, 단조로운 작업을 계속하는 기분이다. 어떤 권위나 금기에 대한 존경이 완전히 사라진 것이다. 그 안에서 모든 실체는 공하다. 껍질만 남아 있다. 유령이 계속 왔다 갔다 하는 곳에서 모든 것이 일어나고 있다는 확신이 든다. 마음이라는 수학이 열린 채로 작동하도록 허용하는 것이다. 세계를 톱니가 연동하여 움직이는 것으로 본다. 어떤 일정한 거리를 두고 세계를 관찰한다. 그러나 그 거리가 정확히 얼마인가? 더 이상 질문이 이어지지 않는다. 이 의문에 괴로운 다른 불확실성의 흔적을 더하고자 한다.(p.368)

깔라소는 정확하게 짚고 있다. 아비담마로 알려진 고전적인 불교심리학의 현상학은 근대에 실재를 원자화하는 것의 선구자였다. 개념적으로 불교와 근대는 비슷하다. 분석적으로 객관적 실재의 체계를 와해함으로써 그 밑에 놓여 있는 무상성이 그대로 드러났다. 대상의 물질성을 와해하는 것이 예술작품 또는 자아가 되었다. 안전한 위치에서 관찰하는 관찰자의 관점에서 복잡한 인과적인 상대성의 세계로 들어옴으로써, 우연히 접한 폴 맥카티의 작품처럼 나의 아내와 딸은 피노키오 옷을 입은 채 예술의 세계와 불가분의 관계에 있는 자신들을 발견하게 될 것이다. 관찰자와 관찰되는 대상은 모두 상호 침투되어 있는 실재의 부분이다. 우리가 주의를 기울여야 하는 것은 우리가 어떻게 그 실재를 경험할지 결정하는 것이다.

이것이 지난 30년 동안 심리치료의 세계가 보여주었던 발견들이다. 심리치료에서 치료자는 중립적이고 관찰자적인 안전한 지위에 있다는 것에서 "상호주관성" 또는 "관계성"이라는 새로운 이론으로 나아갔다. 이제 치료자의 관심은 더 이상 내담자와 분리된 자아에 있지 않고, 치료자와 내담자 사이에 존재하는 관계의 장에 있다. 심리치료의 세계에서 자아감이라는 마지막 보루에서조차 개별적인 자아의 영역을 포기해야 한다.

그러나 불교는 객관적인 실재를 분석적으로 해체하는 것 이상의 어떤 것을 제시한다. 불교는 예술을 행하고 경험하는 데 필수적인 어떤 것을 명상에 의해서 전달하는 과정을 가지고 있다. 불교는 의례·의식·제의·공동체에서의 의무를 거부하고, 기억·욕망 그리고 개념 조직을 우선시하면서 점점 더 수행자들을 깊은 자기 자신으로 이끌어가고, 그들의 주관성과 개별성을 긍정하는 동시에 도전한다. 자아가 대상이 될 수 있다는 것을 문제삼는 것이 불교가 끝없이 넓은 습지에서 표류하도록 내버려 둔다는 것은 아니다. 불교명상이 자아의 정체성을 해체한다고 할지라도,

매우 개인적이면서도 잠재적으로 매우 창조적인 자아의 저수지, 즉 자아 없는 저수지를 인정한다. 이 측면이 내가 누누이 말하고자 하는 것이다.

깔라소가 지적하듯이 처음에는 정의하기 어렵지만, 어떤 일정한 거리를 두고서 관찰하는 것이 불교에서 주의를 기울이는 주요 방법이다. 티베트 불교에서는 이를 마치 마음 한구석에서 모든 것을 관찰하는 '스파이 의식'을 훈련하는 것으로 기술한다. 이는 불교의 모든 가르침의 바탕에 놓여 있는 마음 자세이다. 이러한 태도는 동남아시아의 상좌부불교의 수행에서 중국과 일본의 선수행, 티베트의 밀교적인 금강승수행에 이르기까지 다양한 형태로 퍼져 있다. 상좌부불교는 기원전 5세기 붓다가 살아 있을 때의 불교 원형에 가장 가까운 불교이고, 중국과 일본의 불교는 자연과 조화를 이루는 도교의 이데올로기와 연결되어 있고, 티베트 불교는 중세 인도의 밀교가 외세의 침입으로 인해서 새로운 은신처를 찾은 곳이다.

때때로 '순수한 주의'로 불리는 이 방법은 "우리에게, 우리 안에서 실제로 일어나는 것에 대해서 연속적으로 분명하게 하나의 대상에 집중하는 알아차림"으로 정의된다.(Nyanaponika, 1962, p.30) 분리되어 있으면서도 수용적이고, 몸과 마음에서 일어나는 것은 무엇이든지 정확하게 알아차리면서도 조심스럽게 그 사건 자체와 마음 또는 정서의 반응을 분리한다는 점에서 우리의 일상적인 지각의 양상과는 다르다. 때때로 '마음챙김', '순간순간의 알아차림', '순수한 주의'로 불리는 이것은 명상의 필수조건으로, 붓다가 독자적으로 공헌한 것이다. 이는 우리의 모든 경험에 대해 근원적으로 수용 또는 허용하는 것이라고 할 수 있을 것이다.

이러한 마음의 자세를 완벽하게 표현하는 하이쿠가 있다. 대부분이 친숙할 것이다.

오랜 연못
개구리 뛰어드는
퐁당

오랜 연못은 당신의 마음, 당신이 명상 중에 보고 있는 마음이다. 자아가 치유적으로 분리되는 것은 이와 비슷한 마음 상태를 요구한다. 정신분석가들은 이를 인식하였다. 분리되면서 수용적인 자신의 마음을 판단 없이 관찰하라. 조용하든 시끄럽든, 바람이 불든 고요하든, 아름답든 그렇지 않든 그냥 오랜 연못이다. '개구리 뛰어드는' 일은 종종 일어난다. 생각이나 느낌은 당신을 따라서 흘러간다. 당신은 다른 사람이 당신의 기분을 상하게 한 기억, 실망시킨 기억을 가지고 있다. 또는 새로운 아이디어가 당신을 흥분시킨다. '퐁당'은 울림이다. 당신의 마음이 어떤 것으로 계속 나아가고 있다. 어떤 것이 다른 것으로 이어지고, 아마 정서적으로 연관될 것이다. 실망은 분노로 연결되고, 화는 끓어오른다. 근육은 굳어지고, 호흡은 가빠진다. 그러나 당신은 여전히 연못을 지켜보고 있다. 원래의 사건에서 얼마나 멀리 떨어져 있는지를 알아차리고, 즐거운 것과 즐겁지 않은 것이 어떻게 엇갈리는지를 알아차리고, 그것들이 서로에게 어떻게 흘러가는지를 알아차리고, 그것들이 어떻게 동시에 당신이면서 당신이 아닌지를 알아차리면서도 반응을 허용한다. 당신은 관찰하는 동시에 관찰된다. 아니면 이 말이 맞는 말인가? 아마 단지 이것만이 있다. "퐁당"

　예술가들에게 순수한 주의의 상태는 익숙하다. 내가 함께 작업하거나 언급한 많은 예술가들이 불교의 스승으로부터 받은 족자를 스튜디오에 걸어놓고 있는 것을 보게 된다. 초점이 있는 집중과 초점이 열려 있는 비판단적 알아차림을 조합하는 것은 많은 예술가들의 창조적 과정에 필수적이라고 한다. 판단하거나 비교하지 않는다. 즉 생각하거나 계획하거나 평가하지 않는다. 작품을 어떻게 다양한 이데올로기에 맞출지를 고민하지 않는다. 그러나 이렇게 주의를 잘 기울일 수 있는 내적인 창조적 과정의 역동 안에 뭔가가 있다. 새로운 아이디어가 스스로를 드러내고, 오래된 아이디어를 해체하고, 습관의 힘은 있는 그대로를 볼 수 있도록 하는 그러한 상태가 된다. "퐁당"

　이것은 심리치료자들에게 익숙한 마음의 상태이기도 하다. 프로이트(1909)는 정신분석을 하면서 의사들에게 종종 "판단을 중지하고 관찰할 수 있는 모든 것에 고르게 주의를 기울이라."고 가르침을 주었다.(p.23) 프로이트는 두 가지 근본적인 특징을 최고의 마음 상태로 제시하였다. 첫째는 선택하여 집중하거나, 이해하려고 숙고하거나, 이성적으로 생각하지 않는 상태이고, 둘째는 알아차려야 하는 영역에서 일어나는 모든 것에 고르고 평등하게 그리고 편중되지 않게 주의를 기울이는 것이다. 이 방법에 대해서 프로이트는 다음과 같이 말하고 있다.(1912)

매우 간단하다. 우리가 알게 되겠지만, 그것은 어떤 특별한 방편도 (필기를 하는 것까지도) 강구하지 않는다. 그것은 다만 어떤 사람이 특정한 것에 주목하도록 이끌지 않는 것이고, 듣게 되는 모든 것에 (내가 이름 붙인) '고르게 떠 있는 주의'를 유지하면 되는 간단한 것이다. … 모든 것에 동등한 주의를 기울인다는 원칙은 자신에게 일어나는 모든 것에 대해 비난이나 취사선택하는 일 없이 소통해야 한다고 환자에게 가하는 압박과는 반대되는, 필요한 것임을 알게 될 것이다. 의사가 그렇게 하지 않고 달리 행동한다면 환자가 '정신분석의 근본 원칙'을 따름으로써 얻을 수 있는 대부분의 이익을 모두 팽개치는 것이다. 의사를 위한 원칙은 다음과 같이 표현할 수 있다. 즉 "그는 주의를 기울이는 자신의 역량에 어떠한 의식적인 영향도 주지 않아야 하며, 자기 자신을 '무의식의 기억'에 완전히 넘겨주어야 한다." 기법에 관해서는 다음과 같이 말할 수 있다. "그는 다만 듣기만 해야 하며 자신이 무엇에 특별히 더 주의를 기울이는지 신경 쓰지 말아야 한다."(Freud, 1912, pp.111-

112)

　제임스 조이스(James Joyce)가 예술작품을 가장 잘 볼 수 있는 방법을 제시할 때, 뭔가 비슷한 이야기를 하였다. 그는 "바라보기"라는 말을 종종 사용하였다. 그러나 내 생각에 제임스 조이스는 프로이트가 무의식에 "떠다니는 것을 잡는다"고 이야기할 때 지적하는 것을 기술하고 있다. 당신이 예술작품을 자신에게 끌어당긴다면 그 경험은 외설적이게 되고, 당신이 자신과 너무 멀리 거리를 두면 그 경험은 비판이 된다고 제임스 조이스는 말한다. 올바른 접근법은 어느 정도 중간영역을 필요로 한다. 중간영역에서 관찰자는 대상에 대한 무의식적 경험에 자신을 내맡긴다.

　좀 더 현대의 정신분석가인 크리스토퍼 볼라스(Bollas, 1987)는 이를 "미학적 순간"이라고 말한다. 이 미학적 순간은 '주관적인 라포'를 포함하는데, 이 라포 가운데서 "보는 사람은 대상에 의해서 대칭과 고독을 느낀다."(p.16) 이는 '근원적인 침묵의 시간'이다. 볼라스는 "멈춰진 순간 … 갑작스러운 경의의 한순간 자아와 대상이 서로 고양되고 교감될 때"를 말한다.(p.31) 볼라스가 함의하는 것은 명확하게 형식화되지는 않지만, 어떤 마법의 순간에 주객이 그들의 독립성을 잃어버리는 것이다. 어떤 이는 이를 경계가 사라지는 것이라고 부르고, 다른 말로는 일상적인 세계에서 자아와 타자 사이에 있는 마음의 창문이 열리는 그러한 시간이라고 할 수 있을 것이다.

순수한 주의를 주장하는 가장 최근의 사람으로는 작곡가 겸 예술가인 존 케이지(John Cage)가 있다. 그의 음악과 작품은 이러한 본질적인 마음의 자세를 순수하게 표현하고 있다. 이런 과정에서 케이지는 예술과 심리학과 불교를 이해할 수 있는 방식으로 연결하는 데 크게 기여하고 있다. 케이지는 "당신이 음악적인 소리를 들을 수 있는 귀를 계발하는 것은 자아를 계발하는 것과 비슷하다."고 말한다. "음악적이지 않은 소리를 듣는 것을 거부하는 것은 좋은 경험을 할 기회를 차단한다. … 가장 최근에 소리에 대한 나의 태도가 바뀐 것은 자동차 경적소리나 도난 경보기 소리처럼 큰소리를 지속적으로 내는 것과 관련되어 있다. 그 소리들은 나를 화나게 만들었지만, 지금은 그 소리를 수용하고 즐기기까지 한다. 마르셀 뒤샹 때문에 이러한 변화를 겪게 되었다고 생각한다. 뒤샹은 한 곳에서 변하지 않고 나는 소리가 오랜 시간 지속되며 우람하고 건강한 소리의 조각품을 만들어 낼 수 있다고 말하였다. 아름답지 않은가."(Nisker, 1986, p.4)

예술, 심리학, 불교의 상호관계에 대해서 이야기하는 동안 세 분야 모두 호기심, 중간, 순수한 주의와 같은 것이 우세할 때 번성한다는 것이 분명해졌다. 이것 때문에 불교는 치료자들과 예술가들 사이에서 흥미를 불러일으킨다. 예술가들과 정신분석가들은 불교의 이러한 상태에서 자신들의 길을 찾아야 하는 것이다. 불교는 이러한 상태를 이미 알고 있고, 이러한 상태로 나아가는 방법을 가르쳐 줄 수 있고, 당신이 그곳에 가려면 무엇을 해야 하는지에 대해서 중요한 것을 말해줄 수도 있다.

영국의 아동정신분석가인 위니캇의 저작은 명상을 할 때 실제로 무엇이 일어나고 있는지 가장 설득력 있게 기술했으며, 명상이 왜 문화적·예술적 표현과 연관되어 있는지를 가장 구체적으로 보여준다. 중간, 변화의 공간, 형식 없는 경험, 사이영역, 내적 삶의 세계와 타인과의 관계의 세계에 대해서 위니캇은 대가이다. 위니캇은 상상과 매일 매일의 경험 사이를 열고 연결하는 것에 대해서 다양한 많은 방식으로 이야기하고 있다.(Winnicott, 1965, p.187) 위니캇은 놀이, 창조성, 자발성, 친밀감에 관심이 있었고, 또한 개인적이고 소통할 수 없으며, 정적이고 침묵하며, 매우 개인적인 정신적 삶의 영역에 대해서도 관심이 있었다. "정신분석에서 사용된 말들은 우리가 알고자 하는 모든 것을 말해주지 않는 것처럼 보인다. 예를 들어 베토벤 교향곡을 듣거나, 그림전시회를 관람하거나, 셰익스피어의 비극을 읽거나, 테니스를 칠 때 우리는 무엇을 할까? 어머니가 돌보는 동안 장난감을 가지고 거실에 앉아서 놀 때 아이는 무엇을 할까? 팝음악 시간에 10대들은 무엇을 할까? 그뿐 아니라 우리는 무엇을 하는가? 이러한 질문을 제기할 필요가 있다. 우리는 어디에 있는가? 우리는 안팎이라는 개념을 사용해왔다. 우리는 제3의 개념을 필요로 한다. 말하자면, 우리가 많은 시간을 즐겁게 보내는 데 사용하고 있을 때, 우리는 어디에 있는 것인가?(Winnicott, 1971, pp.105-106)

위니캇은 안팎이 아닌 제3의 장소를 가리키기를 주저하지 않았고, 이를 놀이·창조성·영성과 연결시키기를 주저하지 않았기 때문에 의의가 있다. 비록 불교나 명상의 언어를 사용하지 않았지만, 위니캇은 순수한 주의를 떠올리게 하는 공간을 기술하였다. 위니캇의 모든 논의는 어린 시절의 경험에 뿌리를 두고 있기 때문에 불교가 자체적으로도 강조하는 것을 분명히 하였다. 즉 순수한 주의의 상태는 우리에게 자연스러운 것이다. 잊힐 수도 있고, 가려질 수도 있고, 심지어는 위협적이라고 느낄 수도 있지만, 그것은 우리에게 자연스러운 것이다. 이를 발견하는 것은 항상 회복의 의미를 포함한다. 예술 활동은 그 자체적으로 이러한 공간과 접촉할 것을 요구한다. 감상하는 사람에게 예술작품에 대해 경외하거나 예술작품을 감상하는 경험은 그와 비슷한 상태를 불러일으킨다. 케이지는 "당신이 어디에 있든 무대는 항상 열린다."고 말한다. 또한 "예술은 단순히 바로 이것이라고 쉽게 설득하는 것이다."(Nisker, 1986, p.4)라고도 한다. 예술은 순수한 주의의 공간으로 나아가는 또 다른 문이다.

로베르토 깔라소가 분명하게 이야기하듯이, 불교는 이 세계의 경험을 구분할 때 주관적 실재와 객관적 실재를 그만큼 많은 무더기의 요소로 해체하였다. 근대의 물리학자 또는 근대의 예술가처럼 불교는 사물에 대한 세속적인 견해와 이별하고, 사물이 실제로 존재하는 방식에 대해서 다시 생각하게 만들었다. 그러는 동안 불교는 안팎, 자아와 객체라는 개념이 어떻게 만들어질 수 있었는지를 더욱 더 분명하게 이해하게 되었다. 왜냐하면 어떤 것도 자체적으로 존재할 수 있는 것은 없고, 어떤 것도 본래적인 존재 또는 지속적인 개인의 본성을 가지지 않기 때문에 모든 것은 다른 것에 의존하게 되고 상대적이게 된다.

편재하는 상대성은 위니캇이 엄마와 아기 사이에 일어나는 것을 기술할 때 가지고 있던 생각과 연관되어 있다. 엄마와 아이가 서로에게서 분리되기 시작할 때, 아이는 그들 사이에서 "가능 공간(potential space)"이라고 부르는 것을 열기 시작한다. 엄마에 대한 신뢰로 아이는 이러한 공간을 경험하고, "창조적인 놀이, 상징의 사용, 문화적 삶으로 나아가는 모든 것"으로 결국 채우게 된다.(Winnicott, 1971, p.109) 엄마에 대한 신뢰는 아이가 가능 공간을 경험하도록 허용하고, 그것을 경험하는 놀이를 허락한다. 명상에서도 매우 유사한 방식으로 순수한 주의에 대해 신뢰하는 마음을 완전히 경험하도록 허용한다. 이는 존 케이지의 무대처럼 세상에서 놀이를 평가하는 것을 허용한다.

불교에서 종종 잘못 이해되는 중요한 부분이 있다. 공(śūnyatā, 空)에 대한 이해는 무를 사물화하는 것을 허용하지 않는다. 불교에는 사이경험(intermediate experience)을 하는 세 번째 공간에 접근하는 것이 열려 있고, 긍정적인 것·즐거운 것·창조적인 것이 모든 경험 아래에 놓여 있다고 주장한다. 자아 또는 대상이 우리가 생각하듯이 구체적이고 자기충족적인 실체가 아닐지라도 무無가 대안은 아니다. 공은 임신한 여성의 자궁에 비유하는 것이 가장 적절하다. 공은 씨앗이 팽창하듯이 '부풀어 오른다'는 의미를 가진 '스위(svi)'라는 산스크리트어를 어원으로 한다. 불교의 공은 세계의 사물에 퍼져 있고, 그 사물을 유지하는 공간성, 가득함의 의미가 있는 것이다. 이러한 가득함을 제대로 평가하지 않는 것은 자아를 해체하는 데 큰 장애가 된다. 몇몇 현대 예술가를 포함하여 많은 사람들이 이 장애에 빠진다. 위대한 불교학자 나가르주나는 "공은 견해를 포기하는 것이다. 그러나 공이라는 견해에 집착하는 자들은 치료할 수 없다."라고 말한다.(Cleary, 1986, p.19) 공이 나아가고자 하는 위대한 행보는 이 세계의 사물을 불교에서 가르치듯이 '단지 있는 것'으로 여실하게 평가하는 능력이다.

사물을 단지 있는 것으로 여실하게 아는 이러한 능력은 예술가, 명상가, 심리치료자를 연결하는 것이다. 각자는 순수한 주의와 변화의 공간에 대한 가능성을 열어 놓고 있다. 각자는 세속적인 실재의 아래에 놓여 있는 공의 작용을 살짝 엿볼 수 있다. 불교예술은 아시아에서 역동적으로 변화했던 1,000년이 지난 이후 600, 700년 동안 거의 변화가 없었고 하나의 아이콘처럼 되었지만, 살아 있는 불교가 우리 문화 속에서 출현한 것은 다른 변화의 가능성, 또 한 번의 다르마의 바퀴를 굴릴 가능성을 내포하고 있다. 오늘날의 예술가들은 같은 형태를 자꾸 반복하기보다 현대적 맥락에서 불교적 통찰을 재해석하고, 그러한 통찰을 작품으로 표현할 기회를 갖고 있다. 이를 위해서 그들이 공식적으로 '불교신자'가 되어야 하는 것은 아니다. 창조적인 표현을 위해서 공과 연결된 불교의 깊은 통찰에 영감을 받을 수 있으면 된다.

　불교는 오늘날의 예술에 중요하다. 왜냐하면 불교는 해체주의적 이데올로기에서 두드러지는 자아 의식적인 허무주의에 대해 해결책의 역할을 할 것이기 때문이다. 종교는 사회적 물질주의에 대한 의지처 역할을 종종 하지만, 불교는 창조적 행위의 긍정성을 다시 확인하는 수단으로서 마음으로 들어갈 것을 제안한다. 주로 포스트모더니즘의 반응이라고 할 수 있는 예술의 대상과 자아가 와해되는 것에 대해 허세를 부리면서 빈정대거나 간신히 충격을 숨기는 것이 아니라, 불교는 이 세계의 비실체적인 본성을 폄하하는 일 없이 받아들이는 온화하면서도 꿰뚫어보는 지혜를 제시한다. 공이라는 가르침을 통해서 불교는 창조적 활동이 일어날 수 있는 가능 공간을 우선시한다. 불교는 예술작품을 만드는 과정에 함축되어 있다고 믿는, 적당한 말을 찾기 어렵지만, 믿음이 도약하는 것을 이해한다. 오랜 연못은 우리가 오랜 시간을 지켜본다고 할지라도 그 매력을 잃지 않는다.

　시카고에 있는 현대예술박물관에서 최근에 개최한 피피로띠 리스트(Pipilotti Rist)의 '나의 바다를 맛보라'는 전시회에서 예술작품을 보았을 때, 그녀가 이러한 의도를 가지고 있었는지는 모르겠지만, 그녀는 나에게 이러한 비전을 보여주었다. 계속 변화하는 이미지로 마구 뒤틀리는, 잊히지 않는 낮은 소리가 나는 MTV 같은 모호한 비디오였다. 나는 관람실에 죽 늘어서 있는 작품 때문에 혼자 명상상태로 들어갔다. 대양, 무의식, '소통되지 않은 자아'로부터 상징이 떠오르고, 자아와 타인과 사이영역에 있는 가능공간이 모든 침묵 속에서 드러난다. 이 예술가는 내가 명상경험에서 알았던 공의 창조적 놀이(creative play)라는 어떤 것과 소통하고 있다는 것을 느꼈다. 이러한 성찰 중에 나는 명상을 할 때 느꼈던 말로 표현할 수 없던 어떤 것, 어디에서 왔다고 할 수 없는 편안함 또는 기쁨을 느꼈다.

나는 조용히 마음속으로 '단지 있음'을 맛봄, 예술의 풍미를 생각하였다.

참고문헌

Bollas, C.(1987), *The Shadow of the Object: Psychoanalysis of the Unthought Known*, New York: Columbia University Press.

Calasso, R.(1998), *Ka: Stories of the Mind and Gods of India*, New York: Vintage.

Cleary, T.(1986), *Shobogenzo: Zen Essays by Dogen*, Honolulu: University of Hawaii Press.

Freud, S.(1909), "Analysis of a phobia in a five-year-old-boy", *Standard Edition*, 10, London: Hogarth Press, 1955, pp.3-152.

Freud, S.(1912), "Recommendations to physicians practicing psycho analysis", *Standard Edition*, 12, London: Hogarth Press, 1955, pp.109-120.

Nisker, W.(1986), "John Cage and the music of sound", *Inquiring Mind* 3, no.2, pp.4-5.

Nyanaponika Thera(1962), *The Heart of Buddhist Meditation*, New York: Samuel Weiser.

Tucker, M.(2004), "No title", In J. Baas & M. J. Jacob (editors), *Buddha Mind in Contemporary Art*, Berkeley: University of California Press, 2004, pp.75-86.

Winnicott, D. W.(1965), "Communicating and not communicating leading to a study of certain opposites", In *The Maturational Processes and the Facilitating Environment*, New York: International Universities Press.

Winnicott, D. W.(1971), *Playing and Reality*, London & New York: Routledge.

제11장

낯선 아름다움

− 엠마누엘 겐트와 동서양의 심리학(2005) −

겐트(Ghent)가 유명을 달리하기 몇 해 전에 나는 오랜 친구이
자 나의 스승인 이전에 하버드대학교에 재직했던 리차드 알퍼트
(Richard Alpert), 지금은 람 다스(Ram Dass)로 알려진 심리학자와
맨해튼을 걸으면서 이야기를 나누었다. 겐트도 그렇지만, 람 다
스는 동서양 심리학의 통찰을 융합하는 방법을 알고 있었다. 이
점이 항상 존경스럽다. 그날 저녁의 대화에서 그는 동서양을 종
합하는 자신의 독특한 핵심적 방법을 이야기하였다. 그것은 정
신적 실재의 여러 차원들 사이를 오가는 것이 필요하다는 것이
었다. 다른 차원의 정신적 실재 사이를 움직일 필요를 이야기하
였다. 최근 중풍이 와서 잠깐씩 말을 어둔하게 했지만, 람 다스와
오랫동안 알고 지내면서 여러 번 들었던 이야기였다.

　"우리 모두는 여러 차원에서 동시에 존재해. 우리들 각자는 여

러 차원의 의식을 가지고 있어."

람 다스는 소호로프트 앞에서 휠체어에 앉은 채로 말하였다.

폭풍우가 쳐 비는 천장의 채광창과 유리창을 때리고, 저녁에는 더 으스스한 기분이 들었다.

"첫 번째 차원은 자아야. 자아가 첫 번째여야 해. 왜냐하면 그게 자아이거든."

그는 성한 팔로 무릎을 치면서 자기가 한 농담을 즐거워하였다. 람 다스의 말에 의하면 자아는 여전히 불안전한 자기애적 자아이지만 의기양양하다. 무엇보다 자신을 보존하고 만족시키는 데 관심을 가진다. "자아는 '나의' 성취, '나의' 필요, '나의' 욕망처럼 자신에 관한 것이 전부이다. 자아는 자신이 이 세상으로부터 고립되어 있다고 느낀다."

람 다스에 의하면 이 자아는 위니캇이 말하는 거짓 자아와 유사하다. 거짓 자아는 안전한 마음의 피난처로 물러남으로써 재빨리 숨거나 포기하는 반응을 한다. 그 피난처에서 거짓 자아는 위협적으로 보이는 대인관계의 환경을 다루어 보려고 시도한다. 자아는 다른 것을 희생하더라도 자신을 지키려고 한다. 자아는 불안한 장소에서 작용한다. "자아로 가득 찬 방은 '내 말 좀 들어봐'라는 온갖 소음을 내는 각각의 트럼펫 소리로 가득 찬 방과 같다. 크리슈나의 피리와 같은 부드러운 멜로디를 들을 수는 없다."고 람 다스는 말하였다.

이 때 람 다스는 크리슈나에 대한 기도를 드렸다. 람 다스의 인도스승은 크리슈나가 탄생한 곳 근처에 사원을 가지고 있었다. 크리슈나는 인도의 신 중에서 가장 중요한 신의 하나이다. 인도 전통 설화와 그림은 크리슈나의 어린 시절, 젊은 시절, 어른 시절의 삶에 대한 이야기들로 가득하다. 아기 때 크리슈나는 어린이의 사랑으로, 인도에서 유명한 개방적 에로티시즘의 현현이었다. 젊을 때 크리슈나는 숲속의 아름다운 여러 젊은 여성들과 동시에 사랑을 하는, 황금으로 된 피리를 부는 목동이었다. 어른일 때 크리슈나는 힌두경전 가운데 가장 신성한 경전의 하나인 『바가바드기타』의 신화적인 전투에서 전사인 아르쥬나에게 조언을 하였다. 람 다스의 주장에 의하면 크리슈나의 피리는 신의 소리를 만든다. 인도에서 피리소리가 불러일으키는 열망 또는 피리소리가 주는 아이디어는 그 자체로 명상이고, 박티(bhakti)라고 불리는 헌신의 요가의 한 형태이다. 이러한 열망에 자신을 헌신함으로써 그 사람은 자신을, 신의 부름을 받은 영혼이라는 다른 차원에서 경험할 수 있다.

람 다스가 말한 첫 번째 차원이 자아라면, 두 번째 차원은 영혼이다. 인도철학에 푹 빠진 람 다스에게 영혼은 즉각적으로 육화된 자아보다 앞서 있고, 오래 지속된다. 영혼은 매일 매일의 개인적인 관심사를 넘어서 있다. 그러나 윤회에 대한 믿음은 람 다스가 말한 두 번째 차원을 이해하기 위한 전제조건으로 반드시 필요한 것은 아니다. 영혼이라는 말은 희랍어인 '프쉬케(psyche, 호흡)'의 직접적인 번역어이다. 프쉬케는 또한 융의 "발견되지 않은 자아(undiscovered self)"와 프로이트의 "이드(the it, 그것)"를 함축한다. 이성적인 마음보다 광범위하고, 정서적인 몸을 통해서 무의식으로 확장되는 그것은 융의 말에 의하면(1957, 101), "종교적 경험을 통해서만 접근할 수 있는 근원"이다. 대다수의 의견에 의하면 프쉬케는 개인적인 의도뿐만 아니라 영성적인 의도를 가지고 있다. 프쉬케의 욕망은 신을 알고자 하는 것 또는 자신을 알고자 하는 것이다. 비록 어디를 보아야 할지를 프쉬케가 종종 헷갈리기는 하지만 말이다.

람 다스가 지적하듯이, 거짓 자아는 주도권을 양보하지 않으려고 한다. 거짓 자아는 자신이 궁극적으로는 실재하지 않는다는 것을 두려워한다. 융(1957)은 거짓 자아의 통제욕구가 얼마나 큰 피해를 가져올 수 있는지를 처음으로 인식한 심리학자 가운데 한 명이다. 융은 "거짓 자아의 지배가 의심받는다는 것은, 자아에게는 긍정적인 위협으로 보일 수 있다. 한편 종교적인 사람은 그 자신의 집에서조차 자신이 주인이라고 생각하지 않는 것에 익숙해져 있다."고 쓰고 있다.(1957, pp.98-99) 이것은 위니캇이 의사소통불능이라는 개념에서 발전시켰고, 엠마누엘 겐트가 포기에 관한 그의 논문에서 더욱 정교화시킨 생각이다. 그들은 세속적인 지식이나 이해, 거짓 자아의 영역을 넘어서 개인적인 정서의 세계 또는 명상의 과정에서 보이는 전통적으로 신비하거나 금욕적인 영역으로 나아갈 필요를 이야기한다. 위니캇의 의사소통불능이라는 요소가 의미하는 것은 치유적으로는 초기 아동기의 언어 이전의 경험을 탐구하도록 한다. [이것을 크리스토퍼 볼라스(1987)는 "사고되지 않은 앎"이라고 한다.] 왜냐하면 언어와는 상관없는 심령적 조직화의 차원에서 딱 그만큼이 일어나기 때문이다. 그러나 원초적 의식의 상태로 회귀하는 것으로만 이 차원을 보는 것은 잘못이다. 이 영역은 지금 현재 우리의 삶·열정·꿈·그리움·정서에 있고, 어른이 되었을 때 이 차원을 여는 것은 유아기의 경험으로 회귀하는 것과는 매우 다르다. 우리가 완전히 알지는 못하지만, 저 멀리서 우리에게 손짓하는 무한한 세계는 분리된 개인이 되는 경험을 깊이 확장하고 있다. 이것을 종교적이라고 부르는 것은 세속적인 영성의 개념을 확장하는 것이다. 그러나 이것의 영적인 본성을 부인하는 것은 프쉬케를 필요없는 것으로 만드는 것이다.

이것이 바로 람 다스가 설명하면서 즐거워했던 바로 그것이다. 자아는 자신이 최고가 아닐 수 있다는 것을 인정하기 싫어한다. 그러나 만약 자아가 자신이 최고가 아닐 수 있다고 속아 넘어간다면 광대한 우주가 자아에게 열린다. 환상·정서·충동·꿈은 이 알려지지 않는 것의 창문이 되고, 자아와 프쉬케 사이의 다리가 된다. 그리고 이들은 가장 신비로운 차원을 우리에게 모두 알려주는 힘을 가지고 있다. 이것을 람 다스는 "세 번째 차원"이라고 한다. 대단히 중요하면서 비개인적인 알아차림, 의식, 철학자와 신경생물학자들을 괴롭히는 신비가 현존하는 것이라고 섬세하게 이야기하였다.

람 다스는 세 번째 차원을 설명하면서 융의 사고에서 벗어나 겐트가 놀이와 창조적 활동을 이해하는 방식을 평가하면서, 원래의 논의로 돌아왔다. 람 다스는 나이가 지긋한 여성에 대한 이야기를 들려주었다.

그 여성은 그가 인도에서 막 돌아와서 여전히 인도식 옷을 입고 있던 때, 람 다스의 초기 모임에 참석하였다. 람 다스는 지금과 비슷하게 영적인 실재에 대해서 이야기했던 것으로 기억하고 있다. 그 여성은 전통적인 스타일의 옷을 입고 앞줄에 앉아서 람 다스가 이야기할 때 고개를 끄덕였다. 람 다스의 생각에 그 여성은 단순히 듣는 사람이 아니라, 그가 하는 말을 완전히 알고 전적으로 동조하는 것 같았다. 그날 저녁 모임이 끝날 무렵 람 다스는 그녀에게 다가가서 의아하다는 듯이 "당신은 그런 것을 어떻게 알았어요?"라고 간단하게 질문을 하였다. 그는 그녀가 단지 자아와 영혼 개념이 아니라, 세 번째 차원의 어떤 것, 신 또는 우주적 의식 또는 (불교와 같은 철학에서는 신이라는 개념이 잉여적으로 보이지만) 불성(Buddha-nature), '여여함(suchness)', 공(emptiness)이라고 불리는 것을 이해했다고 느꼈다.

그녀는 "나는 뜨개질하고 있었어요."라고 대답하였다. 단지 그 말만 하였다.

나는 겐트가 그 여성과 같다고 항상 생각한다. 그는 모습이 그렇게 전통적이지는 않지만, 우리가 직면하는 가장 큰 신비를 직관적으로 이해하는 능력이나, 모든 차원에서 그의 존재를 빛나

게 하는 편안함, 인간미, 밝은 모습, 유머를 가지고 있었다. 그는
분석가로서 자신의 경험에서 뿐만 아니라 자신의 음악으로부터
그것들을 알았다.

1. 통합된 관점

나는『국제 정신분석 리뷰(*International Review of Psycho-Analysis*)』
라는 저널에 불교와 심리치료에 관한 논문을 발표한 이후에 겐
트를 처음 만났다. 그때가 1990년쯤이었다. 이 논문은 그 점에
대한 나의 생각을 종합한 것이었다. 겐트는 나에게 전화를 해서
만나고 싶다고 말하였다. 그의 집은 내가 사는 곳에서 몇 블록 정
도 떨어진 곳에 있다는 것을 알게 되었다. 나는 오후쯤 그의 다락
방으로 가서, 그가 사과를 먹는 동안 함께 이야기를 나누었다. 우
리가 이야기를 나누는 동안 그는 대여섯 개의 사과를 먹었다. 그
는 심장질환이 있어서 음식에 주의를 기울여야 한다고 조심스럽
게 말하였다. 우리는 그의 인생 전반에 관한 이야기를 나누었다.
몬트리올에서 정신과 레지던트를 했던 일, 이탈리아 사람인 로
베르토 아싸지올리와 함께 연구한 일, 오쇼가 라즈니쉬가 되기
이전에 인도에서 함께 했던 일(그 때 오쇼는 서구의 심리치료와 인
도의 신비주의를 매력적으로 융합시켜서 대부분 독일학생을 중심으
로 가르치고 있을 때였다) 등이었다. 그는 20년 동안 벨연구소에
서 음악을 작곡하였고, 필립 글라스의 배관공이었고, 뉴욕대학

교에서 정신분석과 관련해서 관계적 연구를 하였다. 겐트는 불교와 나의 연구에 흥미를 가졌고, 우리는 친구가 되었다. 그는 나에게 필립스가 최근에 출판한 『위니캇』이라는 저서를 조심스럽게 추천하면서, 위니캇과 아담 필립스를 언급하였다.

이 방향으로 이야기 주제를 잡으면서 겐트는 나를 성가시게 하던 주제, 즉 욕망의 문제를 해결하도록 도와주었다. 나는 감각적인 것과 영적인 것이 람 다스가 이야기한 두 번째 차원에 함축되어 있는 방식으로 연결된다는 것을 나 자신의 경험을 통해서 알았다. 나의 초창기 명상경험은 어떤 에로틱한 관계가 나를 전율케 한 것과 마찬가지로 나를 전율케 하였다. 그러나 내가 속해 있던 많은 영적인 그룹은 두 세계를 분리하기를 선호하였다. 이들은 붓다의 사성제를 주의 깊게 읽지 않은 채 욕망은 인간 괴로움의 원인이라는 견해를 우세하게 받아들이는 경향성이 있었다. 또한 개인이 행위 주체라는 것을 분명하게 표현하지 않으려는 경향성도 있었다. 나는 이 생각을 만족스럽게 설명할 방법을 아직 찾지 못하였다. 그러나 나는 괴로움의 원인을 집착과 갈애로 번역하기를 선호한다. 정신분석이 욕망에 내재한 영적인 잠재성에 대해서 좀 더 우호적으로 이해하고자 한다면, 적어도 처음에는 분노에 대해서 훨씬 철저하게 논의하였을 것이다. 정신분석이나 영적인 그룹과 마찬가지로 람 다스에게조차 사람의 욕망을 낮은 차원에 두고, 대상관계의 성숙을 통하여 숭고한 것으로 나아가는 위계적인 경향성과 승화가 남아 있는 것을 나는 보았다.

영적인 길이 무엇처럼 보이는지에 대해서 모든 가정을 할지라도, 일이 우리가 기대하는 대로 되는 경우는 드물다. 비록 어떤 사람들은 욕망이 영적 작업을 통해서 제거될 수 있다고 계속 생각할지라도, 그것은 다른 종류의 변형이 진리에 더 가깝다는 것일 수 있다. 개인의 정서적 삶을 조심스럽게 알아차리는 주의는 거짓 자아의 환상을 끝낼 수 있는 잠재성을 가지고 있다는 것을 겐트는 이해하였다. 겐트는 또한 거짓 자아의 욕구를 강요당하는 자에게 개인의 욕망이 얼마나 무서울 수 있는지에 대해서도 이해하였다. 다른 이들의 욕구를 다루는 전문가로 살게 되면 종종 자기 자신의 욕구는 잉여적인 것으로 여기게 된다. 겐트가 사과를 먹는 것을 지켜보면서 그에게 이런 이야기를 하는 것 자체가 이 점을 명료하게 해주었다. 영적인 지도자를 집에서 이렇게 발견하는 것은 항상 우리를 놀라게 한다. 나는 겐트의 통합된 관점에 대해 감사를 표하였다. 왜냐하면 그 통합된 관점이, 인간적인 것과 영적인 것은 대극의 양극단이 아니라 서로를 관조한다는 것을 정교화하려는 노력을 인정해주었기 때문이다. 욕망이 나의 존재의 내재적 측면이라면, 욕망을 악마로 만들 필요는 없다. 나의 영적인 열망을 멈추게 해서는 안 된다.

여기서의 초점은 사소한 것이 아니다. 욕망을 한 번에 모두 제거할 수 있다는 희망을 갖게 하는 동양종교뿐만 아니라, 서구에서도 또한 욕망을 끝내기 위한 이러한 욕망은 강력하다. 우리는 이러한 열망에 대한 우리의 지배적인 사고방식을 늦든 빠르든 극복해야 한다는 것이다. 인도대사를 역임한 멕시코 작가 옥타비오 파스(Paz, 1993)가 쓰고 있듯이, 이러한 견해는 에로티시즘이 "최고의 좋음에 대한 숙고로 상승하려고 하는 생명의 충동이다."(p.19)라는 플라톤의 오래된 가정에 뿌리를 두고 있다. 이러한 관점에서 영적 여정은 하나의 점진적인 정화의 과정이다. 이 과정은 깊고 본능적인 성으로부터 높은 신적인 숙고로 올라가는 과정이다. 이러한 발달론적 모델에서 영적 여정은 사다리를 올라가거나 길을 걷는 것으로 비유되는데, 그것은 선형으로 정의된다. 비록 선이 지평선으로 쭉 뻗어 있거나 하늘로 닿아 있을지라도 우리는 곧은 선을 본다.

프로이트의 승화의 개념은 플라톤의 이데아를 완벽하게 표현하였다. 욕망에 불을 지피는 성은 높은 소명으로 점차 방향을 전환하거나, 지식·과학 또는 예술을 추구하는 것으로 방향을 재정비할 수 있다고 그는 생각하였다. 프로이트(1910)는 "유치한 것을 소원하는 충동 에너지는 제거되는 것이 아니라 필요를 기다리면서 남아 있다. 아마도 더 이상 성적이지 않은 높은 충동에 의해 대체되는 다양한 충동에 의해서 지금까지 채워지지 않은 목표를 위해서 남아 있다."(pp.53-54)라고 한다. 프로이트는 레오나르도 다빈치에 대해서 눈을 뗄 수 없는 영적 자서전을 썼다. 그 자서전은 온통 이러한 아이디어로 가득하였다. 프로이트는 자서전에서 다빈치의 열정을 극찬했는데, 그 열정이 완전히 앎에 대한 갈망으로 바뀌었다는 것을 인정하였다. 다빈치는 완전히 분석된 개인이라는 프로이트의 패러다임이었다. 파스(Paz, 1993)가 올바르게 지적하듯이, 많은 세계종교에 공통적인 것이 이러한 개념 너머에 있다. "영혼을 점진적으로 정화하는 것, 그것은 각각의 단계에서 성으로부터 점점 움직여서, 정점에서는 그것을 모두 포기하는 것이다."(p.20)

승화라는 위계적인 모델에 초점을 맞추면서 프로이트는 감각적인 것과 신성한 것 사이의 관계를 무시하였다. 어떤 인도전통에서는 헌신과 금욕주의의 필요성을 전제하더라도 항상 되돌아온다. 인도적인 접근법의 순환성은 프로이트와 현대의 많은 후계자들이 생각할 수 없었던 것이었다. 플라톤의 이데아의 선형성에 빠져 있는 이 분석가들은 황홀경에서 위험한 짓을 하기보다는 욕망을 원시적이고 유아적으로 표현하는 것이 더 편하였다. 그런데 겐트는 달랐다. 겐트는 인도사상에 영향을 받았고, 정신분석과 인도사상을 통합할 수 있는 가능성을 보았다.

본능적 차원으로 좁혀서 논의를 하자면, 프로이트는 욕망의 본성에 대해서 핵심적인 어떤 것을 놓쳤다. "층층이 만들어진 원시적인 본능과 낮은 생물학과 높은 이성과 영성"으로 인간 유기체를 보는 프로이트의 관점은 미첼(Mitchell, 2002)의 말에 의하면, "최근 수십 년 동안 고리타분해지기 시작하였다."(p.65) 오늘날 정신분석가들은 성적인 힘을 폄하하는 대신 그 힘을 공정하게 다루는 형태로 영혼을 기술하기 시작하였다. "에로틱한 열정은 자아감을 불안정하게 만든다."(p.92) 미첼은 같은 책에서 로

맨틱한 사랑의 영적 측면이라는, 정신분석가들에게는 특이한 주제를 다루고 있다. "타인의 타인성으로 여행하는 낯선 성의 회로를 구성하는 에로티시즘의 변증법은 종종 우리 자신도 알지 못하는 특징으로 인해서 우리를 놀라게 한다. 우리 내면으로의 탐구, 자아라고 하는 말할 수 없는 사생활이 타인에게도 있다는 것에 우리는 종종 놀란다."(p.92)

2. 고행과 욕망

인도신화에서 높은 것과 낮은 것, 성적인 것과 영적인 것, 자아와 타인, 에로틱한 것과 깨달은 것을 혼합하는 것은 훨씬 규칙적이다. 겐트는 이것을 이해했고, 이러한 관점의 영향은 그의 저서에 은밀히 스며들었다. 겐트는 에로스의 탄생에 관한 유려한 인도 이야기의 진가를 알아보았다. 예를 들어 머리가 넷인 창조신 브라흐마(Brahma)는 젊은 여인 오로라(Aurora)를 만들었다. 놀랄 만큼 아름다운 그녀에 대한 욕망 때문에 브라흐마는 자신이 할 일을 멈추어버렸다. 『시바푸라나』(18가지 고대 산스크리트 신화 가운데 하나)에 따르면, 브라흐마가 오로라를 창조하는 것은 성적인 욕망이 처음 생겼을 때였다. 이는 프로이트의 이미지를 생각나게 하지만, 다니엘루(Danielou, 1984)는 항상 신적인 것을 향하고 있는 것으로 다음과 같이 쓰고 있다.

브라흐마가 말하길, "그녀를 보면서 나는 나도 모르게 발기하였다. 나의 심장은 갈등하는 욕망에 의해서 동요되었다. 나의 아들들 모두 같은 상태였다. 까마라고 불리는 놀라운 것이 나의 생각에서 태어났다. 그의 안색은 황금색이었고, 그의 가슴은 강하고 단단하였다. 그의 코는 잘생겼고, 그의 허벅지·엉덩이·종아리는 근육으로 되어 있었다. 까마는 발정난 코끼리의 향내를 풍겼다. 눈은 연꽃잎 같았고, 그에게서는 꽃수술 같은 향내가 났고, 그의 목은 소라고둥 같았다. 그의 상징은 물고기였다. 그는 큰 악어를 타고, 활과 다섯 개의 꽃으로 된 화살로 무장하였다. 그가 갑옷을 입은 모습은 모든 이에게 유혹적이었다. 그는 그 주위의 모든 이에게 눈을 흘겼다. 그의 숨결은 향기를 품은 미풍과 같았다. 사랑의 느낌은 그 사람 전체로부터 나왔다. 그를 보면서 나의 아들들은 놀라움에 사로잡혔다. 나의 아들들은 동요했고, 들썩였고, 마음은 혼란스러웠다. 사랑의 향기로 혼미해지면서, 아들들은 마음의 힘을 잃었다."

브라흐마는 까마에게 말하였다. "너는 이런 외모와 다섯 개의 화살로 욕망을 부추길 수 있다. 너는 남자와 여자의 주인이 되어라. 창조하는 일을 계속하라."(pp.160-161)

에로스의 이야기는 그의 탄생으로 끝나지 않고 고삐 풀린 열정이 만들어낼 수 있는 모든 골칫거리를 기술해 나간다. 그러나 여기서 드러난 교훈은 판도라의 상자의 교훈과 매우 다르다. 무의식의 혼돈은 통제 불능의 상태로 빠져들지 않았다. 대신 에로스에 대한 인도버전의 이야기는 금욕주의와 에로티시즘, 내적 관찰과 관계 사이의 중요한 관련에 대해서 복합적으로 맞물린 이야기를 만들어가고 있다. 이것은 정신분석가들에게 특별히 관심이 있는 교훈이고, 겐트가 그의 저서에서 사용하고 있는 교훈이다.

다니엘루(1984) 버전의 이 전설에서 신들은 이야기를 계속한다.

"우리 모두를 매혹시킨 에로스는 우리를 계속 즐겁게 하였다. 마침내 우리는 감각에 대한 통제를 잃어버렸다. 따라서 우리는 오로라를 탐욕스러운 눈으로 본다." 모든 현자들은 성적인 흥분 상태에 있었다. 다르마의 간청에 의해서 시바는 그들을 부끄럽게 하면서 조롱하였다. 시바는 웃음을 터트리며 그들에게 말하였다. "브라흐마여, 참으로 어떻게 자신의 딸에 대해서 그러한 감정을 가질 수 있는가? 그것은 부적절하다. … 어떻게 당신 아들들이 모두 같은 여성에게 반할 수 있는가, 게다가 자신의 누이에게? 에로스는 매너도 없이 그런 폭력으로 너를 공격하는 바보임에 틀림없다."(p.161)

브라흐마를 조롱하였고, 에로스에게 생각 없이 항복한 다른 신들에게 경고를 보낸 시바(Shiva)는 인도신화에서 핵심적인 신이다. 나중에는 크리슈나만큼 영향력이 커지게 된다. 람 다스가 자기의 강의에서 질문을 한 그 여성처럼 시바의 성격은 항상 겐트를 생각나게 한다. 어떤 이는 여기서 인용한 언급을 바탕으로, 겐트가 덕성을 유지하기를 강조하는 청교도적인 인물일 것이라고 생각할 수 있다. 그러나 그것은 사실이 아니다. 시바가 행한 명상은 시바를 에로스의 힘에 영향을 받지 않는 신으로 만들었지만, 그는 고결한 척하는 인물이 아니었다. 필요할 때 시바의 성적인 능력은 무한대이고, 명상만큼이나 강력하다. 시바는 계속 발기되어 있는 남근, 즉 링가로 잘 알려져 있다. 남근은 요니, 즉 산의 여신인 그의 부인 파르바티의 성기와 결합하지 않으면 세계를 멸망시킬 것이라고 위협하고 있다. 이는 시바를 가장 흥미로운 신으로 만든다. 시바는 인도사상에서 불가분의 관계에 있는 금욕과 욕망, 금욕주의와 에로티시즘, 파괴와 열정의 연관성을 체현하고 있다. 이러한 점에서 시바는 영혼의 세계를 모두 복합적으로 바라볼 수 있는 겐트와 같은 정신분석가를 함의하기도 한다.

시바는 타파스(tapas)라 불리는 금욕에 의한 열기를 계발하였다. 이는 프로이트의 리비도(libido)와 비슷한 것으로 내적인 관찰의 힘에 의해서 축적된다고 말한다. 타파스를 축적하는 것은 욕망을 남용하는 것과 정확하게 반대인 것처럼 보이지만, 시바가 성을 활용하는 이야기를 보면 그렇지 않다는 것이 분명하다. 시바의 상징을 연구하는 학자인 오플래허티(O'Flaherty, 1973)는

"힘의 하나의 극단은 그 힘의 반대의 극단이다. 타파스와 까마는 서로 바뀔 수 있는 우주적 열의 형태이다. 서로 대체 가능하고, 한계를 지어주면서 우주의 균형을 유지한다."(p.312)라고 한다.

오플래허티(1973)는 다음을 분명히 하고 있다.

사물을 모순 또는 역설로 보는 방식을 피해야 한다. 이는 힌두교에서 반대를 보는 인도적인 방식이다. 본질적인 관계에서 서로 변화할 수 있는 정체성을 가지고 활동하는 상관관계 속에 있는 반대들이다. 시바의 성격과 신화에서 에로틱한 전통과 금욕적 전통을 대조하는 것은 단순히 '반대를 결합시켜 놓는 것'이 아니다. 이것이 종종 혼동된다. 타파스(tapas, 금욕)와 까마(kama, 욕망)는 흑백, 온랭처럼 하나가 완전히 자리하면 자동적으로 나머지는 사라지게 되는 정반대가 아니다. 타파스와 까마는 실은 두 종류의 열이다. 타파스는 금욕주의가 자신 속에서 발생시키는 잠재적으로 파괴적이거나 창조적일 수 있는 불이고, 까마는 욕망의 뜨거움이다. 따라서 타파스와 까마는 인간 안에서 밀접하게 연결되어 있고, 사랑과 미움이 반대된다는 의미에서 반대이지만, 서로가 배타적으로 반대는 아니다.(p.35)

인도의 설화는 다양한 형태로 상관관계를 설명하고 있다. 태초에 신들이 타이탄이라고 불리는 종족과의 전투에서 패하고 감금되었을 때, 신들은 타파스 또는 영적인 힘을 놓고서 그들을 구해 달라고 시바를 달랬다. 세계를 부정하는 명상에서 시바를 깨우기 위한 필사적인 노력으로 그들은 까마 또는 에로스를 불렀다. 그러나 소란스러운 것에 매우 화가 난 시바는 제삼의 눈에서 나오는 빛으로 까마를 불태워버렸다. 이렇게 에로스를 없앤 것은 엄청난 결과를 가져왔다. 신들은 욕망 없이는 세계가 존재할 수 없다는 것을 알았다. 신들은 시바에게 까마를 다시 살려달라고 간청하였다.

시바는 동의했고 명상에서 나와서 그의 부인인 파르바티를 취하였다. 신들의 요청을 묵인하면서 세계를 거부하기보다는 세계를 껴안은 요가를 행하였다. 타이탄과의 싸움에 참여하는 조건의 하나로, 시바는 신들에게 먼저 그들의 동물적 본성과 화해하도록 가르쳤다. 프로이트는 "나는 동물들 가운데 왕이다."라고 자랑스러워하였다.(Danielou, 1984, p.52) 존재의 이 측면을 인식하는데 부끄러울 것이 전혀 없다고 분명히 말하였다. 시바는 그의 타파스를 가지고 그의 부인에게로 돌려서, 부인과 영원히 지속될 것처럼 결합하였다.

신화에 따르면 시바와 파르바티는 아이를 만들기 위해서가 아니라 순수하게 성적인 즐거움을 위하여 천년 이상 동안 결합한 채로 있었다. 이것은 또한 매우 중요한 포인트이다. 그들은 아이들을 특이한 방식으로 낳았다. 첫 번째 성교가 긴 기간 방해받은 이후에 파르바티 피부의 부스럼 또는 시바의 정액을 삼킴으로부터 생겨났다. 시바와 파르바디의 성교는 순수한 명상, 연인과 함께 있으면서 함께 만들어내는 지복이었다. 그 즐거움은 신적인 상태였고, 이는 그들의 강한 열과 깊은 개인의 주관성에 의해서 가능하였다.

분리와 결합처럼 인도의 지혜에서 열정과 억제는 한 에너지의 두 가지 측면이다. 이 둘은 동적인 상관관계에서 존재한다. 하나가 올라가면 하나가 내려가는 시소가 아니라, 보다 직접적으로 비례하는 관계에서 타자에 대한 앎을 통해 자신을 완전히 알 수 있다. 이는 참으로 신비로운 앎이지만, 우리의 능력 밖에 있는 것은 아니다. 겐트는 정신분석과 명상이 상관 있는 반대로 느껴질 수 있고 알려질 수 있는 곳으로 영혼을 열어 줄 수 있는 능력을 가지고 있다고 이해하였다.

3. 주관성의 장애 치유하기

게다가 겐트는 우리 시대에 번성하고 있는 금욕적인 훈련을 심리치료적인 훈련이라고 올바르게 지적하였다. 그는 가장 경험 많은 치료자들의 결론이 수세기 전 인도의 수행자들이 도달한 결론과 매우 유사하다는 것을 알았다. 미첼(Mitchell, 1993)이 보았듯이, 현대에 가장 영감을 주는 임상가들은 "노출, 자위, 유아기의 그리움의 포기와 같은 프로이트의 치유기제로부터 교정, 환자의 자아경험에 새로운 활력을 불어넣기, 주관적인 장애치유와 같은 폭넓은 프로젝트로 정신분석의 핵심을 급진적으로 재개념화"하고 있다.(p.35) 프로이트는 우리의 투쟁을 "받아들일 수 없는" 충동으로 본 반면, 겐트는 보다 영적인 관점에서 영혼의 투쟁을 우리의 감각적·정서적·영적 삶의 "이해할 수 없는" 부분이 맞닥트린 것으로 보았다.(Phillips, 1995)

받아들일 수 없는 것에서 이해할 수 없는 것으로 나아가는 것은 영성과 심리치료에 접근하는 방식에 대해서 실제적인 함축을 가진다. 필립의 이야기를 다른 말로 표현하자면, 우리는 받아들일 수 없는 것을 '알 수' 있지만 이해할 수 없는 것은 단지 '느낄 수'만 있다는 것이다. 그리고 우리는 우리가 알지 못하는 것을 어떻게 느끼는지 배우지 않으면 갈망하는 생동감을 얻을 수 없다. 명상과 심리치료 모두 이를 격려한다.

유아기의 사건, 다가올 죽음 또는 미래 자체처럼 경계를 넘어서 있는 이 무의식은 우리가 알 수 있는 것과 일상생활에서 알고 경험하는 것을 기술하는 방식과는 다르다고 할 수 있다. 이 받아들일 수 없는 것은 어느 정도는 알려질 수 있고, 이해할 수 없는 것은 어느 정도는 인식될 수 있다.(Phillips, 1995, pp.16-17)

겐트가 나에게 위니캇의 저작을 추천해 준 것은, 내가 영성과 욕망의 관계에 대해 품고 있던 문제를 해결하는 데 중요한 역할을 하였다. 나는 위니캇에게서 그리고 겐트가 위니캇을 재공식화하여 설명하는 곳에서 명상의 금욕적인 충동이 참된 활력을 주는 욕망과 연결되는 고리를 보았다. 무통합과 놀이를 강조함으로써 위니캇은 겐트가 포기하는 명상이 명상가를 자유롭게 할 수 있다는 것을 정신역동적 용어로 설명하도록 영감을 주었다. 겐트는 「포기」라는 자신의 논문에서, 위니캇이 참된 자아와 거짓 자아를 분리한 것에서 논의를 더 발전시키지 못한 것이 유감이라고 나에게 털어놓았다. 위니캇은 말년에 참된 자아에 대한 어떤 개념도 거짓이라는 것을 알았다.

오래 전 람 다스의 강의에 참석한 그 여성처럼 겐트 자신의 능력은 자신의 영혼의 모든 다른 측면을 전체적으로 숙고하고 경험할 수 있는 곳으로 그 자신을 데려갔다. 겐트는 성적인 것으로부터 시작하는 연속체의 다른 쪽 끝에 영적인 것을 놓을 필요도 없고, 영적인 것을 유치한 근원으로 환원시킬 필요도 없었다. 겐트는 살아 있는 채로 포기하는 과정을 지속하는 것에 만족하였다. 이해할 수 없고 소통할 수 없는 존재의 측면을 열고, 열고 여는 과정을 계속하는 것에 만족하였다. 겐트는 음악뿐만 아니라 정신분석에서도 능력을 발휘하였다. 「포기」 논문(1990) 마지막에서 겐트는 영적인 차원을 이해할 수 있는 힌트를 주었다.

전문가가 되는 데 있어서 우리는 마조히즘과 포기의 역할을 간과하지 말자. 정신분석가 이외의 다른 어떤 직업을 가진 사람이 사람들의 비난, 협박, 거부의 대상이 되거나 나를 건드려 달라고 애원하지만 건드려주지 않으면서 감질나게 할 수 있는가? 다른 어떤 직업이 어쩔 수 없거나 어리석다고 느껴서 분노에 빠지게 하거나, 분노에 빠지는 것이 그 작업의 필요한 부분이 되겠는가? 다른 어떤 직업이 다른 사람의 운명을 완수하는데 산파 역할을 하거나 구경꾼 역할을 하는가? 정신분석가 이외에 이러한 유형의 직업을 찾기란 어렵다. 어떤 의미에서 정신분석가는 마조히즘을 묘사한 것이다. 그러나 나는 어떤 분석가들의 깊은 동기는 다시금 포기의 동기, 그들 자신의 성장이 아닐까 생각한다. 이는 마조히즘적 언어로 적절히 표현될 수 있다. 그러나 자기애적, 새디스트적 언어로는 부정된다. 포기를 동경하거나, 동경하기 시작하거나 분석가들이 이를 알 때, 그 작업은 엄청나게 이루어지고 있는 것이고, 분석가는 내담자와 함께 성장하고 있다.(p.133)

겐트와 교류하면서 성장한 것은 겐트가 영향을 준 다른 많은 사람의 특권이면서 나의 특권이었다. 겐트는 자아의 차원, 영혼의 차원, 신비로운 "세 번째 차원"에 제한되지 않고, 고대의 거푸집에 있으면서 근대의 스승이었고, 나이먹지 않는 진리를 현대의 목소리로 소통하였다. 그날 난데없이 겐트가 나에게 전화한 것이 행복하다.

참고문헌

Bollas, C.(1987), *The Shadow of the Object: Psychoanalysis of the Unthought Known*, New York: Columbia University Press.

Danielou, A.(1984), *Gods of Love and Ecstasy: The Traditions of Shiva and Dionysus*, Rochester, VT: Inner Traditions.

Epstein, M.(2005), *Open to Desire*, New York: Gotham.

Freud, S.(1910), "Five lectures on psycho-analysis", *Standard Edition*, 11, London: Hogarth Press, 1957, pp.9-55.

Ghent, E.(1990), "Masochism, submission, surrender: Masochism as a perversion of surrender", *Contemporary Psychoanalysis*, 26, pp.108 -136.

Jung, C. G.(1957), *The Undiscovered Self*, New York: New American Library.

Mitchell, S. A.(1993), *Hope and Dread in Psychoanalysis*, New York: Basic.

Mitchell, S. A.(2002), *Can Love Last? The Fate of Romance over Time*, New York: W. W. Norton.

O'Flaherty, W. D.(1973), *Siva: The Erotic Ascetic*, Oxford, UK: Oxford University Press.

Paz, O.(1993), *The Double Flame: Love and Eroticism*, New York: Harcourt Brace & Company.

Phillips, A.(1995), *Terrors and Experts*, Cambridge, MA: Harvard University Press.

제12장

구조 없는 구조

- 위니캇의 무통합과 불교의 무아(2006) -

불교가 정신분석적으로 매력적인 것은 상당 부분 자아가 공하다는 붓다의 주장에서 기원한다. 이것은 세계에서 가장 유명한 종교의 심장부에서 발견되는 강력한 심리학적 메시지이다. 이는 정신분석가들의 상상력을 사로잡기에 충분하였다. 정신분석가들에게 있어서 자아에 대한 탐구는 그들의 전문적인 작업에서 핵심적인 측면이기 때문이다. 불교는 정신분석이 백년 넘게 탐구한 이후에나 동의할 수 있을 역설적인 진리를 긍정하고 있다. 즉 그렇게 실제적으로 보이는 그 자아는 정신분석적으로 조사해 보면 그렇게 실제적이지 못하다는 것이다. 정신분석가들이 한때 자아가 존재한다고 확신하였지만, 그들은 지금 자아를 간주간성·관계성·상대성의 틀에서 이야기하면서 자아가 존재한다는 믿음에 훨씬 많은 제약을 가한다. 그러나 불교는 시작부터 자아를 세속적으로는 이해하지만, 본질적인 실재는 비어 있다고 주장한다.

물론 언어와 개념의 문제가 이러한 논의로 바로 들어온다. 불교에서 자아가 존재하지 않는다고 말할 때의 자아는 무엇인가? 정신분석에서 탐구하는 자아와 같은 자아인가? 자아심리학 또는 대상관계에서 말하는 자아인가? 건강한 자아인가, 병리적인 자기애의 자아인가? 최근의 탐구(Falkenstrom, 2003)에 의하면 몇몇 구별되는 자아가 불교심리학과 연관된 문헌에서 보이고 있다. 경험으로서 자아(self as experience), 표상으로서 자아(self as representation), 체계로서 자아(self as system)가 있다.

1. 존재하지 않는 자아

경험으로서 자아는 우리의 현상적인 자아를 가리킨다. 시간상에서 우리가 경험하는 주관적인 자아이다. 표상적 자아는 우리가 누구인지, 우리가 무엇인지에 대한 내재화된 개념이다. 표상적 자아는 자아이미지의 목록으로 다양한 방식으로 합쳐지는 정신의 내부적인 표상들의 유동적인 혼합물로 만들어졌다. 그리고 체계로서 자아는 자아의 구조라고 할 수 있는데, 자아표상의 전체적인 배치를 건축하는 것 또는 전체적인 배치상의 위계라고 할 수 있다. 체계로서 자아는 개인적인 정신적 구조의 전체적인 형태에 대해서 이야기하는 하나의 방식이고, 친밀감과 자기인식을 위한 일반적인 능력을 말하는 것이다.

자아가 존재하지 않는다는 붓다의 견해는 모든 차원에서 다양한 방식으로 상대적이다. 비록 어떤 하나의 방식이 다른 방식을 배제한다고 할 수 없지만 말이다. 붓다의 이러한 가르침은 정신분석보다 2,500년을 앞서고 있다는 점을 기억해야 한다. 다양한 질문이 제기될 수 있고, 영혼의 개념이 자아의 개념과 지금보다 훨씬 밀접하게 연결되어 있는 문화 속에서 붓다의 가르침이 생겨난 것이다. 그러나 시간, 장소, 문화가 엄청나게 차이가 나는데도 불구하고 붓다의 가르침이 정신분석모델과 밀접히 연관되어 있다는 것은 놀라운 일이다.(Epstein, 1995)

불교적 관점에서 자아에 대한 모든 개념은 잠정적으로 만들어진 것이다. 왜냐하면 안정성을 주는 것은 무엇이든지 그것에 헛되이 집착하려는 경향성이 우리 안에 내재하기 때문이다. 자아에 대한 이러한 집착은 자기애의 한 형태로 생각될 수도 있다. 붓다는 급진적인 주장을 한다. 즉 자아와 관련된 어떤 개념이 아무리 솔깃하다고 해도, 자아와 그 개념을 동일시하는 것은 실제로 불필요하다는 것이다. 붓다는 어떠한 자아일지라도 그것이 궁극적으로 실재한다고 믿으려는 경향성으로부터 마음이 자유로워지는 것이 가능하다고 선언한다.

경험으로서 자아는 불교의 탐구의 시작점이지만, 주관적 자아가 명상의 대상이 될 때 문제는 보다 복잡해진다. 우선 경험된 자아는 주관이면서 대상이라는 것이 분명하다. 경험과 경험을 경험하는 자가 있고, 둘은 동일하지 않다. 그러나 이것은 보다 복잡해진다. 불교심리치료사인 앵글러(2003)는 알아차리는 행위에서는 전혀 관찰되지 않는 알아차림 또는 의식 자체의 근원이 있다는 것이 명상에서 드러난다고 지적한다. 우리는 그것을 반조를 통해서 관찰할 수 있고 그것을 대상으로 돌릴 수 있지만, 그것이 일어날 때 그것을 아는 것은 참으로 가능하지 않다. 명상을 통해서 알아차림을 관찰하려고 노력하는 것은 결국에는 항상 좌절되었다. 알아차림을 찾고자 하는 노력 자체가 우리를 알아차림으로부터 멀어지게 하고, 우리는 항상 우리 자신으로부터 물러나게 되고, 주관과 객관의 이원성에 사로잡히게 된다. 자아를 잡으려는 노력은 궁극적으로 이쪽 해안에 침몰한다. 경험으로서의 자아는 참으로 경험될 수 없는 자아를 드러낸다. 그러나 이 자아, 즉 알아차림으로서의 자아는 분명히 우리가 누구이고, 무엇인지에 대해서 핵심적이고 필수적인 측면이다. 불교적 관점에서 자아를 경험으로 관찰하는 것은 우리의 존재를 분명하게 하기보다는 우리의 존재를 더욱 신비롭게 만든다.

개념적 차원에서 '통찰' 또는 '분석'명상에서 일어나는 내적인 알아차림은 다양한 자기표상에 초점을 맞춘다. 자아이미지는 다양하게 드러나지만, 실재보다는 이미지로 관찰된다. 자아이미지는 상대적인 실재성을 가진 것으로 인식된다. 자아이미지는 마음속에서 드러나고, 그것이 무엇인지 알 수 있지만 알려지기를 요구하지는 않는다. 자아이미지는 분명하게 본래부터 개념적일 뿐이다. 실은 명상은 그러한 개념들과 동일시하지 않을 가능성을 증가시키는 것으로 보인다. 자아는 분명하지 않은 반면, 자아 표상의 상대적인 성격은 분명하다. 광범위하면서도 파악할 수 없는 동시에 직접적이고 우리의 능력을 넘어서 있는 알아차림을 얻을 때, 그러한 표상이 우리를 지배하고 있다는 주장은 약해진다.

마지막으로 체계로서 자아는 명상의 영향 하에서 급진적으로 재조직화된다. 우리의 관점에서는 물론 아무것도 바뀌지 않는다. 자아는 파괴되지 않는다. 자아는 우리가 상상한 어떤 방식으로도 존재한 적이 없는 것처럼 보인다. 달라이 라마는 이러한 자각을 그 자신이 선글라스를 끼고 있다는 것을 아는 자각에 비유한다. 달라이 라마는 이 왜곡된 색깔이 보이는 것 자체가 그가 인지한 것이 실재가 아니라는 것을 일깨워 준다고 한다. 구조적 차원에서 심리학자 브라운과 앵글러(1986)는 명상경험이 풍부한 사람을 대상으로 투사적 검사를 실시했을 때 이들의 갈등통제능력에 비해 내적인 갈등이 줄어들지는 않았음을 발견하였다. 단지 이러한 갈등이 존재함을 인식하려고 하는 더 큰 의지만이 있다는 것을 알았다. 어떤 것도 바꾸지 않았지만 무언가가 재조직되었다. 알아차림은 힘을 얻는다. 자기관찰과 자아정체성의 균형에 전환이 일어난다. 알아차림을 유지하려는 힘은 강해지는 반면, 자기애적 방어는 줄어든다. 다양한 자아표상과의 동일시가 사라질 때, 알아차림은 사용할 수 있는 정신적 공간을 더욱더 많이 채운다.

어떤 불교심리학 논의에서도 염두에 두어야 할 한 가지 중요한 점은 불교에서 자아를 부정하는 것은 개인을 부정하는 것이 아니라는 것이다. 불교의 공 개념은 결코 사람과 사물이 존재하지 않는다는 것을 함축하지 않는다. 공(śūnyatā, 空)은 어원적으로 보면 비어 있는 것을 의미하는 것이 아니라, 임신한 자궁을 의미한다. 산스크리트 어원상으로 공은 '부풀다'로부터 파생되었다. 마치 비어 있음이 그 안에 다양한 현상적 존재의 가능성을 포함하고 있는 것처럼 발생학적으로 종자가 부풀어 오르는 것은 종자 안에 유기체 전체가 될 가능성을 포함한다는 것이다.

지금 활동하고 있는 자아의 실재성이 내재적인 본성을 가지는지의 여부를 가지고 논쟁하지만, 붓다가 강조하는 것은 자기관찰과 자기인식은 현대적인 용어로 개인의 주관성이라고 부르는 것을 긍정하는 효과를 불러온다는 점이다.(Epstein, 2005) 경험으로서의 자아는 붓다의 출발점이었다. 붓다는 직접적인 지각으로 발견할 수 있는 자아의 본성에 대해서 관심을 가졌다. 이는 붓다로 하여금 정서적 경험을 깊이 있게 탐구하도록 하였다. 왜냐하면 정서적 경험 안에서 우리가 일상적으로 생각하는 자아가 가장 명확하기 때문이다. 우리가 화를 내거나, 불안하거나, 두려워하거나, 무엇인가를 원할 때 자아는 훨씬 잘 드러난다. 공을 "부정의 대상"(Epstein, 1988)으로 이해하기 위해서는, 먼저 일상적인 자아가 가능한 한 분명하게 드러나야 한다는 것이 불교심리학의 기본적인 가르침이다. 자아가 공하다는 것을 이해하기 위해서는 먼저 우리가 자아를 경험하는 것에서 자아를 찾아야 한다는 것이다. 어떤 구조적인 차원에서 명상수행을 할지라도 이것이 불교명상의 우선적인 과제의 하나이다.

2. 사성제 또는 네 가지 고귀한 진리

붓다는 사성제의 가르침에서 자신의 심리학을 펼치고 있다.(Rahula, 1959) 첫 번째 진리는 불만족스럽다는 느낌이 모든 곳에서 드러난다는 것을 인정한다. 불완전, 비실체성, 불안한 동요, 즐거운 경험조차 신경을 갉아먹는 감각이다. 붓다는 다양한 방식으로 이 측면을 정의한다. 첫째, 신체적으로 태어나고 늙고 죽는 것은 모두 고통스러운 경험이다. 신체의 병, 마음의 병도 마찬가지이다. 둘째, 정서적으로는 원하는 것을 얻지 못하는 것이 괴로움이다. 싫어하는 것과 함께 있는 것은 괴로움이다. 좋아하는 것과 떨어져 있는 것도 괴로움이다. 셋째, 심리적으로 우리 자신의 자아가 문제이다. 자아는 결코 올바르게 보이지 않는다. 자기애의 심리학이 분명하게 보여주듯이 자아표상과 자신이 바라는 자아개념 사이에는 불일치가 있다.

붓다의 두 번째 진리는 불만족의 원인을 갈애 또는 갈망이라고 한다. 붓다는 세 종류의 갈애를 말한다. 감각적 즐거움의 갈애, 존재의 갈애, 비존재의 갈애를 말한다. 감각적 즐거움에 대한 갈애는 고뇌를 야기한다. 왜냐하면 그러한 모든 즐거움은 순간적이기 때문이다. 우리의 욕망의 대상은 결코 실재적이지 않고, 우리가 갈망하는 계속적인 만족을 줄만큼 지속적이지 않다. 우리는 욕망의 대상이 가지고 있지 않은 지속적인 만족을 욕망의 대상으로부터 뽑아내려고 노력한다. 그러므로 우리는 괴로운 것이다. 존재와 비존재에 대한 갈애는 자기애의 심리학에 대한 현대적 이해와 연관되어 있다. 존재와 비존재에 대한 갈애는 불안전성에도 불구하고 확실성을 찾고자 하는 마음의 두 가지 경향성인 보상적인 자아팽창과 보상적인 자아부정으로 볼 수 있다. 실제로 이것은 불교심리학과 자기애이론의 전형적인 이원성이다. 마음은 두 극단을 세운다. 마음은 의지할 수 있는 단단한 기반을 찾으려고 존재와 비존재, 절대주의와 허무주의, 대상화와 무화, 과장과 과소 사이를 맹렬하게 왔다 갔다 한다. 불교심리학에서 이러한 이원성의 핵심적인 동기는 "무지로부터 발생하는 자아라는 거짓개념"이다.(Rahula, 1959) 거기에는 확실성에 대한 갈애와 동일성에 대한 갈망이 있고, 결과적으로 자아에 대한 잘못된 이해가 있다.

붓다의 세 번째 진리는 이러한 불만족으로부터 벗어난다는 소멸의 진리이다. 갈애를 끄고, 양극단을 화해시키고, 자아에 대한 거짓 개념을 제거하는 것이 가능해지는 것이다. 붓다 심리학의 역설은, 자아가 존재하지 않는다는 것을 발견하는 것이 벗어남의 유일한 방식이라는 것이다. 티베트전통에서(Hopkins, 1987)

이것은 "실체적으로 존재하는 내가 드러나는 것"을 확인하는 것으로 기술된다. 정신분석적 언어로 이러한 과정은 자기애적 동일시를 침착하게 발굴하는 과정으로 부를 수 있을 것이다. 불교 명상이 권장하는 이러한 경험의 영역을 조사해 보면 자아의 감각이 실제로 보이는 것 같지만 포착하기 어려운 대상이라는 것이 가장 먼저 눈에 띈다. 때때로 이것은 자아표상의 형태를 취하기도 하고, 다른 때는 덜 개념적이면서 더 느낌적일 수도 있다. 자아는 언제 어떻게 나타나든지 항상 검토되어야 한다는 것을 의미한다. 그리고 이러한 검토는 공의 가치를 인정하게 하고, 부수적으로 알아차림의 신비에 대해 경의를 표하게 하고, 붓다가 첫 번째 진리에서 지적한 불만족에 대한 해결책을 가져온다.

붓다의 네 번째 진리는 괴로움의 소멸로 이끄는 방법이다. 그것은 탐닉과 억압이라는 두 가지 극단을 피하는 중도이다. 탐닉은 "비천하고, 범속하고, 도움이 되지 않는 범부의 길이고", 일반적으로 금욕주의의 범주에 해당하는 억압은 "고통스럽고, 가치 없고, 도움이 되지 않는다"고 붓다는 말한다.(Rahula, 1959) 올바른 이해(正見), 생각(正思惟), 말(正語), 행위(正業), 생계(正命), 노력(正精進), 알아차림(正念), 집중(正定)이라는 팔정도로 알려진 중도는 자기애적 충동이 점점 더 섬세하게 정신적으로 드러나는 것과 마주하기 위해서 초점을 맞추어 힘을 기르는 것이다. 모든 단계에서 수행자는 자기애적 방식으로 통찰과 드러남을 사용하여 자신의 특이성의 감각을 강화하려는 경향이 있다. 팔정도 하나하나는 집착의 대상을 드러내기 위해서 그러한 경향성을 지속적으로 드러내는 것으로 이루어져 있다.

다양한 자기느낌, 자기이미지, 자기표상이 드러나고 관찰되면서 일반적으로는 간과되지만 강력하고 신비로운 주관적 알아차림이라는 자아의 측면이 함께 강화된다. 불교명상이 요구하는 노력은 단지 자아를 찾고자 하는 것이 아니라, 자아를 홀로 남겨두는 법을 배우는 것이다. 따라서 주관적 알아차림은 표면으로 올라올 수 있게 된다. 후자의 노력은 자신이 함께 있고자 염려하는 것이 아니라, 자신이 단지 있도록 허용하는 쪽으로 향한다.(Epstein, 1998) 공을 알아보는 것은 자기애적 동일화를 발굴하는 만큼이나 이 능력, 즉 자신이 단지 존재하도록 허용하는 능력에 달려 있다.

3. 무통합

정신분석 관련 문헌 가운데 불교적인 접근법에 딱 들어맞는 사람은 위니캇이다. 특히 무통합의 상태를 옹호하면서 위니캇은 마음이 어린 시절의 모든 정신적인 현현에 의해서 사로잡혀 있는 대신, 어떻게 이완되는지를 배우는 것은 유익할 수 있다는 불교의 주장에 대단한 신뢰를 보여주었다. 그리고 위니캇이 흥미로워 하는 이러한 상태를 분명하게 이해하는 데 불교가 도움이 된다. 위니캇이 멋지게 기술하고 있는 것으로 보이지만, 조심스럽게 읽어보면 그가 구조화되지 않은 자아를 발견했다는 것을 분명하게 표현할 수 있는 방법을 암중모색하고 있다는 것을 볼 수 있다. 때때로 그러한 자아를 미친 것과 동일시하고, 다른 때는 신성한 것, "말로 표현할 수 없는" 중심과 동일시하지만(Winnicott, 1963), 이 문제에 관한 위니캇의 생각을 불교적 관점으로 읽을 때 초점이 분명해진다. 불교심리학과 위니캇심리학 둘 다에서 우리가 자아에 대해서 확신하지 않을수록, 우리의 정신건강은 더 커진다는 것을 발견한다. 명상과 위니캇의 정신분석 둘 다 불확실성에 대해서 열려 있지만, 불안을 불러일으키지 않고 관용과 겸손과 자비를 불러일으킨다.

위니캇은 다음과 같이 말한다.(1963) "자기애의 심리학을 신비주의자가 정교하게 만든 자신의 내적 세계로 물러나는 것으로 이해하는 것이 일반적이다. 아마도 주관적 대상이나 현상과 비밀스럽게 소통할 수 있는 그러한 위치에 신비주의자가 머무는 것에 주의를 기울이는 것만으로는 충분하지 않다. 실재라는 느낌으로 인해서 얻게 되는 세계와의 접촉을 상실하는 것에 주의를 기울여야 한다."(pp.185-186) 위니캇은 이러한 방식으로 기술하면서 계속해서 나타나는 존재의 양태에 대한 개념에 대해서 작업을 하기 시작하였다. 그것은 정서발달의 세계와 명상을 하나로 묶는 존재의 양태이다. 위니캇은 정신분석의 발달론적 언어를 사용하면서 명상에 관한 진실을 정교화한다. 주관적 대상과 비밀스럽게 소통하는 것은 자기 것으로 받아들인 세계로 물러나는 것이 아니라, 명상을 더 정교하게 기술하는 방식이다. 명상은 주관적인 경험을 열어주고, 주관적인 경험을 성찰의 영역으로 나아가게 한다. 경험으로서의 자아는 자기표상의 총합 이상이고, 체계로서 자아는 우리들 각자를 밝혀주는 불가해한 알아차림을 포함해야 한다는 것을 보여준다.

위니캇은 말한다. "통합의 반대는 비통합(disintegration)으로 보일 수 있다. 이것은 부분적으로만 참이다. 우선은 통합의 반대로 무통합(unintegration)과 같은 단어가 필요하다. 유아에게 이완은 통합의 필요를 느끼지 않는 것을 의미한다. 엄마는 자아에게 힘을 주는 기능을 하는 것이 당연하다고 할지라도 말이다."(p.61) 위니캇은 그러한 상태가 자아통합이나 자아비통합 가운데 하나라는 것에 반대하면서, 엄마가 있지만 참견하지 않는다는 것을 알 때 아이가 하는 방식처럼 자아의 경계를 이완하는 중요성에 대해서 기술하고 있다. 불교적으로 보면 이 아이의 나머지 유아기는 또한 명상적 능력이 있고, 이러한 능력이 꽃피기 위해서는 수행을 해야 하고, 결국 붓다의 세 번째 진리에 나오는 자유로 열려 있다.

무통합은 위니캇의 30여 년에 걸친 저작에 퍼져 있다. 「초기의 정서발달」이라는 논문에서 거의 보조적으로 소개된 이 개념이 그의 모든 주요한 개념, 즉 창조성, 실재의 느낌, 참된 자아와 거짓 자아의 이분법, 치료의 기능으로 통합되면서 중요성이 부각되었다. 먼저 위니캇은 무통합을 해로운 것으로 보고 있다. 위니캇은 무통합을 우리가 피해야 하지만 어쩔 수 없이 접근해 있는, 기저에 놓여 있는 진리로 기술하고 있다. 때때로 우리 안에 도사리고 있는 광기와 무통합을 동일시하면서 위니캇은 유아기적 기원을 넘어서 진행하고, 진전하고, 발달하는 '건강한' 성격이라는 일상적인 가정에 도전하였다. 건강한 개인은 항상 통합되어 있는 것은 아니라고 위니캇은 주장한다. 모든 인간에게 내재해 있는 능력이 통합되지 않고, 개인화되지 않은 것, 그리고 세계가 실재적이지 않다고 느끼는 것을 부정하거나 두려워하는 것이 실은 건강하지 않은 것이다.(1945, p.150)

무통합이 위니캇의 사고에서 점점 더 중요해질수록 그는 무통합을 자신의 핵심개념인 '존재할 수 있는 능력'과 직접적으로 연결시키기 시작하였다. 단지 뭔가를 할 수 있는 사람과는 반대로, 존재할 수 있는 유아는 실재를 느낄 수 있는 능력이 있다.(Winnicott, 1971) 무통합 상태로부터 유아는 "성격이라고 불릴 수 있는 경험을 모으기" 시작하고, "존재의 감각을 향한 경향성"을 시작한다.(1962, p.60) 정신분석가 마이클 에이건(Eigen, 1991)이 기술하듯이, "위니캇의 치료는 모든 시간 동안 무엇이 일어났는지 또는 일어나지 않았는지를 이해하려는 노력 없이 둘만이 함께 있을 수 있는 분위기를 만들어냈다. 놀이(전이 경험하기)를 위한 능력을 계발하는 것은 무통합과 미친 것을 허용하는 것과 함께 진행되었다."(p.78) 또는 위니캇(1971)이 말하듯이 "우리가 도우려고 하는 사람은 특별한 상황에서 새로운 경험을 필요로 한다. 경험은 일종의 목적이 분명하지 않은 상태이다. 이 것을 일종의 통합되지 않은 성격을 공회전시키는 것이라고 말할 수 있을 것이다."(p.55)

치료를 이렇게 바라보는 관점이 불교적인 접근법과 겹친다는 것을 즉각적으로 알 수 있다. 불교에서도 통합되지 않은 성격을 공회전시키는 것은 수행이 성공하는 핵심이다. 위니캇의 심리치료와 마찬가지로 명상은 수행자들을 이러한 가능성에 노출시키는 또는 재노출시키는 하나의 방식이다. 두 경우 모두 알아차림을 유지하는 기능을 계발하는 것이고, 때로는 치유자 또는 명상 스승이 개입함으로써 이루어지고, 때로는 수행자 스스로에 의해서 이루어진다. 자기표상과 자기느낌은 동일시되는 대신 관찰된다. 갈등을 풀려는 시도 없이 갈등을 알아차린다. 그러나 이러한 유지는 우리가 일반적으로 생각한 것이 아니다. 그것은 유지가 아니라 곡예에 가깝다. 공중에 공 몇 개가 동시에 떠 있는 것처럼, 우리는 모든 것을 유지하면서 어떤 것도 유지하지 않는다. 그렇게 하는 동안 자아에 대한 경험은 열리고, 깊어지고, 투명해지고, 변형된다.

내가 쓰고 있는 이 글은 위니캇의 마지막 논문 바로 전의 논문 「반대에 관한 탐구로 이끄는 의사소통과 비의사소통」(1963)에서 깊이 있게 탐구되고 있다. "가능한 한 최선의 환경에서 성장이 일어난다. 아이는 세 종류의 의사소통 라인을 가지고 있다." (1) 항상 침묵하는 소통, 위니캇이 "의사소통 단절"이라고 부르는 이것은 각 개인의 중심에 존재한다. (2) 위니캇은 분명하고, 직접적이지 않고, 즐거운 의사소통을 언어적·상징적 의사소통과 연결 짓는다. (3) 중간형태의 의사소통은 "놀이에서 빠져나와 모든 종류의 문화적 경험으로 나아간다." 그러나 아이가 실패를 했지만 포기하는 환경의 요구에 대처하려고 반응하는 자아를 계발하려고 애쓸 때, "아이는 분리를 발달시킨다." 부분적으로 순응하고 부분적으로 숨기면서 아이는 비밀을 가지게 되고, 의사소통 단절의 나머지 부분인 남이 들어갈 수 없는 사적인 세계를 만들고, 우리가 외부세계라 부르는 것에 대처하는 데 집중한다. 이 분리의 차원을 "막다른 의사소통"이라고 이름붙이면서, 위니캇은 이것이 "모든 실재의 감각을 가져오는" 거품을 걷어낸다고 말한다.(1963, pp.183-84) 그러한 사람은 통합되지 않은 상태에 자유롭게 접근하는 것을 즐기기보다는 자기의 참된 자아를 접근할 수 없는 숲속에 고립시키거나 숨기고자 한다.

건강한 성격은 막다른 의사소통과 다시 접촉하려고 시도한다. 분리를 치유하고 이전에 실패한 무통합을 가능하게 한다. 성숙한 사람은 침묵하는 의사소통에 접근하고자 한다. 침묵하는 의사소통은 생각하는 마음이 조종하려고 할 때 경험할 수 없는 개인 경험을 강렬하게 체험하고자 한다.

4. 명상과 심리치료

위니캇이 말하는 "충분히 좋은" 부모와 비침습적인 치유는 내가
명상에서 배운 것을 강력하게 떠올리게 해준다. 부모님이 있지
만 간섭하지 않는다는 것을 알면서 놀이에 빠질 수 있는 아이는
자신의 주관적 자아에 접근할 수 있는 아이다. 이것은 명상이 가
능하게 하는 것처럼 보이는 시나리오이다. 일상적인 통제에 대
한 욕구는 중단되고 자아는 떠다닌다. 이것은 무로 해체되는 것
이 아니고, 이전과 같은 일상적인 형태를 유지하는 것도 아니다.
주관적인 대상들과 침묵하는 의사소통이 가능하다. 자아의 경계
가 일시적으로 녹는 것은 만족스러운 일이고, 위니캇이 실재를
느낀다고 하는 개념에서 함축하고 있는 연속성과 신뢰의 감각을
북돋우고 풍부하게 한다.

불교에서 실재가 아니라고 하는 자아는 위니캇이 말하는 "거
짓 자아"와 매우 유사하다. 아이가 부모의 간섭이나 버림받음을
겪을 때 아이가 계발하게 되는 돌보는 자아는 불교적 언어로 보
면 내재하는 실재가 없다. 이것은 만들어진 것이다. 때때로 필요
하지만, 자주 필요할수록 그 필요는 점점 더 제한적이 되고, 자발
성과 진실성의 가능성은 위니캇이 말하는 막다른 골목으로 나아
가게 된다.

불교명상은 무통합에 대해서 깊이 숙고하는 명상을 계발함으
로써 이러한 거짓 자아를 해체할 것을 권장한다. 이것은 불교의

종점이 아니라 중요한 입구이다. 일단 무통합 상태가 편안해지면, 우리는 우리 마음속에서 드러나는 다양한 이미지에 얼마나 강박적으로 집착하고 있는지를 분명하게 보기 시작할 수 있다고 불교심리학은 말한다. 위니캇이 그 중요성을 분명히 하고 있는 무통합은 불교적 통찰이 성장하는 토대이다. 무통합에 기반하지 않고서는 집착을 분명하게 볼 수 있을 만큼 탈동일시하는 것은 불가능하다. 그러나 충분한 전문지식이 쌓일 때 자아에 대한 집착은 매우 분명해진다. 왜냐하면 무통합의 상태를 방해하는 것은 집착 자체이기 때문이다. 불교적 관점에서 드러나는 것은 하나의 '거짓 자아'가 아니라 그러한 자아들의 복합체이다. 이러한 자아들이 경험될 수 있고 표상될 수 있고 체계적이라면, 그러한 자아들로부터 자유로워지는 것이 어떻게 가능한지를 보는 것에 불교명상의 즐거움이 있다.

나의 불교 스승인 골드스타인(Joseph Goldstein, 1994)은 자신의 스승 가운데 한 분과의 뭉클한 만남에 대한 이야기를 해주었다. 무통합의 능력이 명상과 치료의 능력에 얼마나 핵심적인지를 보여주는 사례로 기억한다. 골드스타인은 사사키 로시(Sasaki Roshi) 선사와 함께 '세신(接心)'이라고 불리는 집중수행을 하고 있었다. 분별에 의해서는 답을 얻을 수 없는 문제 또는 수수께끼인 공안과 씨름하는 형태의 수행이었다. 세신 수행은 매우 빡빡하게 짜여 있었고, 골드스타인은 하루에 네 번씩 인터뷰에서 로시 선사를 뵈었다. 공안을 풀려고 매번 노력했지만, 로시 선사는 종을 울리면서 "이런 멍청한" 또는 "오케이 그러나 선은 아니다"라고 말하면서 그를 돌려보냈다. 이것이 골드스타인을 점점 더 불편하게 만들었다. 마침내 로시 선사는 보다 단순한 공안을 골드스타인에게 주었다. "경을 읽을 때 붓다가 어떻게 드러나는가?" 골드스타인은 그 포인트를 이해했지만, 그에게는 이것이 더 복잡하였다.

골드스타인은 다음과 같이 쓰고 있다.

이 공안은 나를 3학년 때로 돌아가게 하는 매우 깊은 인연이 있었다는 것을, 물론 로시 선사가 알았을 수도 있지만, 알았다고 생각하지는 않는다. 그 당시 음악선생님은 "골드스타인, 그냥 입모양을 따라해"라고 말씀하셨다. 그때부터 나는 노래하는 것을 엄청나게 억제하기 시작하였다. 지금 나는 바로 그 상황을 따라서 하고 있다. 나는 완전히 엉망이었다. 인터뷰를 제외하고는 묵언 가운데 진행되는 세신의 압력 하에서, 모든 것이 엄청 확대되었다.

두 줄짜리 이 공안을 거듭거듭 연습하였다. 그러는 동안 점점 더 촘촘해지고 점점 더 팽팽해졌다. 인터뷰 종소리가 울렸고 나는 들어가 읊조리기 시작했고, 모든 것이 엉망이 되었다. 내가 한 모든 말이 잘못되었다. 나는 완전히 거덜 났고, 약해졌고, 생짜라고 느꼈다. 로시선사는 나를 보면서 만족하며 "아주 좋군."이라고 말하였다.(pp.21-23)

골드스타인은 이 만남의 치유적 함의를 이해하였다. 사사키 로시 선사는 골드스타인이 그렇게 피하려고 노력했던 바로 그 취약함에 마음을 열도록 도왔다. 3학년 때 발달한 거짓 자아를 명상의 영역으로 가져옴으로써, 로시 선사는 골드스타인이 거짓 자아에 대한 특별한 집착에서 풀려나도록 도왔다. 공안수행이 요구하는 것은 그 특별한 자기표상을 앞으로 가져오는 것이고, 그것을 인식하는 것은 골드스타인이 명상을 더 깊이 있게 하도록 이끌었다. 이것이 불교명상이 작동하는 모델이다. 무통합으로 이완되는 것은 자아에 대해 집착하는 것이 더 이상 마음을 여는 것을 불가능하게 한다는 것을 무아적으로 알아차리는 힘을 증가시킨다. 이러한 장애가 일단 명상의 대상으로 바뀌면, 더욱 해방될 수 있다.

정신분석적 언어로 말하자면, 무통합을 계발함으로써 생기는 변화는 자아의 통합적 측면을 키우는 것과 유사하다. 통합적 측면은 알아차리는 대상과의 접촉을 지속적으로 재정립해야 한다. 이것은 비개인적인 측면이지만, 명상에 의해서 약해지지 않고 강해지는 자아라고 일상적으로 알려진 시스템의 전체적인 평형을 변화시키는 자아의 측면이다. 정신분석가인 로왈드(Hans Loewald, 1951)가 쓰고 있듯이, "점점 더 멀어져가는 것처럼 보이고, 점점 더 비개념적인 부분으로 나아가는 것처럼 보이는 것을 통합하고 종합함으로써 … 이 단일성을 유지하거나 지속적으로 재조직하는 것이"(p.14) 자아의 종합하는 기능의 핵심적인 측면이다.

불교수행에서 자아의 이러한 종합하는 기능은 명상에 의해서 강화된다. 이러한 무통합의 상태를 보다 편하게 허용할수록 우리는 더 많이 자아에 대해서 알아차리게 된다. 알아차림은 부풀어 오른 텅 빈 수용체 안에서 그 전체 과정이 전개되면서 그 유지하는 기능을 가진다. 결국 위니캇이 침묵하는 의사소통이라고 부르는 고요하고 조용한 중심은 이야기하기 시작한다. 골드스타인이 집중수행 기간 동안에 발견했듯이, 때로는 노래하기도 한다.

참고문헌

Brown, D., and Engler, J.(1980), "The stages of mindfulness meditation: A validation study. Part 1: Study and results", In *Transformations of Consciousness*, K. Wilber, J. Engler, and D. Brown (eds.), Boston: New Science Library, 1986, pp.161-191.

Eigen, M.(1991), "Winnicott's area of freedom: The uncompromisable", In N. Schwartz-Salant and M. Stein (eds.), *Liminality and Transitional Phenomena*, Wilmette, Ill.: Chiron, pp.67-88.

Engler, J.(2003), "Being somebody and being nobody: A reexamination of the understanding of self in psychoanalysis and Buddhism", In J. D. Safran (ed.), *Psychoanalysis and Buddhism: An Unfolding Dialogue*, Boston: Wisdom, pp.35-100.

Epstein, M.(1988), "The deconstruction of the self: Ego and "egolessness" in Buddhist meditation", *Journal of Transpersonal Psychology*, 20, pp.61 -69.

Epstein, M.(1995), *Thoughts without a Thinker: Psychotherapy from a Buddhist Perspective*, New York: Basic.

Epstein, M.(1998), *Going to Pieces without Falling Apart*, New York: Broadway.

Epstein, M.(2005), *Open to Desire*, New York: Gotham.

Falkenstrom, F.(2003), "A Buddhist contribution to the psychoanalytic psychology of self", *International Journal of Psychoanalysis*, 84, pp.1551 -1568.

Goldstein, J.(1994), *Transforming the Mind, Healing the World*, New York: Paulist Press.

Hopkins, J.(1987), *Emptiness Yoga*, Ithaca, NY: Snow Lion.

Loewald, H. W.(1951), "Ego and reality", *International Journal of Psycho analysis* 32, pp.10-18.

Rahula, W.(1959), *What the Buddha Taught*, New York: Grove.

Winnicott, D. W.(1945), "Primitive emotional development", In *Through Paediatrics to Psycho-Analysis: Collected Papers*, New York: Brunner/Mazel, 1958, 1992, pp.145-157.

Winnicott, D. W.(1962), "Ego integration in child development", In *The Maturational Processes and the Facilitating Environment*, New York: International Universities Press, 1965, pp.56-64.

Winnicott, D. W.(1963), "Communicating and not communicating leading to a study of certain opposites", in *The Maturational Processes and the Facilitating Environment*, New York: International Universities Press, 1965, pp.179-193.

Winnicott, D. W.(1971), *Playing and Reality*, London and New York: Routledge.

제13장

예술로서 명상, 명상으로서 예술

- 무의도와 창조과정의 연관성(2006) -

불교를 처음 배우게 되었을 때, 나는 대학생이었다. 그 당시 대부분의 일에 그랬던 것과 비슷한 방식으로 나는 불교에 접근하였다. 어떻게 학교를 가는지, 어떻게 공부해야 하는지 알고 있었으므로 여타의 과목들을 듣는 것과 마찬가지로 명상을 통달할 수 있을 것이라고 판단하였다. 나는 콜로라도의 볼더에 있는 여름 불교 캠프에 갔다. 그것은 나로빠 인스티튜트(Naropa Institute)라고 하는 기관에서 주관한 여름 행사였다. 여러 해에 걸쳐서 여름마다 서양에 불교를 소개하는 행사가 있었는데, 내가 간 것은 첫 여름 캠프로서 많은 학자와 작가·예술가·명상 스승들이 모였다. 그해 여름에 나는 장차 써야 할 심리학부의 졸업논문 주제를 은밀히 찾으면서 불교명상, 심리학, 철학 그리고 문화에 관련된 과목을 수강하였다. 하지만 가르침을 받은 명상기법들을 통달하는 데 실패하면서 좌절감이 점점 깊어졌다.

  나로빠에서 함께 생활한 내 룸메이트들은 캠프에서 무작위로
지정되었는데 롱 아일랜드에서 온 쌍둥이였다. 그들의 부모님은
홀로코스트의 생존자로서 고향에서 과일과 채소 장사를 하고 있
었다. 이 쌍둥이들은 나로빠에 있던 대부분의 스승들을 별로 안
좋게 여겼으며, 그들의 거만함과 과시행위를 못마땅해 하였다.
어느 정도 시간이 지나자 이들은 덴버에 있는 청과물 새벽 도매
시장을 다녀오기 시작하였다. 신선한 체리, 복숭아 그리고 다른
청과물들을 가져와 우리가 함께 사는 아파트를 채웠다. 그들은
내가 지혜를 추구하지만 아무런 결실도 얻지 못하는 것을 지켜
보았다. 어느 날 쌍둥이 중 한 명이 내게 다가오더니 저글링하는
방법을 가르쳐 주겠다고 제안하였다. 그는 내게 두 개의 오렌지
를 건넸고, 우리는 저글링을 시작하였다. 며칠 간 꾸준히 연습을
하고 나서야 나는 가까스로 그것을 할 수 있게 되었다. 허공에다
세 개의 오렌지를 띄운 채 마음의 변화를 주시해 보았다. 편안하
면서도 깨어 있었다. 열린 마음이면서도 예민하였다. 생각에 빠
지지 않으면서도 정신이 또렷한 상태였다. 내 의지와 상관없이
팔이 움직였고, 오렌지들은 나의 눈길을 따라 돌았다. 갑자기 명
상에 관한 모든 설명이 이해되기 시작하였다. 나는 이미 불교에
입문하기 시작한 셈이었다. 의식에서의 이러한 전환은 서로서로
별개의 영역들인 예술, 심리치료 그리고 명상의 세계를 연결시
키는 것들이었다. 이 세 영역에서는 결과만큼이나 과정이 중요

하고, 대개의 사람들이 오히려 피하는 정신적 영역으로 기꺼이 들어가려는 마음의 능력이 성과를 올리는 경향이 있다. '정체성'이 성취라기보다 오히려 장애가 될 수 있는 인간적 노력의 영역이다.

프로이트 역시 이러한 전환이 어떻게 도움이 될 수 있는지 알고 있었다. 정신분석을 시행하는 의사들을 위한 지침에서 그는, 특히 마음속에 있는 어떤 것이 유지되도록 방해하지 말고 그저 듣기만 하는 것이 가장 중요하다고 아주 분명하게 주의를 주었다. 프로이트는 제자들이 긴장하지 않도록, 장황한 과정보다는 직관적인 도약을 이루어낼 수 있도록, 생각하는 마음이 아니라 '세 번째 귀'로 듣게 하려고 애썼다. 작곡가인 존 케이지(John Cage) 역시 연주자와 작곡가에게 주는 조언에서 표현은 다르지만 이와 동일한 말을 하였다. 그는 사람들이 모든 소리에서 소위 말하는 음악적인 것을 골라내거나 선택하기보다 일체의 소리를 음악으로 듣기를 바랐다. 그는 침묵의 작품들을 작곡한 것으로 유명한데, 공간을 채우고 있는 주변의 소리들이 표면으로 올라오고 그것들이 자연적으로 교향곡이 되는 그런 것이었다. 케이지는 연주자들이 음악에 대해 가지고 있는 생각에서 자유로워지게 하려고 애썼다. 그것은 프로이트의 바람, 즉 자기 분석가들이 자신들이 들은 것을 기존의 도식에 끼워 맞추려 하지 말고 다만 듣기를 바랐던 것과 정확하게 일치하는 것이었다.

처음으로 불교 사상과 수행을 접했을 때, 나는 아는 것이 별로 없었다. 심리학에 관심이 있었으나 그 당시 프로이트는 너무 어려웠고, 내 자신의 경험과도 한참 동떨어져 쉽게 이해할 수 없었다. 반면에 불교는 명확하고 간결하게 내 문제에 관해 말해주었다. 붓다는 최초로 사성제를 가르치면서 인생은 편재한 불만족으로 가득하다고 주장하였다. 이러한 불만족에서 벗어날 수 있는 유일한 방법은 집착하지 않는 것을 배우는 것이었다. 우리가 하는 경험과 관계 맺는 방식을 변화시키는 것, 음악적이지 않은 소리들을 거부하지 않는 방법을 배우는 것이 붓다 가르침의 핵심이다. 그리고 명상은 이러한 변화를 연습하고 배워나가는 길이다.

처음으로 불교명상 스승을 만났을 때 나는 겨우 21살이었다. 과제를 해내거나, 시험을 치는 데에는 익숙해 있었다. 수학 문제 푸는 법, 도서관에서 자료 조사하는 법도 알고 있었다. 하지만 명상에서 새로운 것을 찾았다. 나는 명상에 대해 내가 반응했던 방식이, 예술가들이 처음으로 자신의 작품과 마주했을 때 느끼는 방식, 자신의 전 생애에 걸쳐 사용하게 될 그런 방식과 유사할 것이라고 종종 생각한다. 명상은 내게 그림을 그리거나 사진을 찍을 때, 또는 도자기를 만들거나 음악을 연주할 때 필요한 그런 방식 속으로 나의 전 자아를 투신하게 하는 뭔가를 주었다. 그것은 무형식의 예술이지만 여타의 것들과 마찬가지로 똑같은 성실함, 인내, 실험, 몰입을 필요로 하고, 실패의 위험이 따른다. 나는 명상에 매혹되었다. 그것은 내가 그것과 관계 맺고, 그것을 연습하고, 내 기술을 연마하고 탐구할 무언가를 주었다. 그리고 나의 모든 것을 요구하였다. 명상에 빠져들수록 나는 점점 더 몰입하게 되었고, 그것은 내게 더욱 많은 것을 되돌려 주었다.

1. 평범의 변형

아내를 처음 만났을 때 그녀는 조각가였다. 그녀는 정식으로 명상수행을 한 것은 아니지만, 작업실에서 보내는 그녀의 시간이 명상이나 마찬가지라는 것을 나는 즉각적으로 알 수 있었다. 그녀의 작업에 필요한 것은 자신을 개방하고, 통제와 포기 사이에서 균형을 발견하고, 자신의 반응을 의식하면서도 그것에 복종하지 않고 미지의 세계로 나아가는 것이었는데, 그것들은 모두 내가 명상을 통해서 알게 된 것을 말하고 있었다. 불교적 사유와 서양예술의 이러한 융합은 불교가 서양으로 유입되었을 때부터 예술가들의 관심을 끌었다.

이 장에서 나는 일본의 작가이자 선불교 교수인 스즈키(D. T. Suzuki)가 20세기 중반에 시작한 뉴욕 여행의 흔적을 살펴보면서, 이에 관한 얼마간의 느낌을 말해주고 싶다. 그는 콜롬비아 대학에서 연속 강의를 했는데, 얼마 지나지 않아 현대 예술과 문화영역에 영향을 미치게 되는 저명한 예술가·작가·음악가·비평가·정신분석가·시인 그리고 철학자들이 참석하였다. 정신분석가인 에리히 프롬과 카렌 호나이도 참석한 걸로 알려졌고, 다양한 매체의 많은 예술가 지망생들도 참석하였다. 스즈키의 영향에 대해 철학교수이자 예술평론가인 아서 단토(Arthur Danto)가 묘사한 것을 인용해 보겠다.

강의는 일주일에 한 번, 늦은 오후에 이루어졌는데 철학과 세미나가 열리는 철학홀 716호에서였다. 매우 긴 테이블이 놓여 있었고, 스즈키 박사는 테이블의 상석에 앉았다. 그의 자리 왼쪽 뒤편에는 칠판이 있었는데, 그가 그것을 사용했는지는 기억나지 않는다. 테이블에 앉지 못한 사람들은 벽 가까이 놓여 있는 불편한 나무 의자에 앉았다. 그 당시에는 담배를 피우는 것이 허용되었다. 스즈키 박사가 수많은 대중을 상대로 연설하지 않을 것이라는 건 누구라도 예측할 만하였다. 내 느낌으로는, 정확하진 않지만, 청중이 40명 정도가 될 때도 있었던 것 같다. 그 중에는 예술가들이 많았는데, 조각가인 아이브램 라쇼(Ibram Lassaw)와 그의 아내, 또는 함께 오곤 했던 필립 거스턴(Philip Guston)과 존 케이지도 있었다. 하지만 나는 나중에야 이것을 알게 되었다. 그 당시 나는 스즈키 산하의 사람들을 아무도 알지 못하였다. 꼴레쥬 드 프랑스에서 있었던 알렉산더 코제브(Alexandre Kojeve)의 헤겔 철학 강의에 대해 그랬던 것처럼 지적인 역사가 중 누군가는 반드시 그 모임의 참석자들이 누구였는지 언젠가는 알아내야 할 것이다. 나는 뉴욕에서의 스즈키 강의가 했던 역할이 파리에서의 코제

브 강의가 한 역할과 많이 비슷하다고 생각한다. 그것은 사상가들이 실제로 사고하는 방식을 재조정하는 것을 도왔다. 어떤 사람은 지속적으로 참석했던 것 같다. 예를 들어 샐린저(J. D. Salinger)는 스즈키로부터 영향을 받았다고 이야기되고 있으니 만약 그가 실제로 참석했다는 걸 알게 되면 흥미로울 것이다. 토마스 머튼(Thomas Merton)도 당연히 거기에 있었다. 나는 스즈키 박사에 대해 잘 아는 척할 수는 없다. 그는 청중을 고무시키는 연사는 아니었다. 하지만 어떤 사람들은 그의 강연 주제에 고무되었을 것이다. 그는 특별히 성스러운 태도를 보여주었다기보다는 점잖은 편이었는데, 그것이 선의 가치라고 기대할 만한 바로 그런 태도였다. 초대에 응할 때 입을 만한 '비즈니스 정장' 차림이긴 했으나, 그는 일본 그림에 있는 선승 같았다. 공안이나 공안 논리라고 부를 수 있는 것에 대한 지식은 있었으나, 위트 있는 사람은 아니었다.

사람들이 내게 말해준 것을 보면, 스즈키 박사는 강의 때마다 매번 상당히 같은 말을 반복했던 것 같다. 어쨌거나 그는 교수였으니까. 그렇다고 해서 그것이 해마다 그의 강연을 다시 들으러 오는 사람들을 막지는 못하였다. 아마 결국은 반복이 요체였으리라.

스즈키 박사의 강의에 예술가들만 있지는 않았으리라고 나는 확신한다. 어떤 면에서는 나는 사람들이 무엇을 추구했는지 이해한다고 생각한다. 1950년대에 내가 선에 관해 생각했을 때는 자연스럽게 뉴욕 스쿨(New York School) 회화와 연관해서 생각했다고 말할 수 있다. 그 당시 화가들이 몸짓으로 작업 과정을 표현한 방식과 선은 잘 어울렸다. 하지만 지금에 와서는, 나는 선이 퍼포먼스라기보다 오히려 태도의 문제였다는 것을 인식할 수 있다.

하지만 1960년대에 들어서 강의뿐만 아니라 책을 통해서 스즈키 박사로부터 내가 배운 것은 더 넓은 의미를 가지고 내 철학 속으로 들어왔다. 1950년대의 패러다임으로는 이것을 보지 못했을 것이다. 내 생각으로는 예술사 자체의 방향이 급진적인 방향으로 바뀌었다. 이러한 변화가 일어나도록 스즈키 박사가 도왔는지, 단순 기여만 한 것인지는 누구도 자신 있게 말할 수 없으리라. 하지만 그러한 변화를 만든 사람들은 스즈키의 제자거나, 제자나 마찬가지인 사람들이었다. 어쨌든 내게 있어서 선의 의미는 내가 그 다음 단계로 넘어서려고 할 때 찾아왔다.

나는 존 케이지, 특히 음악소리와 단순한 소음 사이의 차이를 극복하려고 한 케이지의 노력을 생각한다.(Danto, 2004, pp.54-56)

단토의 묘사는 내가 말하려는 것의 토대가 된다. 스즈키는 한 세대의 예술가들로 하여금 불교 사상을 접하게 하였다. 그것은 특히 일상적인 마음의 편견, 습관, 조건, 선입견 그리고 언어에 대한 과도한 집착을 극복하도록 훈련하는 것이 가능하다는 사상이었다. 청중들의 지성에 호소하면서도 스즈키는 무의식이나, 우리가 내면 공간이라고 생각하는 순수 주관 영역에 이르는 길을 찾기 위해 바로 그 지성을 의심해 보라고 권하였다. "하지만 인간이 진정으로 내면을 들여다보면 외롭지도 허망하지도 않으며, 자신이 버려진 존재가 아니라는 것을 깨닫게 될 것입니다. 즉 혼자 서야 한다는 굉장히 거대한 고립감이 그 내부에 있지만, 그렇다고 해서 존재의 나머지와 분리된 것이 아니라는 것을 알게 됩니다. 분명하게 또는 객관적으로는 모순처럼 보이는 이러한 독특한 상황이 선의 방식으로 현실에 접근할 때 생깁니다. 그런 방식으로 느끼게 해주는 것은 사고나 관념의 영역을 벗어나 원래 자기의 것인 창조성과 독창성을 직접 경험하는 데서 나옵니다."(Suzuki, 1960, pp.30-31)

스즈키는 청중들에게 선에 관한 개념을 전해 주었고, 사람들은 그 개념을 계속 진행하고 발달시켰다. 그는 예술가가 창조과정에서 물러나 있을 때 예술이 창조된다는 것과, 무의도를 개발하는 것이 창조적 생산을 억제하는 게 아니라 해방시킨다는 것을 보도록 하였다. 그는 케이지의 우연 기법(chance operation)의 탐험, 라우센버그(Rauschenberg)의 콤바인(combines), 그리고 팝아트의 (단토의 표현으로 하자면) 일상적인 것의 변형(transfiguration of the commonplace)을 위한 기초를 놓은 것이다. 자아가 한쪽으로 물러나 있는 동안에도 예술이 존재할 수 있는 이러한 능력은 명상이 찾아낸 대단한 발견이다. 우리는 창조 행위에 우리가 필요하다고 생각하지만, 그렇지 않다는 것을 알면 놀라게 된다.

우리 자신을 옆으로 밀쳐놓는 것을 배울 때 가능해지는 이러한 경험을 불교용어로는 공空이라고 한다. 하지만 그것은 정말 아무것도 없는 공이거나 텅 빈 것이 아니다. 오히려 공함으로 가득 차 있다. 용어 자체는 산스크리트어에서 온 것으로, 임신한 자궁을 의미한다. 불교작가인 스티븐 베첼러(Stephen Batchelor)는 그것을 "공은 '상태'가 아니라 '방식'이다"라고 묘사하였다. 그것은 우연성의 세계로부터 분리되어 있는 것도 아니고, '우연한 설정'도 역시 아니다. 공을 경험하는 것은 텅 빈 심연으로의 하강이 아니며, 별개의 영역으로 상승하는 것도 아니다. 그것은 끊임없이 출렁이면서 애매모호한 모래와 같은 인생을, 자신이 의도하는 대로 방해받지 않고 살도록 행로를 설정하는 자유를 회복하는 것이다.(2000, p.21)

2. 변화의 음악

반복적인 강박적 습관의 주기가 자기 자신을 방해하지 않도록 만들 수 있는 자유는 예술의 창조과정을 이루는 기반 중의 하나다. 존 케이지는 스즈키의 강의를 듣고 그것을 작곡에 적용하려고 하였다. 그는 자연적인 흐름에 완전히 집중하기 위해서 창조

과정에서 좋고 싫음을 택하지 않는 것을 배웠다. "나는 대상으로서의 음악에서 벗어나 시작과 중간, 또는 마지막이 없는 하나의 과정으로서의 음악으로 옮겨가려고 항상 애썼다. 그러고 나면 음악은 테이블이나 의자 같은 존재가 아니라 날씨와 같은 것이 된다"라고 그는 말했다.(Nisker, 1986, p.4) 그 과정에 대한 이후의 묘사를 보면, 그의 말은 마치 명상에서 최고의 성취를 이룬 스승이 하는 말처럼 들린다. 그는 문화 전반에 걸쳐 반향을 일으킨 예술, 인생 그리고 명상 간에 통합을 이루려고 노력하였다.

콜롬비아에서 있었던 스즈키의 강의를 2년간 수강한 뒤 케이지는 "1950년대 초반에"라고 하면서 다음과 같이 말을 이었다.

주역周易을 알게 된 후 나는 작곡에 우연 기법을 사용하기 시작하였다. 나는 광범위하게 그것을 사용하는데, 진동수와 진폭·음색·주기·내 음악에 있는 서로 상이한 요소들을 어디에 배치할지 결정하는 데에 적용하였다. 우연 기법은 나의 자아가 좋아하고 싫어하는 것에서 벗어나도록 해주어서 나는 내 심리와 기억 바깥에 있는 것에 집중할 수 있게 되었다. 우연 기법을 사용함으로써 나는 내가 가진 것을 수용하고 있는 것이었다. 나 자신을 표현하는 대신 나는 내 자신을 바꾸었다. 앉아서 명상을 하는 대신 우연 기법으로 명상하는 셈이라고 말할 수도 있겠다.

나는 앉아서 하는 명상수행을 단 한 번도 해 본 적이 없었다.

음악을 하자면 항상 앉아 있어야 하는데 그에 더해 또 앉아야 하는 것은 너무 무리였다. 더욱이 선을 접한 시기에 나는 아놀드 쉰베르그(Arnold Schoenberg)에게 감각 지각(sense perceptions)에 관련된 음악에 평생을 헌신하겠노라고 약속하였다. 내 음악을 통해 명상을 하면서 나는 나의 호불호를 없애고 나 자신을 경험의 흐름 속에 열어두려고 노력하였다.(Nisker, 1986, p.4)

불교에서 '순수한 주의' 또는 '있는 그대로의 주의'라고 부르는 것을 가지고 케이지가 했던 실험은 문화 풍경에 막대한 영향을 끼쳤다. 그는 미묘하지만 거부할 수 없는 방식으로 불교사상이 예술가들의 의식 속으로 스며들게 하였다. 그는 예술가가 자기 예술을 위해 길을 내주고, 그 자신의 말처럼 유연하게 사는 법을 배우는 내적인 창조 과정에 관한 생각을 보여주었다. 이를테면 그가 시인 존 애쉬베리(John Ashbery)의 창작 과정에 어떻게 영향을 미쳤는지 들어보자.

그의 인생에는 완전히 옴짝달싹 못하고, 시가 완전히 메마른 것처럼 보였던 시기가 여러 번 있었지만, 가장 길고 최악이었던 시기는 대학을 졸업하고 얼마 지나지 않아 시작되어 일 년 이상이나 지속되었던 때였다. 그 당시 어쩌다 존 케이지의 연주회에 가게 되었는데 거기서 "변화의 음악"을 들었다. 피아

노의 뚱땅거림과 침묵의 순간이 번갈아가며 거의 한 시간 동안이나 이어졌다. 그것은 케이지가 '주역'을 이용해서 조합한 악보로 연주되었으며, 그래서 그의 선택이라기보다 우연에 의해 결정된 것이었다. 그 음악은 강력한 의미로 가득 찬 것으로 보였고, 우연에 의한 작곡이라는 아이디어는 글쓰기에 관해 완전히 다른 방식으로 생각하도록 만들었다. 그는 곧장 집으로 돌아가 일을 시작하고 싶어졌다. 그때 이후로 그는 자신이 "조절된 우연"이라고 부른 방식이 자기에게 잘 맞는다는 것을 느꼈다.

애쉬베리는 자기의 시를 환경에 비유하였다. 환경은 우리가 몸담을 수는 있지만 그 전체를 알 수는 없는 어떤 것이라는 생각에서다. 이러한 의미에서 그것은 환경예술과 유사하다. 그가 말한 대로 여기에서 "당신은 서로 다른 작업 요소들에 둘러싸여 있다. 어느 특정한 순간에 당신이 그것들 중 하나에 주의를 기울이건, 또는 아무것에도 주의를 기울이지 않건 문제 되지 않는다. 하지만 당신은 당신이 처한 상황으로부터 오는 일종의 간접적인 굴절현상을 겪고 있다."

이것은 겸손함이 아니다. 그는 사람들이 주의를 기울이지 않기를 바라는 건 아니다. 오히려 다른 종류의 주의를 기르게 하려고 애쓰는 것이다. 즉 집중해서 틀에 박힌 조사를 하는 것이 아니라 흘낏 보아 뭔가 밝은 것을 잡아내는 것과 유사하다고 할 수 있는, 막상 고개를 돌려서 봤을 때는 무엇을 보았는지 알 수 없어 눈을 껌뻑이는 것과 비슷한 어떤 것이다. 직접적이고 완전히 의식하고 있는 주의에 비해 이러한 종류의 간접적이고 반쯤만 의식된 주의를 의도적으로 불러오기란 더 어려운 일이다. 일상적인 논리 구조로 말하기보다 자유 연상한 것을 소리 내어 말하기가 더 어려운 것과 마찬가지다. 사람은 글을 읽거나 소리를 들으면서 뜻이 통하게 하려고 자동적으로 노력한다. 즉 우리에게는 소리보다 의미가 더 자연스럽게 느껴진다. 문장들을 이야기나 논의거리보다 추상적 의미의 콜라주 속으로 모이게 하면서, 뜻이 통하게 하려는 충동에 저항하는 것은 힘든 일이다. 하지만 이러한 콜라주, 즉 시는 다른 말로 바꿀 수도 설명할 수도 없으며, 또한 '풀어낼' 수도 없다. 이것이 바로 애쉬베리가 추구한 것이다.(MacFarquhar, 2005, p.88)

3. 밤에 그린 그림

우리는 스즈키가 케이지의 음악과 애쉬베리의 시에 끼친 영향을 느낄 수 있다. 회화에 관해서는 어떨까? 스즈키 강의에 참석한 다른 두 명의 화가들의 말을 인용해 보겠다. 그들은 불교사상을 접한 이후 방해받지 않는 자신의 행로를 설정하였다. 필립 거스턴(Philip Guston)과 아그네스 마틴(Agnes Martin)은 얼핏 보면 서로가 굉장히 상반되어 보이는 예술가들이다. 먼저 필립 거스턴이 콜롬비아 대학에서 스즈키 강의에 참석한 지 25년 이상 지난, 1978년 미네소타 대학에서 한 강의이다.

몇 가지에 대해 말하고 싶지만, 저의 그림이 의미하는 것에 대해서는 아닙니다. 그건 불가능합니다. 제게는 전적으로 불가능합니다. 저보다는 전문적인 예술 비평가들이 훨씬 더 잘하리라고 믿습니다. 게다가 저에게는 예술가의 공식적인 말에 대한 불신이 있습니다. 그럼에도 불구하고 이 자리에서 가능한 한 솔직해지려고 노력하겠습니다.

저는 미술에 대한 강한 믿음이나 선언할 만한 확신도, 막상 실제로 그리는 행위가 시작되면 캔버스 앞에서 무너져버린다고 느낍니다. 더욱이 저와 같은 세대의 화가들은 일상 대화나 여담을 나눌 때 더욱 솔직하고 재미있어진다는 걸 알게 되었습니다. 서로 상대의 작업실을 방문한 다음 마크 로스코(Mark Rothko)는 "필립, 자네는 최고의 이야기꾼이고 나는 최고의 오르간 연주자이네"라고 말하더군요. 그것이 1957년도였습니다. 그가 어떤 마음이었는지 여전히 궁금하네요. 많은 기사들에서 숭고함·고상함 등의 말로 그를 묘사했는데, 정작 그는 자신을 최고의 오르간 연주자라고 말한 거죠. 50년대에 프란츠 클라인(Franz Kline)은 바에서 격의 없는 대화를 나누다가 이렇게 말했습니다. "정말로 창조가 뭔지 아나? 당황스럽게 할 수 있는 능력을 갖는 것이네." 그림에 대한 더 나은 정의 중의 하나는 클라인의 말입니다. 그는 "이봐, 그림은 매트리스 속에 손이 끼어서 꼼짝 못하고 있는 것이나 마찬가지야."

컬러필드(colour-field) 화가들의 작업과 제 작업을 대비시킨 최근의 기사에서는 "그림은 표면에 색깔을 입힌 것이고, 그러므로 당신이 보는 그대로이다."라는 그 화가의 말이 인용되었더군요.

널리 회자되면서도 음울한 이런 상투적 표현을 제가 우려하는 것은 아닙니다. 제 경험으로는 그림은 색깔과 물감으로 이루어진 것이 결코 아닙니다. 그림이 무엇인지는 저도 모르겠습니다. 그리고자 하는 욕망을 촉발시키는 게 무엇인지 누가 알 수 있을까요? 어쩌면 사물, 생각, 기억, 감각들인지도 모르겠습니다. 하지만 그것들도 그림 그 자체와 직접적으로는 상관이 없지요. 그것들은 무엇에서든, 어디에서든 올 수 있고, 사소하고 다소 세밀한 관찰, 경탄할 만한 어떤 것, 그리고 이전의 그림에서 자연스럽게 올 수 있습니다. 그림은 표면에 있는 것이 아니라 상상되는 어떤 평면 위에 있습니다. 물질적인 어떤 곳에 있는 게 결코 아닙니다. 그것은 환상이며, 마술과 같은 것이지요. 따라서 당신이 보는 것이 당신이 보는 것은 아닙니다.

과거의 미술에 대해 배우고 사유한 것에서 최고로 이상적이라고 생각하는 것은 중국 회화입니다. 그중에서도 특히 10세기나 11세기로 거슬러 올라가는 송나라 시기의 회화입니다.

송대宋代에는 무엇인가, 예를 들어 죽순이나 새를 수천 번이나 그려보는 훈련을 하는데, 이를테면 마치 당신이 아닌 다른 누군가가 그것을 하고 있는 것처럼 느껴질 때까지 그려보는 것입니다. 그러면 당신은 온몸으로 그 리듬을 타게 됩니다. 제 생각에는 그게 바로 선불교에서 말하는 견성見性이라고 하는 것이며, 저에게도 벌어진 적이 있습니다. 그것은 의식의 이중 활동이며, 알면서도 모르는 상태입니다. 사실상 그것은 말로 표현되지 않아야 합니다. 그래서 저는 그 순간을 위해 일합니다. 1, 2년이 지나 제가 완성한 몇몇 작품을 보면서 그것들을 판단해 보려고 하지요. 하지만 불가능하다는 것을 알게 됩니다. 왜냐하면 그것은 판단할 수 있는 것이 아니라고 느껴지는 것이기 때문입니다.

인생의 어느 한 지점에 당신이 느낌을 믿었다는 사실을 빼고 다른 무슨 평가를 할 수 있겠습니까? 당신은 그 느낌을 믿어야 하며, 당신 자신에 대한 믿음을 계속해서 지녀야 합니다. 그리고 그것은 정반대로 작용합니다. 저는 제가 과거, 20년이나 25년 전에 비슷한 일을 시작했다는 것을 압니다. 그 당시에 저는 그것들을 긁어내어 버리곤 했었지요. 저는 제가 긁어낸 그림들을 잘 기억하고, 사실상 그것들 중 일부는 남겨둔 것들보다 제 마음에 더 선명하게 남아 있습니다. 그럼, 난 이렇게 물어봅니다. 나는 왜 그것들을 긁어냈을까? 그것들을 수용할 준비가 되어 있지 않았다는 게 유일한 답입니다. 이것은 저를 또 다른 생각으로 이끕니다. 자기의 그림을 있는 그대로 수용하는 것이 화가들에게는 종종 어려운 일이라는 생각이 그림을 보는 사람들에게는 떠오르지 않을 것입니다. 제가 그것을 대단히 기뻐하고 기념할 것이라고 추측하지는 않으시겠지요. 실제로 안 그러니까요. 저는 밤에 작업하는 화가라 다음날 아침에 작업실에 올 때는 전날 밤의 무아지경은 이미 사라지고 없습니다. 아시다시피 상세한 것까지 다 기억할 수는 없습니다. 하지만 전반적인 느낌은 기억하겠지요. 아주 두려운 마음으로 작업실로 들어갑니다. 전날 밤에 무슨 일이 벌어졌는지 보기 위해 살금살금 움직입니다. 그러고 나서 제가 받는 느낌은 '이럴 수가, 내가 저것을 했다고?' 입니다. 제 반응은 그것밖에 없다고 봐야 합니다. '내가 했다고? 내가 저것을 했다고?' 하면서, 떨면서…. 하지만 대부분의 시간을 우리는 목수로 삽니다. 짓고 또 지으면서, 거기에 무언가를 덧붙이고 준비합니다. 질질 끌려가듯이 작업실로 들어서면서 말합니다. "그래, 저게 바로 내가 한 거지. 끔찍하군. 버려야 할 것들뿐이군." 이것이 가장 마지막 순간에 하는 마무리 중의 하나입니다. 쥐고 있던 마지막 카드를 포기하려는 순간 종종 다른 종류의 의식이 들어오고 그 순간과 함께 작업합니다. 그런 순간을 강제로 불러올 수도 없습니다. 진정으로 포기해야 합니다. 그러고 나면 무엇인가가 벌어집니다.(McKie, 1982)

또 다른 종류의 의식, 의식의 이중 활동. 거스턴과 애쉬베리 둘 다 명상이 가능하게 해 준 어떤 것을 묘사한다. 즉 이치에 맞게 하려는 충동에 저항할 때, 당황스런 느낌을 억압하지 않을 때, 일상생활의 무작위적인 사건들을 걸러버리는 대신 알아차릴 때, 언어와 개념적인 생각을 금지하지 않을 때 나타나는 일종의 주의(attention)이다. 나가르주나라고 불리는 2세기의 인도 철학자이자 시인을 연구하면서 스티븐 베첼러(Stephen Batchelor)는 다음과 같이 묘사한다. "시인 나가르주나는 '내부로부터' 나오는 공의 자유를 표현한다. 그는 안전하거나 익숙한 것을 확인하는 데에 관심이 있기보다는, 불안정하고 낯선 것을 탐험하는 데에 관심이 있었다. 즉 자신과 세계에 대한 고정된 견해를 내려놓는 일은 둘 다 두렵고 강렬한 것이 될 수 있다. 공사상은 자기 정체감과 안정감을 견딜 수 없는 모욕처럼 볼지라도, 그것은 동시에 인생에서 거부할 수 없는 아주 멋지고 신비로운 유혹으로 느껴질 수도 있다."(Batchelor, 2000, p.24)

심리치료자의 관점에서 보자면, 정신분석에서의 경청도 그와 유사한 방법론적 토대를 가지고 있다. 불교적 사유의 기준 바깥에서 구축되긴 했으나, 그것 역시 언어적 고착의 매트릭스 바깥에 주의를 집중하려는 마음의 능력에 근거한다. 이것은 영국의 가장 영향력 있는 정신분석가 가운데 비온(W. R. Bion)의 「거친 사고 길들이기(Taming Wild Thoughts)」라는 제목의 논문에 매우 명료하게 묘사되었다.

프로이트는 상황이 이해되지 않을 때나 어떻게 진단해야 좋을지 알 수 없을 때 그 애매함이 하나의 패턴으로 이해되기 시작하고, 그래서 당신이 보는 것이 그 패턴이라는 것을 표현할 수 있게 될 때까지 계속 나아가야 한다는 샤르코(Charcot)의 말에 상당히 감동받았다. 우리 자신과 관련해서 우리를 단일한 개체로 보이게 하는 것이 무엇인지를 살펴보아야 한다. 우리는 흔히 최근에 발달된 인간의 능력에 집중한다. 즉 정교하고 논리정연하게 말을 사용하는 능력이다. 그러한 능력은 매우 강력하고 유용한 성취임에는 분명하다. 하지만 우리는 논리 정연함 같은, 상대적으로 최근에 발달된 기법을 사용하게 해주는 마음의 틀 속에 있으면서도, 또 한편으로는 근원·근본·기본적인 특질들을 발굴하기 위해 많은 애매한 단어, 생각, 소리, 신체적 느낌, 신체적 증상들과도 씨름을 벌여야 한다.

우리는 사실 오늘 우리가 보는 사람이 어떤 사람인지, 내일 우리가 만날 사람이 어떤 사람일지 모른다. 우리가 이미 아는 것과 환자가 이미 알고 있는 것은 중요하지 않다. 즉 과거는 과거이고, 어쨌든 용어는 분명히 표현하려는 편의를 위해 필요한 한 부분일 뿐이다.(Bion, 1997, pp.35-38)

4. 탯줄

기꺼이 어리둥절해짐은 깨달은 의식에서 가장 흔히 보이는 표시 중의 하나인 것 같다. "그게 나라고?" 하는 거스턴의 떨림에서뿐만 아니라, 외견상 단일한 개체 앞에서 자신의 무지를 인정하는 비온의 솔직한 말에서도 당신은 그것을 들을 수 있다. 아그네스 마틴의 말에서는 다른 형태로 나타난다. 2004년 말에 작고한 마틴은 스즈키 교수의 강의를 듣고 자신의 비전을 확고하게 변화시킨 또 다른 선구자였다. 그녀는 거스턴이나 심지어 케이지보다 훨씬 더 금욕적이었는데, 그녀도 자신의 예술과정이 스즈키가 강의했던 선의식과 유사한 것이라고 인식하였다. "지적 능력은 예술작품에는 재앙이다."라고 그녀는 썼다. "내 말은, 예술 작업 중간에 어떤 관념을 갖는 바람에 수포로 돌아간 그림들이 너무나 많다는 뜻이다."(Martin, 1992, p.165)

예술가는 자기 마음의 상태에 대한 알아차림을 가지고 일한다. 그러기 위해서는 칩거할 장소이자 일터가 되는 작업실을 가지고 있어야 한다. 또한 작업실에서는 자신을 포함해 그 누구로부터도 방해 받지 않아야 한다. 방해는 곧 재앙이다. '탯줄'에 매달리기 위해서이며, 그렇게 하는 것이 예술가의 훈련이다. 예술가 자신의 마음만이 유일한 도움일 것이다.
매일 매일 전진하며 발견하는 것들이 있을 것이다. 엄청난 실망과 실패가 자기들의 존재를 드러내려고 애쓰기도 할 것이다. 예술가는 실패하고, 실패하면서도 여전히 계속해 나가는 사람이다.(Martin, 1992, p.93)

행복은 집착하지 않는 것이다. 언제나 그렇다. 그것은 나타나지도 사라지지도 않는다. 어떤 때는 더 많다가, 어떤 때는 더 적은 것이 아니다. 행복이 오르락내리락한다고 믿는 것은 우리의 의식일 뿐이다.

행복은 우리의 진정한 조건이다. …

인생을 볼 때 아름답다고 말한다. 엄청나다고, 훌륭하다고 말한다.

아름다움을 인식할 때 우리는 대양을 보고 있는 것인지도 모른다.

하지만 그것은 대양이 아니다.

우리는 어쩌면 사막에 있고, '살아 있는 사막'을 인식하고 있다고 말할지도 모른다.

인생은 사막에도, 그리고 어디에나 영원히 있다.

인생을 앎으로써 살고 싶어진다.

인생은 인생 그 자체의 의식이다.(Martin, 1992, pp.135-136)

정신분석과 명상의 세계를 연결하는 예술 창조에 대한 이해의 길이 있다. 그것의 뿌리에 있는 것은 금지된 리비도 충동의 저장고가 아닌 것으로서의 무의식 개념이다. 스즈키가 자신의 강의에서 강조하고, 케이지나 거스턴, 에쉬베리와 마틴에 의해 더 생생해진 불교의 무의식은 그것을 구성하는 실제 요소들이 없다고 정의할 수 있으며, 살아 있음의 신비 속으로 아주 매끄럽게 스며든다. 그래서 '공'은 무의식을 가장 안전하게 표현할 수 있는 용어이다. 즉 그것을 가장 쉽게 정의하려면 그것은 무엇이 아니라는 것을 밝혀내면 된다. 이러한 무의식 경험은 명상이 목표로 하는 것이지만 예술 양식이나 심리치료를 통해서 되찾을 수 있다. 우리 시대의 영국의 정신분석가인 애덤 필립스가 이에 대해 묘사한 말을 들어보자.

무의식에 대해 프로이트가 묘사한 것을 보면 우리는 생각에 빠져 있고, 사람들은 여전히 자기가 누구인지, 또는 어디에 있는지 알기 위해 정신분석을 받으러 온다는 것이 암시되어 있다. … 프로이트 이후 정신분석가들은 자기가 기대했던 것과 다른 결과, 즉 자기가 누구인지를 알지 못하는 결과를 얻는다. 무엇보다도 어른들은 길을 잃을 의도로 외출하지는 않는다 (그들이 왜 그러한지는 분명하지 않지만). 더구나 사람들은 자신들이 얼마나 모르는지를 깨닫기 위해서 많은 돈을 내고 싶어하지는 않는다. 정리되어 있지 않거나, 정리되어 있지 않은 것처럼 보이는 것은 전통적으로 문제라고 여겼다. 통찰 또는 자기 자신에 대한 지식 같은 정신적인 현상은 적어도 "나는 이러이러한 사람이다."라고 말할 수 있게, 자기 자신이 누군지를 알게 한다. 하지만 만약 프로이트가 암시한 대로, 무의식을 '가지는' 것이 자기 자신에게 극도로 이상한 일이거나, 예를 들어 자기답게 행동하다가 정반대로 행동하기도 하는 이상한 사람이 되도록 만든다면, 정신분석가는 자기 환자에게 (또는 환자를 위하여) 무엇을 할 수 있을 것인가? 그들이 더 잘 알게끔 해주어야 하나? 아니면 자신들의 무지의 구름을 견디거나 또는 그것으로부터 기쁨을 얻게 해주어야 하나? 그들이 무지 위를 떠다니고 있다는 것을, 때때로 그렇게 가볍게 떠 있다는 것을 보여주거나, 아니면 기슭으로 헤엄쳐나가도록 도와야 하나? "사회를 개선시키려면 아직 만나지 못한 사람들과 더욱 많은 시간을 보내라."고 존 케이지는 충고한다. 프로이트는 말한다. 이것 말고 무엇을 할 수 있겠는가, 당신이 아직껏 만나지 못한 사람은 역시 언제나 자기 자신이니까.(Phillips, 1996, p.15)

아직까지 만나지 못한 사람은 역시 언제나 자기 자신이다. 스즈키는 또 다른 시간과 공간에서 다가와 한 세대에게 이러한 기본적인 진리를 전해 준 사람이었다. 그의 말을 가장 쉽게 이해할 수 있었던 사람들은 예술가였다. 그들이 만든 예술, 그리고 반대로 영감을 받은 예술가들은 현 상태에 만족하는 대신 자기 자신에 대해 물어보라고, 이미 알고 있는 것에 감싸여 자신을 닫기보다 새롭게 열라고, 다른 사람들이 뭐라고 생각할지 걱정하는 대

신 자기가 자신을 당황스럽게 만들라고 요구하면서, 계속적으로
스즈키의 메시지를 전달한다. 예술가는 정신분석가나 선의 스승
처럼 실패할 수 있고, 또 실패할 수 있으면서도 계속해 나아가는
사람들이다.

참고문헌

Batchelor, S.(2000), *Verses from the Center*, New York: Riverhead.

Bion, W. R.(1997), *Taming Wild Thoughts*, London: Karnac.

Danto, A. C.(2004), "Upper West Side Buddhism", In *Buddha Mind in Contemporary Art*, J. Baas and M. J. Jacob, editors, Berkeley: University of California Press.

MacFarquhar, L.(2005), "Present waking life", *New Yorker*, November 7.

Martin, A.(1992), *Writings(1972-73)*, Winterthur: Cantz.

McKie, R.(1982), *Philip Guston Catalogue*, London: Whitechapel Gallery.

Nisker, W.(1986), "John Cage and the music of sound", *Inquiring Mind* 3, no.2, pp.4-5.

Philips, A.(1996), *Terrors and Experts*, Cambridge: Harvard University Press.

Suzuki, D. T.(1960), "Lectures on Zen Buddhism", In E. Fromm, D. T. Suzuki, and R. DeMartino, editors, *Zen Buddhism and Psychoanalysis*, New York: Harper Colophon.

출처

제1부 붓다

도입부

"Analyzing Enlightenment", *Buddhadharma: The Practitioner's Quarterly*, Fall 2006, pp.67-70.

제1장

"Meditative Transformations of Narcissism", *Journal of Transpersonal Psycho logy*, 18(2), 1986, pp.143-158.

제2장

"The Deconstruction of the Self: Ego and 'Egolessness' in Buddhist Insight Meditation", *Journal of Transpersonal Psychology*, 20(1), 1988, pp.61-69.

제3장

"Forms of Emptiness: Psychodynamic, Meditative and Clinical Perspec-tives", *Journal of Transpersonal Psychology*, 21(1), 1989, pp.61-71.

제4장

"Psychodynamics of Meditation: pitfalls on the Spiritual Path", *Journal of Transpersonal Psychology*, 22(1), 1990, pp.17-34.

제2부 프로이트

제5장

"Attention in Analysis", *Psychoanalysis and Contemporary Thought*, Vol.11. No.1, 1988, pp.171-189.

제6장

"Beyond the Oceanic Feeling: Psychoanalytic Study of Buddhist Meditation", *The International Review of Psycho-Analysis*, 17, 1990, pp.159 -165.

제7장

"Awakening with Prozac: Pharmaceuticals and Practice", *Tricycle: The Buddhist Review*, Fall 1993, pp.30-34.

제8장

"A Buddhist View of Emotional Life", *Tricycle: The Buddhist Review*, Spring 1995, pp.66-70. (originally "Shattering the Ridgepole")

제9장

"Freud and the Psychology of Mystical Experience" in Bruce Scotton, Allan Chinen, and John Battista eds., *Textbook of Transpersonal Psychology*, New York: Basic, 1996, pp.29-38. (originally "Freud's Influence on Transpersonal Psychology")

제3부 위니캇

제10장

"Sip My Ocean: Emptiness as Inspiration" in Jacquelynn Bass and Mary Jane Jacob eds., *Buddha Mind in Contemporary Art*, Berkeley: University of California Press, 2004, pp.29-36.

제11장

"A Strange Beauty: Emmanuel Ghent and the Psychologies of East and West", *Psychoanalytic Dialogues*, Vol.12. No.2, 2005, pp.125-139.

제12장

"The Structure of No Structure: Winnicott's Concept of Unintegration and the Buddhist Notion of No-Self", in David Black, *Psychoanalysis and Religion in the Twenty-first Century*, New york: Routledge, 2006, pp.223-233.

제13장

"Meditation as Art, Art as Meditation: Thoughts on the Relationship of Nonintention to the Creative Process", in Mary Jane Jacob ed. *On the Being of Being an Artist*, Chicago: The Art Institute of Chicago, 2006, pp.81-98.

찾아보기

지은이 **마크 엡스타인**Mark Epstein

하버드 의대를 졸업하였다. 현재 뉴욕대학교 심리학과 임상조교수로 있으며, 정신과 의사로 활동하고 있다. 20대 초반에 아잔 차 스님의 명상센터(태국)에서 불교명상을 시작하여 지금까지 지속하고 있다. 주요 저서로는 『붓다의 심리학(*Thought without a Thinker*)』, 『나누어 보기(*Going to Pieces without Falling Apart*)』, 『욕망에 열려 있기(*Open to Desire*)』, 『존재로 나아가기(*Going on Being*)』, 『트라우마 사용설명서(*The Trauma of Everyday Life*)』가 있다.

옮긴이 **윤희조**

서울대학교 철학과 학부와 대학원 석사과정을 졸업하고, 서울불교대학원대학교 불교학과 대학원에서 석·박사학위를 취득하였다. 현재 서울불교대학원대학교 불교학 전공, 불교상담학 전공 주임교수로 재직중이며, 불교와심리연구원 원장, 한국불교상담학회 편집위원장을 맡고 있다. 주요 논저와 번역서로 『불교의 언어관』, 『불교심리학사전』, 『불교심리학과 불교상담』, 「연속과 불연속의 관점에서 본 아비담마의 마음과 프로이드의 무의식」, 「성냄을 원인으로 하는 마음에서 보는 아비담마의 정서심리학」 등 다수가 있다.

옮긴이 **윤현주**

서울여자대학교 국문학과를 졸업하였다. 편집자, 프리랜서 기자, 번역가로 일했다. 현재 서울불교대학원대학교에서 불교상담학을 전공하면서 상담을 병행하고 있다.

붓다와 프로이트

초판 1쇄 인쇄 2017년 5월 8일 | 초판 1쇄 발행 2017년 5월 18일
지은이 마크 엡스타인 | 옮긴이 윤희조 · 윤현주 | 펴낸이 김시열
펴낸곳 도서출판 운주사

(02832) 서울시 성북구 동소문로 67-1 성심빌딩 3층
전화 (02) 926-8361 | 팩스 0505-115-8361
ISBN 978-89-5746-479-3 93180   값 15,000원
http://cafe.daum.net/unjubooks 〈다음카페: 도서출판 운주사〉